# 패권의 법칙

통 계 로  보 는  초 강 대 국 의  조 건

# 패권의 법칙

시마나카 유우지,
미쓰비시UFJ모건스탠리증권 경기순환연구소 편저

이정미 옮김

셀림 한국물가정보

# 강대국의 조건

폴 케네디의 명저 「강대국의 흥망」(케네디, 1988)은 '근대' 이후 주요 각국이 국제 질서 속에서 부와 권력을 확대하고자 패권을 놓고 다투는 상황 속, 경제와 군사의 상호작용을 그려 낸 걸작이다. 당시 일본에서도 엄청난 베스트셀러가 되었다. 그러나, 케네디 자신이 서문에서 단서로 달았듯, 「강대국의 흥망」은 국제정치학자들이 일반화하려 했던 소위 '세계 시스템'이나 경제학자들이 제기한 '콘드라티예프 순환' 또는 장기 파동과 관련된 문제를 다루지는 않는다.

한편, 1979년에 이미 〈경제 대국의 흥망성쇠〉라는 논문을 집필하고 그 방면의 성과를 「경제 대국의 성쇠」(시노하라, 1982), 「세계 경제의 장기 역학」(시노하라, 1991) 등의 저작으로 정리한 사람으로 고(故) 시노하라 미요헤이 히토쓰바시대학 명예교수(경기순환학회 명예회장)가 있다.

시노하라 교수는 '나는 세계 자본주의의 발전이 결국 국가와 국가 간의 격심한 경쟁 과정이자, 경제 대국이 흥하고 쇠하는 과정 외에 아무것도 아니라고 본다'(시노하라, 1982)라는 입장에서 '장기 파동 분석은 언젠가 이러한 강대국 흥망론과 연결될 필요가 있다고 생각한 지

오래다'(시노하라, 1991)라고 기술했다. 시노하라 교수가 이렇게 쓴 이유는, 패권국과 도전국이 다투는 과정이 경제적으로는 기존 강대국의 상대적인 쇠퇴와 새로운 강대국의 상대적인 융성 과정에 대응할 것이기 때문이다. 또 시노하라 교수는 19세기 영국의 '팍스 브리타니카'와 20세기 미국의 '팍스 아메리카나'가 성공한 요인을 분석하면서 경제 대국의 조건으로 첫 번째, 강력한 군사력 보유. 두 번째, 국제금융시장으로서의 노하우 확립. 세 번째, 지배적인 경제력의 확보. 네 번째, 경상수지 흑자의 꾸준한 지속을 들었다.

## '강대국의 흥망'과 장기 파동 분석

이 책은 특히 하이테크 분야를 중심으로 미국과 중국 사이에 치열한 패권 경쟁이 일어나고 있는 오늘날의 세계에 대해 시노하라 교수가 활용을 권장하고 또 월러스틴(1979)과 모델스키(1987)의 세계 시스템학파가 이론적 틀을 제시한 50~60년 주기의 장기 파동인 콘드라티예프 순환을 기초로 삼아, 우선 중국 명나라 시대 이후 세계 패권의 역사를 돌아볼 것이다. 그리고 다가올 2050년에 세계 패권을 쥘 경제 대국은 어디가 될지, 또 그때까지의 과정에서 어떤 일이 일어날 가능성이 있는지, 독자적인 순환론에 바탕을 두고 분석해서 예측할 것이다.

이 책에서는 시노하라 교수 등이 제시한 경제 대국이나 패권국의 조건 중 국제금융 면은 충분히 분석하지 않았으나, 그 외의 논점에 대한 부분은 충실하다고 자부한다. 우선 콘드라티예프(Kondratieff, 1926) 본인이 주장한 사회 인프라 투자의 재투자 순환이라는 관점에서, 시계열 데이터의 주기를 해석하는 새로운 통계분석 기축을 도입해 세계 경기 전체의 장기 파동과 국가 및 지역별 장기 파동을 따로 논하고, 각 주기를 이용해 경제 패권의 앞날을 예측한다는 작업을 수행한 점은 다른 유사한 책에는 없는 특징이다.

이 책은 앞에서 언급한 바와 같이 콘드라티예프 본인의 장기 파동 이론을 기반으로 삼은 점이나 계량 분석 면에서의 특징에 더해, 군사력과 과학기술력을 상당히 독창적으로 검토했다. 게다가 국력을 측정할 때 빼놓을 수 없는 인구 동태의 국가별 분석, 시노하라 교수가 중시한 경상수지 등 국제수지 면에서의 접근, 상대가격과 교역 조건 면에서의 접근, 나아가 명목 GDP 규모, 실질 성장률, 1인당 GDP 등 다양한 국제 비교 척도로 본 역동적인 경제 패권의 변천 상황에 대해서도 알기 쉽게 정리했다. 이 점이 이 책의 가장 큰 강점이라고 생각한다. 이제부터 장별 개요를 소개하겠다.

### '중국몽'은 현실이 될까?

제1장 '콘드라티예프 순환과 경제 패권'에서는 월러스틴과 모델스키가 주장한 패권국의 교체 주기를 논할 것이다. 우선 중국(명나라)을 비롯해 포르투갈, 네덜란드, 영국, 미국 등의 나라들이 시대마다 세계의 주도권을 움켜쥔 주역으로 등장해 패권의 순환이 이루어졌음을 보여줄 것이다. 그리고 패권 순환의 현재 국면에서는 지금까지 패권을 쥐고 있던 미국의 힘이 서서히 쇠퇴하는 가운데, 신흥 세력의 도전이 본격화하고 있음을 보여줄 것이다. 월러스틴이 말한 '패권의 약진' 또

는 모델스키가 말한 '세계대전(global war)' 국면이다.

15세기 초 정화의 대항해 이래 6세기 만에 '중국몽'이 현실이 되어 중국이 패권국으로 다시 등판할 수 있을 것인지, 아니면 고대 로마 제국에 대항했다가 패배한 카르타고의 운명에 처할 것인지 결정될 시점이 바로 현재임을 알 수 있다. 이어서 패권 순환의 기초인 콘드라티예프 순환에서도 전쟁·혁명설, 사회 인프라 재투자 순환설, 이노베이션(기술혁신)설 등 다양한 해석이 존재함을 자세히 소개할 것이다. 그다음에는 콘드라티예프 본인의 생각을 따라 슘페터식의 이노베이션설과 비교하면 그다지 일반적이지는 않은, 사회 인프라 재투자 순환설을 중심으로 논의할 것이다.

## 인도의 위력이 두드러지는 2050년

제2장 '콘드라티예프 순환을 측정한다'에서는 제1장의 논의를 이어, 인프라 투자 순환으로 규정되는 장기 파동을 실제로 측정해 보면 어떻게 될지 실증적으로 논할 것이다. 여기서는 고정자본 형성률(명목 고정자본 형성/GDP)의 시계열 데이터를 바탕으로 특정한 주기가 있는 파동을 추출하는 '밴드 패스 필터'라는 통계분석법을 이용해 미국, 영국, 일본, 유로권, 중국, 인도, 그리고 세계 전체를 분석할 것이다.

세계 전체를 놓고 보면 장기 파동이 주기는 50년이고, 지금은 2006년을 저점으로 삼은 상승 국면이다. 상승은 2031년까지 계속되고 그 후 하강으로 전환될 것이다. 2031년을 향한 상승 국면에서는 미국, 영국, 일본이라는 3개국의 장기 파동이 계속 상승하고(영국과 일본은 2028년까지) 한편으로 유로권, 중국, 인도는 하강 국면에 접어들 것이다. 그러나 그 후 세계 경기의 하강 국면에서는 미국, 영국, 일본의 하강과는 대조적으로 2032년에 인도가 바닥을 친 후 현저히 상승해, 2050년까지 인도의 위력이 두드러질 것으로 예상된다.

## 새로운 패권국의 과학적 발견

제3장 '군사력과 과학기술력으로 본 패권'은 이 책 중에서도 가장 지적 자극이 풍부한 장일지 모른다. 모델스키는 패권을 획득하기 위해서는 세계의 바다를 제패해야 한다고 생각했다. 군사력 데이터에서 순환을 기계적으로 측정하면, 무서운 결과지만 다음 세계대전은 2025년경 시작되고 2052년경 다음 패권이 확립된다는 시나리오가 도출된다. 중국의 국방비는 2044년 미국을 뛰어넘을 것이다. 또 중국 해군의 인도양 진출은 결과적으로 인도의 국방비를 2041년경 중국을 능가하는 수준으로 높일 것이다.

이노베이션이 이루어지는 선도 부문의 패권국 점유율은 패권 순환과 비슷한 움직임을 보이나, 패권의 교체 전에는 새로운 패권국의 과학적 발견 점유율이 급상승할 것임을 이 장에서 처음으로 언급할 것이다.

미국과 중국의 과학기술력 차이는 급속히 줄어들고 있다. 선행지수라고도 하는 과학 논문 수를 보면 화학, 재료, 계산기·수학, 공학 분야에서 앞으로 몇 년 안에 중국이 미국을 능가할 가능성이 있다. 한편, 대학 진학자 수는 인도가 중국을 2025년경에 앞지를 것으로 보인다.

현재 인도의 국내 직접 투자는 중국의 1990년대에 필적할 만큼 성장했다.

## 2030년, 중국 인구 감소 시작

제4장 '인구 동태로 본 패권'은 한센(1950)의 장기 정체론과 문제의식을 공유한다. 저출산 고령화가 앞으로 전 세계에서 진행되고, 현재 패권국인 미국보다 인구가 많은 중국과 인도에서는 도시 인구가 미국을 웃돌 가능성이 있는 한편, 저출산 고령화가 동반하는 저축률 저하가 패권국의 경제 운영에 큰 걸림돌이 될 것임을 지적한다.

미국은 2050년 시점에도 이민 순 유입국이지만 선진국으로서는 이례적으로 높은 출생률을 유지할 것이므로 인구 동태는 패권 유지의 걸림돌이 되지 않을 것으로 보인다. 중국은 2030년부터 인구 감소 국가가 될 것으로 전망되므로 이민의 적극적인 수용을 검토해야 함에도 실제로는 인구 유출이 가속되고 있다. 정치와 군사 면에서 미국에 대항할 수 있는 경제 대국이 되어도 인구 동태 면에서는 이민 유입국인 미국보다 뒤처질 것이다. 인도의 인구는 2050년 16억 6천만 명에 달해, 같은 해의 중국보다 3억 명가량 앞설 전망이다. 인구 동태가 경제 성장의 걸림돌이 되는 상황은 2050년까지는 생각하기 어렵다.

유로권의 인구는 2050년까지 그다지 변동이 없을 전망으로, 출생률은 낮은 수준에 머물고 이민의 유입 속도도 미국에 미치지 못할 것이다. 일본에서는 앞으로 인구 감소 추세가 가속되어 2050년에는 1억 9백만 명까지 감소하고 저출산 고령화도 눈에 띄는 속도로 진행될 것이다. 현역 세대의 부담 증가는 장래의 성장력을 크게 저해할 것으로 보인다. 이러한 상황에서 일본이 패권에 관여한다면, 제7장의 1인당 GDP에 대한 논의와는 별개로 이민의 수용을 통해 인구 동태 상의 난관을 해소하는 과정이 있을 것이다.

## 중국, 2050년 세계 최대 경상수지 적자국

제5장 '국제수지로 본 패권'에서는 킨들버거의 국제수지 발전단계설을 채용해 패권국의 교역을 분석할 것이다. 패권국은 세계 무역 시장에서 압도적인 비중을 차지하나, 시노하라 교수가 경제 대국의 조건으로 든 '경상수지 흑자'는 영원히 지속하지 않는다. 미국은 세계 최대의 경상수지 적자국이자 대외 순 채무국이며, 채권 일부를 소비하는 성숙 채권국의 단계에 있다. 미국의 경상수지 적자 폭 확대는 저축률의 저하로 인한 것이며 2050년에 명목 GDP 대비 5%까지 달할 전망이다.

2015년까지 세계 최대의 경상수지 흑자국인 중국은 2050년에는 세계 최대의 경상수지 적자를 기록할 가능성이 있다. 인구의 대전환이 저축률 저하로 이어져 중국의 경상수지 적자를 촉진할 것이다. 인도의 경상수지는 2020년대 전반에 흑자로 전환되고 2050년까지 계속해서 흑자가 지속될 전망이다. 유로권은 2050년까지 경상수지 흑자가 계속 확대되고, 예측 기간의 초반 시점에 미성숙 채권국으로 전환될 전망이다.

저출산 고령화가 진행되는 일본은 이민의 수용 등을 통해 저축률의 극단적인 저하는 면하는 한편으로, 2020년대 후반부터 경상수지 적자로 전환될 것이다. 일본은 현재의 미성숙 채권국에서 성년 채권국을 거쳐 2050년에는 성숙 채권국으로 전환될 것이다.

## 상대가격의 움직임에는 30년 주기도 공존

제6장 '상대가격으로 세계 경제를 이해한다'는 로스토우(1982)가 주장한 상대가격으로 본 콘드라티예프 순환의 제5파가 20세기 말까지 상승할 것으로 예상되었으나, 실제로는 그렇지 않았던 수수께끼를 살펴본다. 베리(1995)와 바트라(1987)의 주장을 단서로 이 장에서는 50~60년 주기의 콘드라티예프 순환 속에 사실은 30년 주기의 상대가격 순환이 공존하는 것이 원인이라고 분석한다.

상대가격(공업 제품 가격/원재료 가격, 내지는 산출 가격/투입 가격)으로 본 순환을 바탕으로 콘드라티예프 순환의 앞날을 예상하면, 영국은 2041년, 미국은 2038년, 중국은 2042년, 일본은 2044년, 인도는 2046년까지는 상승 국면이 지속될 것이다. 또 교역 조건(수출 가격/수입 가격)으로 보면 기본적으로는 상대가격과 차이가 없지만, 영국이나 미국과 같이 원유 개발로 자원국이 된 경우에는 수출 가격이 상승해 콘드라티예프 순환의 상승 국면이 연장될 가능성이 있다.

## 인도, 2050년 GDP 1위

제7장 '경제력으로 본 패권'에서는 우선 GDP 점유율의 변천을 돌

아볼 것이다. 매디슨(2003)의 역사 통계를 바탕으로 보면 서기 1년 이래로 인도, 중국, 서구·미국 사이에서 패권이 교체됐음이 드러난다.

영국에서 미국으로 패권이 옮겨갈 때는 GDP와 1인당 GDP에서 영국의 경제력이 역전되었다. 제2차 세계대전 후에는 미국의 GDP가 세계 최고의 상태를 유지했으나 점유율은 서서히 낮아졌다. 고도성장기 이후 버블 경제까지 일본의 GDP는 미국에 근접했으나 따라잡지 못하고 뒤처지고 말았으며, 현재의 도전국은 중국이다.

미국의 장기 파동은 상승해서 2019년부터 2030년까지 연 4.3%로 명목 성장률이 가속된다. 한편, 중국은 생산연령 인구의 감소 하에 장기 파동이 계속 하강하고 성장률이 낮아지나, 그래도 명목 성장률이

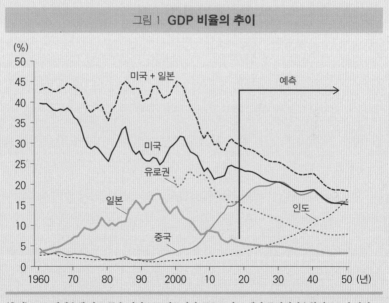

그림 1 **GDP 비율의 추이**

(출처) IMF, 세계은행 자료 등을 바탕으로 미쓰비시UFG 모건 스탠리 증권경기순환연구소가 작성

7.6%로 미국보다 높기 때문에 2030년에는 중국의 명목 GDP가 미국을 넘어선다(그림 1). 여기서부터는 서로 엎치락뒤치락하면서 치열한 접전을 벌이게 되고 2040년에는 미국이 중국을 재역전한다. 그러나 그것도 잠시, 미국의 장기 파동이 하강 국면에 접어들어 2040년대에는 중국의 명목 GDP가 미국을 다시 역전한다.

한편, 인도는 장기 파동의 하강에도 불구하고 계속 고성장한다. 장기 파동은 2032년을 저점으로 상승, 2040~2050년에는 성장이 가속되어 명목 GDP가 미국과 중국을 모두 제치고 세계 1위가 된다. 2020~2050년 세계 경제는 평균 연 3.0% 성장하는데, 성장률이 가장 높은 나라는 인도이고 그다음이 중국과 미국의 순서다.


## 1인당 명목 GDP에서 두각을 나타내는 일본

1인당 명목 GDP를 보면 인도와 중국은 모두 큰 폭으로 증가하나, 2050년 시점에서도 미국의 3분의 1에서 4분의 1, 그 외 선진국과 비교해도 절반 이하에 머문다. 선진국 중에서 1인당 GDP가 두각을 나타내는 것은 일본으로, 영국이나 유로권과의 차이를 벌리는 미국의 증가세마저 뛰어넘으며 미국에 바짝 다가선다(그림 2).

유로권은 명목 GDP의 점유율이 반감되고 1인당 GDP가 다른 선진국에 비해 완만히 증가하는 데에 그치기 때문에 세계 경제에서 존재감이 약해진다. 그런 가운데 영국은 상대적으로 감소 폭이 작아 1인당 GDP가 유로권을 역전한다.

일본은 지난 20년간과 비교할 때 2050년까지의 30년간은 성장이

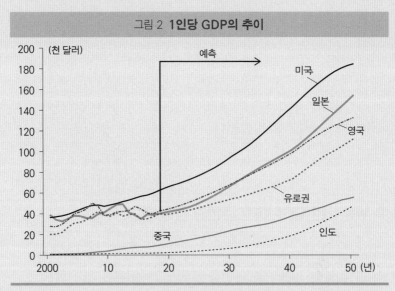

그림 2 **1인당 GDP의 추이**

(출처) IMF, 세계은행 자료 등을 바탕으로 미쓰비시UFG 모건 스탠리 증권경기순환연구소가 작성

가속되는 등 전반적인 호전이 예상된다. 특히 1인당 GDP의 증가 속도는 미국 등 다른 선진국을 능가할 것이다. 다만, 경제 규모의 세계 점유율은 낮아질 것으로 보인다.

# 차례

## |제3장| 치열한 기술 전쟁과 군비 경쟁

## |제4장| 미래 인구를 예측하다

| 제7장 | **패권을 향한 경제 전쟁**

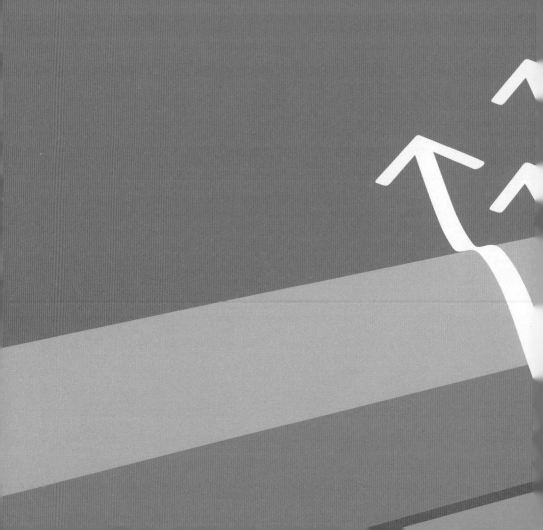

제 1 장

# 콘드라티예프 순환과
# 경제 패권

15세기 초 정화의 대항해 이래 6세기 만에 '중국몽'이 현실이 되어 중국이 패권국으로 다시 등판할 수 있을 것인지, 아니면 고대 로마 제국에 대항했다가 패배한 카르타고의 운명에 처할 것인지 결정될 시점이 바로 현재이다. 이 장에서는 패권 순환의 기초인 콘드라티예프 순환에서도 전쟁·혁명설, 사회 인프라 재투자 순환설, 이노베이션(기술혁신)설 등 다양한 해석이 존재함을 자세히 소개할 것이다. 그리고 콘드라티예프 본인의 생각을 따라 슘페터식의 이노베이션설과 비교하면 그다지 일반적이지는 않은, 사회 인프라 재투자 순환설을 중심으로 논의할 것이다.

# 1
## 세계사로 본 패권국의 흥망성쇠

### 영락제와 정화의 대항해

15세기 초부터 19세기 중반에 걸친 일본의 역사는 중국(명나라), 포르투갈, 스페인, 네덜란드, 영국, 미국을 중심으로 한 외국과의 무역 및 외교의 역사이기도 하다. 그렇기에 일본사를 돌아보면 의외의 부분에서 세계사가 들여다보이는 일이 있다.

무로마치 막부의 3대 쇼군이었던 아시카가 요시미쓰는 1401년 명나라에 국서를 보내 '일본왕국'을 인정받고 신하의 예를 올려 책봉을 받았다. 요시미쓰 시대에는 조공무역의 형태로 1403년부터 1410년까지 총 여섯 번, 약 60척의 '감합선(勘合船, 일본의 공식 무역선)'이 명나라에 도착했다. 명나라에서는 1402년 즉위한 영락제가 베이징으로 천도하면서 적극적인 대외정책을 내놓았다. 영락제는 이따금 몽골고원으로 원정을 나가고, 동북(東北) 지방의 여진족을 직접 지배하에 뒀으며, 만리장성을 쌓고, 한때는 베트남을 직할령으로 삼았다.

그 영락제의 가장 빛나는 업적이 바로 환관인 정화를 제독으로 임명해서 실행한 남해 대항해였다. 미야자키(1997)에 따르면 정화는 1405년 첫 항해부터 선덕제 치하인 1433년까지 28년에 걸쳐 총 일곱 번의 항해를 했다. 매번 대형 함선 60여 척을 중심으로 한 200여 척의 선단과 2만 7천여 명의 선원을 이끌고 드넓은 바다로 나섰다. 남

중국해, 자바해, 벵골만, 아라비아해를 잇는 장대한 항해였다. 방문한 지역은 말라카 해협의 말라카 왕국, 실론(현재의 스리랑카 또는 실론 섬)을 거쳐 인도 남서 해안의 캘리컷(현재의 코지코드), 이란의 호르무즈, 아라비아 반도의 아덴, 메카, 그리고 몰디브 제도를 경유해 아프리카 동해안의 모가디슈, 말린디(현재의 탄자니아에 있는 작은 섬) 등에 이르렀다고 한다(그림 1-1). 게다가 첫 항해에서 캘리컷에 다다른 것은 포르투갈의 바스코 다 가마가 겨우 세 척의 배에 선원 60명을 태우고 다다른 1498년보다 무려 90년 넘게 앞선 일이었다.

정화의 대항해 목적은 중화사상을 바탕으로 한 세계 질서의 재편으로, 명나라가 통치하는 영역 바깥의 나라들에 대해서 명나라의 국위를 선양하고 조공무역을 촉구하는 일이었다. 수마트라와 실론에서는 전투를 치러서 결과적으로 30여 개의 나라를 명나라의 속국으로 삼았으나, 식민지화한 것은 아니었다. 남해 무역을 활발히 하고 조공국을 늘린 일을 제외하면 눈에 띄는 성과는 기린, 사자, 타조 등의 진귀한 동물을 데려와 명나라에서 황제와 민중에게 보여준 데에 그쳤다는 시각도 있다.

이 시대 명나라의 국위 선양 외교를 가능하게 한 것은 나침반의 발명과 함께 당시 세계 최고였다고 하는 명나라의 조선 능력이었다. 실제로 1420년경 중국이 소유한 선박 수는 유럽 전체의 선박 수보다 많았다는 추정도 있다. 이처럼 영락제에서 시작된 중화사상을 바탕으로 세계 질서를 재편하려는 시도, 다시 말해 패권국 재건을 위한 '중국몽'은 여전히 진행 중이다. 시진핑 중국 주석이 밀어 붙이고 있는 '일대일로' 또는 '21세기 해상 실크로드'는 영락제 치하 정화의 남해 대원

정을 빼놓고는 생각할 수 없다. 그런 까닭에 중국은 남중국해의 군사 거점화에 예사롭지 않은 의욕을 보이며, 2016년 7월에는 필리핀과의 남중국해 문제에 대한 국제중재재판소의 판결을 '종잇조각'이라고 일축하기도 하고, 600년 전 항로상의 기항지였던 실론 섬과 몰디브에 과도한 투자와 인프라를 구축해 국제사회의 비판을 받으면서도 여전히 집착하는 것으로 보인다.

## 유럽 국가들의 일본 방문

일본의 근세사와 근대사는 중국과의 교역과 외교는 물론, 주로 포르투갈, 스페인, 네덜란드, 영국, 미국이라는 서구 국가들의 자극으로 움직인 면도 크다. 일본의 역사학자인 아라타 히라카와(2018)에 따르면 포르투갈과 스페인은 15세기 이래 기독교의 포교와 일체화한 '세계정복사업'을 펼쳤다.

카톨릭 신자의 입장에서 보면 결코 '정복'은 아니겠지만, 이 두 나라는 아프리카와 중남미, 인도와 동남아시아의 여러 지역을 지배했다. 16세기 초에 인도의 항만도시와 인도차이나반도의 말라카를 점령했을 뿐 아니라 16세기 중반에는 명나라의 마카오에 거점을 둔 후 동중국해까지 활동 영역을 넓혀, 명나라 상인의 범선에 탔던 포르투갈인이 1543년 다네가시마에 표류해 일본에 총을 전래하기도 했다. 그 후 포르투갈의 무역상들과 함께 예수회 선교사들도 잇따라 일본에 찾아왔다. 처음 가고시마에 상륙한 예수회 수도사는 말라카에 교회를 세운 프란시스코 사비에르였다.

일본과의 무역 이익이 크다는 사실을 안 포르투갈인들은 큐슈의 여러 항구에 자주 무역선을 보내게 되었고 다수의 선교사도 파견했다. 스페인인들도 포르투갈보다는 늦은 1584년 히라도를 찾아왔다. 당시 일본인들은 포르투갈인과 스페인인을 남만인(南蠻人)이라고 부르고, 이후 찾아온 네덜란드인과 영국인을 홍모인(紅毛人)이라고 불렀다. 소위 남만 무역에서 포르투갈과 스페인은 총, 화약, 비단을 수출하고 은, 도검, 해산물 등을 수입했다.

유럽의 대항해시대는 같은 카톨릭 국가였던 포르투갈과 스페인의 경쟁 관계에서 출발했다. 두 나라는 1494년 토르데실랴스 조약을 맺고 소위 세계 영토 분할(데마르카시온) 체제를 확립했다. 이 조약은 서아프리카 세네갈 앞바다 카보베르데 제도의 서쪽 자오선(서경 46도 37분)을 기준으로 그 동쪽은 포르투갈령, 서쪽은 스페인령으로 간주해 세계를 두 나라가 양분한다고 결정했다(그림 1-1). 두 나라는 1529년 사라고사 조약을 맺어 아시아 내의 영유권을 확인했다.

보도에 따르면 2007년 중국의 한 군사 당국자가 미국 태평양 사령관에게 태평양을 동서로 분할해 서쪽을 중국, 동쪽을 미국이 관할하도록 제안했다고 한다. 또 2013년 시진핑 주석은 당시 미국의 버락 오바마 대통령과의 정상회담에서 "드넓은 태평양은 미·중 양국을 받아들이기에 충분히 크지요"라고 말했다고 한다. 어이없는 이야기지만, 16세기의 포르투갈과 스페인에는 지극히 당연한 이야기였다. 히라카와(2018)에 따르면 토르데실랴스 조약을 승인한 로마 교황은 신세계 사람들의 기독교화를 두 나라에 맡겼다고 한다. 이 조약의 원본은 2007년 스페인과 포르투갈의 공동 신청으로 유네스코 세계기록유산

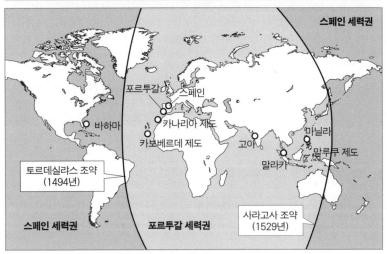

그림 1-1 **포르투갈과 스페인의 세계 영토 분할 체제**

스페인 세력권

포르투갈 스페인
바하마 카나리아 제도 마닐라
카보베르데 제도 고아 말루쿠 제도
말라카
토르데실랴스 조약
(1494년)
스페인 세력권 포르투갈 세력권 사라고사 조약
(1529년)

(출처) 히라카와 아라타 「전국시대 일본과 대항해시대」(주코신쇼, 2018)

에 등록되었다.

## 마닐라 출정을 암시한 히데요시

포르투갈과 스페인은 일본과 명나라의 정복과 지배에 대한 야망도 품고 있던 것으로 보인다. 예수회 일본 준관구장이었던 코엘료는 1585년 예수회 필리핀 포교장 세데뇨에게 보낸 편지에서 일본의 66개 지역을 전부 개종시키면 스페인 국왕 펠리페(1580년부터 포르투갈 국왕도 겸함)는 일본인이라는 호전적이고 영리한 병사들을 얻어 한층 더 쉽게 명나라를 정복할 수 있을 것이라고 말하며, 일본과 명나라에 대한 정복욕에 가득 차 있었다.

그러나 히라카와(2018)에 따르면 일본이 결국 '남만'의 식민지가 되지 않았던 것은 당시 일본의 통치자였던 도요토미 히데요시가 이러한 동태에 의심을 품고 스스로 명나라를 정복하기 위한 전 단계로 조선을 침략하고, 1593년 필리핀 총감 앞으로 보낸 서신 속에서 가까운 미래에 명나라를 정복할 것이라고 호언장담하며 마닐라 출정을 암시하고 스페인 국왕에게까지 필리핀을 일본에 복속시킬 것을 요구하는 등 군사력을 배경으로 위협했기 때문이다.

실제로 이러한 히데요시의 언동은 스페인의 전선기지였던 마닐라에 공포감을 심어주어, 스페인은 일본이 쉽지 않은 상대라고 인식하게 되었다고 한다.

에도 시대가 되자 스페인에서 독립한 개신교 국가 네덜란드와 마찬가지로 스페인의 무적함대를 물리친 영국이 그 후의 산업혁명도 원인이 되어 주요한 외국 세력이 되었다. 1853년 미국의 페리 제독이 군함으로 우라가에 입항해 막부에 개국을 촉구한 후, 사쓰에이 전쟁(1863년)과 시코쿠 함대 시모노세키 포격 사건(1864년) 등을 거쳐 메이지 유신이 발생한다.

이렇게 중국, 포르투갈, 스페인, 네덜란드, 영국, 미국이라는 패권국의 성쇠는 각국이 대두한 순서까지 포함해, 일본사와의 관계에서도 충분히 들여다볼 수가 있다. 일본은 20세기에 군사와 경제에서 두 번이나 패권국인 미국에 도전했다가 패퇴한 형국이 되었다. 그리고 다음의 경제, 정치, 군사, 하이테크 기술을 포함한 패권은 6세기 만에 중국이 쥘 것인가, 아니면 '중국몽'으로 끝날 것인가. 그렇다면, 중국을 저지하는 나라는 미국 외에 어디가 될 것인가.

다음 부분에서는 중국에서 패권이 옮겨간 대항해시대의 유럽 국가들에서 오늘날의 미국에 이르는 '근대 세계 시스템'이라는 체제에 관해 소개하겠다.


## 2
# 세계 시스템론의 열쇠를 쥔 콘드라티예프 순환


### '근대 세계 시스템'이란 무엇인가

2008년 서브프라임 모기지 사태가 동반한 세계금융위기의 발생은 미국이 오늘날에 이르기까지 장악해 온 세계 전체의 패권(헤게모니), 다시 말해 생산, 통상, 금융, 군사라는 네 가지 영역 모두에 대한 지배적인 힘이 앞으로 어떻게 될 것인가에 대한 다양한 예측과 추론을 낳았다.

현재는 눈에 띄게 쇠퇴하는 듯했던 미국이 트럼프 정권의 대중 무역전쟁, 바꾸어 말하면 중국의 하이테크 패권 저지를 노리는 맹렬한 표적형 보호무역 정책의 효과도 있기 때문인지 다시 강세를 보이고 있다. 한편으로 베이징올림픽(2008년)과 상하이박람회(2010)를 거치며 중국이 보여줬던 등등한 기세는 급속히 꺾이는 듯 느껴진다.

미국 블룸버그 통신의 칼럼니스트인 D. 픽클링은 브루킹스 연구소의 연구논문에 의거해서, 중국 정부가 공식 발표하는 경제 규모는 실제보다 약 16% 크고 2008년부터 2016년까지 9년간의 실질 GDP 성장률은 연평균 2% 가까이 부풀려졌다고 주장했다(픽클링, 2019). 미국 경제가 지난 20년간 기록한 평균 2.2% 성장률만큼 앞으로도 성장한다고 가정한 상태에서, 현재 중국의 GDP 수준을 앞으로의 성장률 예상에 적용하고 브루킹스 연구소의 논문에서 제시한 조정을 추가하면 중국의 GDP는 2050년까지 미국보다 계속 적다는 것이 픽클링의 결론이다. 그렇다 해도 하나의 패권국이 영원히 세계를 평정하지는 못한다는 사실은 「헤이케 모노가타리(平家物語)」(13세기 일본의 군담소설로, 헤이케 일족의 대두에서 몰락까지를 그림 -역주)에도 나오는 진리이자, 소위 세계 시스템론에서도 도출되는 결론이다.

세계 시스템은 근대 이전에는 로마나 중국과 같이 정치적으로 통합된 세계제국의 형태를 띠었다. 반면 대항해시대 이래로는 서구를 중심으로 자본주의라는 이름의, 국민경제 단위로 진행되고 정치적인 일체성이 없는 경제 체제가 발달했다. 정치적인 통합은 결여됐으면서 경제적인 일체성은 있는 국제 분업 체제라는 의미로, 이러한 체제를 '근대 세계 시스템'이라고 한다.

이 근대 세계 시스템은 대항해시대 유럽의 세계 진출과 함께 시작돼 서양 국가들 내부의 패권 교체도 포함하는 파동을 동반하면서 현재에 이르기까지 확대됐다. 그리고 세계 경제는 중심 지역과 주변 지역으로 나뉘어 발전해 나간다.

세계 시스템론으로 알려진 국제정치학 분야의 특징은 이른바 아날학파의 미국 본거지인 페르낭 브로델 센터의 소장이자 뉴욕주립대학교 교수이기도 한 I. 월러스틴의 네오마르크스주의적 사고방식이다.

월러스틴이 주장하는 근대 세계 시스템이란 1450~1640년경에 걸친 '장기 16세기'라는 기간에 서구에서 탄생한 자본주의 세계다.

월러스틴에 따르면, 자본주의는 성립 초기부터 자본주의 세계였으며 자본주의와 세계 경제는 같은 현상의 서로 다른 면에 불과하다. 월러스틴은 이러한 자본주의 세계 경제를 '최대 이윤의 실현을 추구하는 시장 지향 생산을 위해 성립한 세계적 분업 체제'라고 규정했다(골드스틴, 1997).

## 로지스틱 곡선과 패권 순환

월러스틴은 자신이 애용하는 약 50년 주기의 콘드라티예프 순환(장기 파동)보다 긴 150~300년 주기의 초장기 파동의 존재를 시사했다. 이것은 프랑스의 역사학 문헌에서 '장기 추세(세큘러 트렌드)'라고 불렸다고 하는데, 월러스틴 본인은 '로지스틱 곡선'이라고 부른다.

월러스틴은 '장기 16세기'의 확대와 17세기의 정체 내지 수축을 하나의 로지스틱 곡선의 상승 국면과 하강 국면으로서 연속적으로 바라본다(그림 1-2). 이 때문에 일반적으로는 '위기의 시대'로 불린 17세기도 월러스틴에게는 '장기 16세기'에 탄생하고 확대된 세계 경제의 순환적 수축 국면에 불과하다.

한편 월러스틴은 두 개의 콘드라티예프 순환(장기 파동)으로 이루어진, '패권 순환'이라는 100년을 조금 넘는 주기의 초장기 파동의 개념을 제시했다(이시카와, 2005). 월러스틴(1979)은 프랑스의 역사가 F. 시미앙을 따라 콘드라티예프 순환의 국면을 분류했다. 제1파 콘드라티예

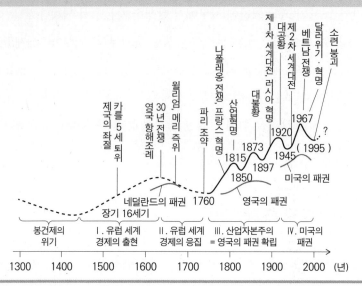

그림 1-2 월러스틴의 장기 파동 이론

제국의 좌절

카를 5세 퇴위

30년 전쟁
영국 항해조례

윌리엄 메리 즉위

파리 조약

나폴레옹 전쟁, 프랑스 혁명

산업혁명

대불황

제1차 세계대전, 러시아 혁명

대공황

제2차 세계대전

베트남 전쟁

달러 위기 · 혁명

소련 붕괴

1967

1920

?

1873

(1995)

1815

1945

1897

1850

미국의 패권

네덜란드의 패권  1760

영국의 패권

장기 16세기

| 봉건제의 위기 | Ⅰ. 유럽 세계 경제의 출현 | Ⅱ. 유럽 세계 경제의 응집 | Ⅲ. 산업자본주의 = 영국의 패권 확립 | Ⅳ. 미국의 패권 |

1300　1400　1500　1600　1700　1800　1900　2000　(년)

(주) 구도 아키라 〈월러스틴의 장파 이론〉(《세계의 경제 질서와 지역 질서 심포지엄 보고서》 세계 경제 정보서비스, 1981년)
(출처) J.S. 골드스틴 《세계 시스템과 장기 파동 논쟁》(오카다 미쓰마사 역, 세카이쇼인, 1997년) 346페이지 그림 1을 약간 수정한 오카다 미쓰마사의 그림을 인용

프 순환의 상승기(구체적으로는 1897년에서 1913~1920년까지)를 $A_1$, 하강기 (그 후로 1945년까지)를 $B_1$, 제2파 콘드라티예프 순환의 상승기(1967~1973년까지)를 $A_2$, 하강기(1967~1973년 이후)를 $B_2$로 분류하고 각 국면의 성격을 정의했다(그림 1-3).

## 패권 순환의 네 가지 국면

$A_1$은 '패권을 향한 약진'의 시기로, 특정 국가들의 패권을 향한 치

열한 대립이 관찰된다. 월러스틴에 따르면 이 국면에서는 세계 경제의 중심국에 있는 고임금 지역이나 저임금으로 상품을 생산하는 주변 지역이나 모두 수요 초과로 인해 생산이 증대된다. 그러나, 원자재 수요의 확대를 배경으로 주변 지역의 교역 조건이 유리해지기 때문에 주변 지역이 더 급속히 성장한다.

$B_1$은 '패권의 획득' 시기다. 기존 패권국이 쇠퇴하는 가운데 새로운 패권국이 따라잡고 앞지르는 기간이다. 이 국면에서는 주변 지역부터 경제 정체가 시작되어 점차 중심 지역에도 미친다. 고임금 상품을 생산하는 산업에서 실업률이 상승하기 때문에 중심국에서는 저소득층의 불만이 높아지고 세계적인 소득의 재분배가 일어난다.

콘드라티예프 제2파에 들어가는 $A_2$는 '패권의 성숙' 시기이며 이 국면에서 진정한 패권이 달성된다. 고임금 상품에서 수요가 현저히 회복되고 중심국의 교역 조건이 유리해져, 중심국의 성장이 주변 지역의 성장을 능가한다.

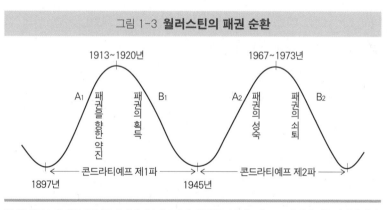

그림 1-3 **월러스틴의 패권 순환**

(출처) 월러스틴 책임 편집 《총서 세계 시스템 2 장기 파동》(후지와라쇼텐, 1992년) 등을 참고해 저자 작성

$B_2$는 '패권의 쇠퇴' 시기다. 이 시기에는 기존 강대국과 차기 패권을 노리는 중심국의 대립이 격화한다. 이 국면에서는 이윤을 유지하기 위한 고임금 상품의 생산 확대가 공급 과잉을 낳음으로써 공황이 발생하고 생산이 격감해 다시 $A_1$의 시작으로 돌아간다.

이 기간에는 세계 경제 전체가 하강기에 접어들기 때문에 자유무역 원칙이 빛을 잃고 보호무역주의와 블록화의 움직임이 우세해진다. 이 의미로 현재가 $B_2$의 국면이라고 가정하면 미국의 패권이 결국 막을 내리고 세계적으로 보호주의가 대두할 우려가 있다. 그러나 해석에 따라서는 현재가 패권 교체를 놓고 미국 및 중국과 같은 특정한 중심 국가들의 대립이 격화하는 $A_1$ '패권을 향한 약진' 시기라고 볼 수도 있다.

월러스틴의 패권 순환 성립의 열쇠는 콘드라티예프 순환의 반복이 쥐고 있다. 국면을 보면 패권의 약진 → 패권의 획득 → 패권의 성숙 → 패권의 쇠퇴라는 순환 양상을 따라가는 것으로 보인다. 월러스틴에 따르면 패권국은 합스부르크(골드스틴의 설에서는 베네치아, 모델스키의 설에서는 포르투갈), 네덜란드, 영국, 미국의 순서로 교체되었는데, 미국 다음이 중국이 될지가 특히 흥미롭다.

다음 부분에서는 경제를 중심으로 한 월러스틴의 세계 시스템론과 비슷하면서도 주로 정치와 군사가 중심이 되는 G. 모델스키의 패권 순환론을 소개하고, 현재 초미의 관심사인 미중 관계와 미일 관계의 전망도 살펴보겠다.

# 3
## 패권 파동으로서의 모델스키 순환

### 미·일 '공동패권'의 가능성

국제관계론 분야에서는 국제정치의 주역인 강대국의 패권이 세계적인 큰 전쟁과 연결되어, 두 번의 콘드라티예프 순환에 해당하는 100~120년 주기로 교체된다는 시각이 존재한다. 이것을 가장 명쾌하게, 이론과 실증적 자료 모두를 통해서 제시하는 데에 성공한 사람이 미국 워싱턴대학교의 G. 모델스키였다.

모델스키의 저서 《세계 시스템의 동태》(1991)에 따르면 근대 세계가 15세기에 성립한 이후 세계 정치에는 약 1세기 주기의 (초)장기 순환이 다섯 번 발생했다.

하나의 강대국이 우선 25~30년에 걸친 세계적인 전쟁을 통해 패권 즉 헤게모니를 확립('세계대전[global war]' 국면)한 후, 스스로의 리더십으로 세계 규모의 경제 발전을 이룩한다('세계대국[world power]' 국면). 그러나 점차 헤게모니를 뒷받침할 능력이 쇠퇴하고 경쟁자가 출현해('비정통화[delegitimation]' 국면) 국제 질서의 붕괴('분산화[deconcentration]' 국면)가 발생하고 새로운 순환으로 이행한다는 이론이다.

모델스키에 따르면 지난 500년간 포르투갈(1494~1580년), 네덜란드(1580~1688년), 제1차 영국(1688~1792년), 제2차 영국(1792~1914년), 미국(1914~?년), 이처럼 다섯 개의(영국이 두 번) 강대국이 패권국으로서의 기능을 특정 기간 발휘하면서 교체되어 왔다. 이 강대국들은 주된 적대국인 스페인, 프랑스, 독일, 일본, 소련의 도전을 물리치고 세계적인 리더십을 수행했다.

다만, 모델스키가 세계 대국으로 간주한 포르투갈은 세계 시스템 학파의 I. 월러스틴의 분석에서는 제외되고 대신 합스부르크가 치하의 스페인이 들어간다. 영국의 패권도 월러스틴에 따르면 두 번이 아니라 연속된 하나의 기간이다. 이처럼 학자마다 세부사항에 대한 의견이 갈린다. 제3장에서 자세히 설명하겠지만 모델스키는 해군력(공군력)의 집중도에 대한 연도별 자료를 분석해서 이용했다(그림 1-4). 그렇게 함으로써 다섯 강대국이 모두 전 세계의 주력함 중 절반 또는 그 이상에 해당하는 지배력을 평균 120년 동안 유지했음을 보여줬다.

그림 1-4 **해(공)군력의 집중도로 본 모델스키 순환**

(출처) Modelski, G., ed., Exploring Long Cycles, Rienner, pinter, 1987, P.6

미국이 패권국이 되고 나서 콘드라티예프 순환 두 번에 해당하는 시간이 지나고 있다. 현재는 모델스키가 말한 '분산화' 국면이 끝나고 패권을 둘러싼 대립이 격화해 '세계전쟁' 단계로 들어갔다고 생각할 수도 있다. 다음 세계 대국은 대체 어디가 될까. 중국일까, 러시아일까, 아니면 인도일까. 또는 유럽이나 일본일까. 그것도 아니면 미국과 다른 나라의 복합체일까.

모델스키는 핵무기 분산 보유 후의 순환에서는 기존과 같이 하나의 시대마다 하나의 패권국이 있는 것이 아니라 여러 국가의 연합이나 동맹인 '공동패권' 또는 '공동관리' 체제(팍스 콘소르티스)의 형태가 될 가능성이 있음을 시사했다. 그런데 모델스키는 아무래도 미국과 일본의 국가 간 연합을 염두에 둔 듯 보인다.

모델스키는 세계 대국이 되기 위한 가장 중요한 요소로 섬나라의 성격과 해상 권력을 들었다. 근대 세계 시스템의 경험에서는 포르투갈, 네덜란드, 영국, 미국이라는 네 나라가 글로벌 리더십을 손에 쥐었는데, 이 나라들에 공통되는 것이 해양국가로서의 자격을 보유했다는 점이었다.

특히 영국은 가장 이상적인 섬나라, 네덜란드는 섬과 반도로 이루어진 연합국이다. 포르투갈은 이베리아 반도에 있고 수도인 리스본은 바다를 면하고 있다. 미국은 캐나다와 멕시코에 접한 대륙의 일부라는 측면도 있으나 해양국가라고 볼 수도 있다.

현재는 공군과 미사일의 위협으로 상황이 완전히 달라졌으나 원래 섬나라는 글로벌한 운송 루트의 접점, 무역선의 기항, 어업, 해군 기지의 설치와 운영, 나아가 탐험 기회가 풍부하며, 또 군사 침략을 받을

일이 적다는 점에서 옛날에는 대륙 국가보다 명백히 유리했던 것으로
보인다.

## '재패니즈 넘버원'과 미·일 동맹

이러한 고찰에서 자연스럽게 떠오르는 것이 1979년 E.F. 보겔이
저서 《재패니즈 넘버원》(1979)에서 지적한 1945년 이후 미국의 지위
하락과 일본 경제의 약진이라는 현상을 고려할 때 앞으로 글로벌 파
워는 일본이 될 수 있다는 미국 및 유럽 세계의 기대와 우려였다.

일본은 전형적인 섬나라이자 해양국가이며, 모델스키에 따르면 글
로벌 시스템과의 관계에 대한 정보를 기본적으로 세계 대국이나 패권
국에서 얻어 왔다. 일본은 1543년 처음으로 찾아온 포르투갈 무역상
인과 사절을 통해 외부 세계와 접하게 됐다.

포르투갈인의 활동은 오다 노부나가, 도요토미 히데요시 치하에서
절정을 맞이했다. 포르투갈과 스페인의 힘이 쇠퇴하자 1600년대 이
후 네덜란드인들이 일본에 찾아오기 시작하고 포르투갈인들이 밀려
났다. 네덜란드인들은 도쿠가와 막부의 쇄국정책 하에 동인도회사를
통해 나가사키의 데지마에서 활동했다.

절정의 세력을 자랑하던 영국이 아편전쟁(1840~1842년)을 통해 중
국(청나라)에 문호개방에 대한 압력을 가하며서 일본 개국의 태동이 시
작되고, 그 후 미국의 포함외교(砲艦外交)로 개국이 단행되었다. 일본
은 영국과 미국 편에 서서 제1차 세계대전에 돌입했는데, 그 동맹은
1922년 워싱턴 해군 군축조약의 구도로 바뀌었다. 제2차 세계대전에

서 일본은 처음으로 도전국의 편에 섰으나 미국에 패배했다. 1945년 이후 초반에는 점령 체제를 통해, 그다음에는 미일 안전보장조약을 통해 미국은 일본의 국제적 입장을 결정하는 데에 영향력을 발휘해 왔다.

미국의 영향력이 서서히 약화하고 세계에서 일본의 경제적 중요 도가 비약적으로 상승하는 과정에서(실제로 국제통화기금[IMF]의 추계에서 1994년 일본의 명목 GDP는 세계 전체의 17.7%에 달했다) 다른 나라들은 싫든 좋든 강대국으로서의 일본을 의식하게 되었다. 모델스키 본인이 명확히 말하지는 않았으나 모델스키의 저서에서는 일본이 도전국 소련(현재 러시아)이 후퇴한 다음의 패권국(또는 공동패권국)의 유력 후보로 여겨졌다고 추측할 수 있는 기술이 조금씩 있다. 어쨌든 핵무기의 존재를 전제로 모델스키는 다음 패권국이 단일국가가 아닌 연합 형성이라는 새로운 종류의 형태를 띠고 연합을 통한 명확한 공동분담이 될지도 모른다고 생각했다.

그렇다면 1980년대 이후 자동차와 반도체 마찰, 플라자 합의, 나아가 미·일 구조협의를 통해 미국과의 무역마찰을 정면으로 마주해 온 일본이 미·일 동맹의 형태로 미국과의 공동패권을 노릴 것임을 모델스키가 미리 생각하고 있었을 가능성을 부정할 수 없다. 그러나, 지금은 중국이라는 새로운 도전국이 출현했다. 2018년에는 IMF의 예측에서 중국의 GDP가 세계의 15.9%(일본은 6.0%)에 달해 미국의 24.2%를 바짝 추격하고 있다(그림 1-5). 1980년대에는 전혀 상상하지 못했던 새로운 이 상황을 모델스키가 지금 어떻게 바라보고 있을지 추측하는 일은 참으로 흥미롭다.

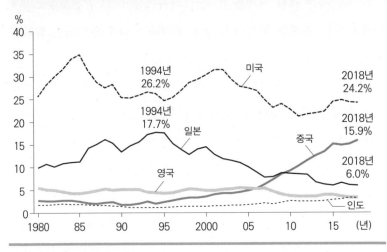

그림 1-5 **각국의 명목 GDP가 세계에서 차지하는 비율**

%
40
35
30
25
20
15
10
5
0

1994년
26.2%

1994년
17.7%

미국

일본

영국

중국

2018년
24.2%

2018년
15.9%

2018년
6.0%

인도

1980    85    90    95   2000   05    10    15   (년)

(주) 최근 곡선은 2018년 IMF 예측
(출처) IMF 자료를 바탕으로 미쓰비시UFJ 모건 스탠리 증권 경기순환연구소 작성

## 5세대 컴퓨터와 5G

2017년 도널드 트럼프 대통령이 취임한 후 시진핑 주석이 이끄는 중국과의 무역전쟁이 치열해졌다. 물론 미국의 대규모 무역적자 중 대부분이 중국에서 비롯되었기 때문이지만, 그것이 유일한 이유는 아니다.

중국 정부가 자국 산업을 우대하는 하이테크 산업 육성 정책인 '중국제조 2025'를 책정하는 등 국가주의적 전략을 세우고, 마찬가지로 '국가정보법'을 제정해 자국민이 입수한 기밀 정보를 강제로 제출시킬 권한을 중국 정부가 보유하도록 하는 등 결국, 미국의 최신 기술을 훔쳐내 군비를 증강하고 있다는 우려가 강해졌기 때문이다.

이 점은 2018년 10월 4일 미국의 마이크 펜스 부통령이 중국을 전면적으로 비판한 사실을 보면 알 수 있다. 펜스의 연설은, 중국의 경제적 성공은 대부분 중국에 대한 미국의 투자에서 비롯되었음에도 중국은 관세, 환율 조작, 강제적인 기술 이전, 미국의 지적재산권 침해 등 자유공정무역과 양립할 수 없는 정책을 취해 왔다고 비판하는 내용이었다.

돌이켜보면 미·일 무역 마찰이 한창 심했던 1982년, 보겔의 저서가 미친 영향 등의 결과로 텍사스 주 오스틴에 민관 합작 연구소가 설립되었다. 이 연구소는 일본의 통상산업성(현 경제산업성)이 같은 해에 개시한 '5세대 컴퓨터 프로젝트'에 대항하기 위해 국방부와 사법부가 주도해 설립한 '마이크로 일렉트릭스 앤 컴퓨터 테크놀로지 사'다.

당시 일본 통상산업성은 '향후 10년간 570억 엔을 투자해서 인공지능 기계를 개발할 것이다'라고 발표했다. 작가 겸 컨설턴트인 사토 지에는 보겔과의 대담에서 '이것이 성공하면 미국의 국방이 위기에 빠질 것이다'라는 생각이 이 민관 합작 연구소의 설립 계기였다고 말했다(사토, 2017).

이것과 같은 종류의 위기감이 오늘날의 차세대 통신규격 '5G(5세대 이동통신 시스템)' 기술을 둘러싼 미·중 하이테크 마찰에도 존재함은 의심할 수 없다. 다음 부분에서는 월러스틴과 모델스키의 패권 순환론의 토대가 된 콘드라티예프 순환과 전쟁 및 혁명과의 관계를 고찰하겠다.

# 4

## 전쟁과 혁명 파동으로서의 콘드라티예프 순환

### 순환의 상승기에 많은 전쟁과 혁명

N. D. 콘드라티예프는 자신의 대표적 논문인 〈경기 변동의 장파〉(러시아어 원제는 〈경기의 대순환〉, 1925년)에서 '장파 발현 형태의 경험적 규칙'으로서 장기 파동 발현의 특징을 보여주는 다섯 가지의 '일반적 명제'를 제시했다. 그중 다섯 번째 명제가 전쟁과 혁명에 관한 것이었다.

콘드라티예프는 '장파의 상승기, 즉 경제생활의 성장에서 압력이 높은 시기는 대개 전쟁과 국내의 사회적 동요가 가장 많고, 또 가장 격화하는 시기에 해당한다'(나카무라, 1978)라고 기술했다. 이 콘드라티예프의 다섯 번째 명제에 대응하는 전쟁과 혁명 또는 거기에 필적하는 커다란 사회적 변동을, 1789년부터 1920년까지의 각 순환 국면마다 콘드라티예프 본인이 열거했다. 제1순환(1789~1848년)만 살펴보면 상승파 시기(1789~1815년)에는 18건의 커다란 사회적 변동이 관찰된다.

①미합중국의 독립선언과 정치 체제의 확립(1783~1789년). ②프랑스 혁명(1789~1804년). ③제1회 대불대동맹과 프랑스 공화정의 침략전쟁 1기(1793~1797년). ④영불전쟁(1793~1797년). ⑤제2회 대불대동맹과 프랑스 침략전쟁 2기(1798~1802년). ⑥네덜란드, 이탈리아, 스위스, 독일, 스페인, 포르투갈 등 프랑스의 직접적인 세력 하에 있는 국가들의 군사 및 정치 혁명과 개혁(1794~1812년). ⑦러시아 터키 전쟁(1806~1812

년). ⑧폴란드 2차 분할(1793년). ⑨폴란드 3차 분할(1795년). ⑩제3회 대불대동맹(1805년). ⑪제4회 대불대동맹(1806~1807년). ⑫대륙 봉쇄 (1807~1814년). ⑬1808년부터 스페인과 이탈리아에서 봉기와 전쟁이 발생. ⑭제5회 대불대동맹(1809~1810년). ⑮러시아 침략과 퇴각(1812~1813년). ⑯스페인 헌법(1812년). ⑰제6회 대불대동맹과 나폴레옹 제국의 붕괴(1813~1814년). ⑱나폴레옹의 백일천하와 최종적 패배(1815년).

한편, 하강파 시기(1815~48년)에는 사회적 변동이 불과 다섯 건밖에 관찰되지 않는다. ①스페인의 혁명운동과 1812년 헌법 포고(1820년). ② 이탈리아의 혁명운동(카르보나리 당)과 유럽 반동세력 연합에 의한 진압 (1820~1823년). ③그리스 독립운동과 연결된 대 터키 전쟁(1828~1829년). ④1830년의 프랑스 7월 혁명과 그 여파(1830~1834년). ⑤영국의 차티스트 운동(1838~1848년)(이상 다원적경제사회문제연구반 오카다[2003]에서 인용).

마찬가지로 제2 순환의 상승파 시기(1848~1873년)에서는 18건, 하강파 시기(1873~1895년)에서는 4건, 제3 순환의 상승파 시기(1895~1920년)에서는 22건의 큰 사회적 변동이 관찰된다(그림 1-6). 이처럼 콘드라티예프 장기 파동의 상승기에는 전쟁이나 혁명이라는 중대한 사회적 변동이 큰 반면 하강기에는 그러한 큰 변동이 상대적으로 적은 경향이 관찰된다.


## 트로츠키 대 콘드라티예프 논쟁

콘드라티예프는 '경기 변동의 장파' 속에서 전쟁이나 혁명은 경제적 발전의 속도와 방향에 강력한 영향을 미친다고 인정했다. 그러나

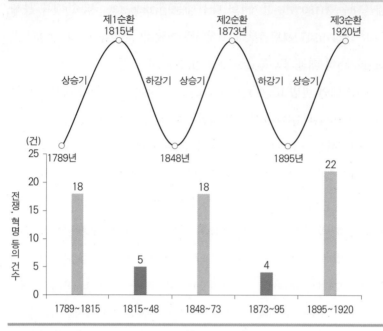

그림 1-6 **콘드라티예프 순환의 국면과 사회 변동**

제1순환
1815년

제2순환
1873년

제3순환
1920년

상승기  하강기 상승기  하강기 상승기

(건)
25 1789년   1848년   1895년
20   18   18   22
15
10
5   5   4
0

전쟁, 혁명 등의 건수

1789~1815   1815~48   1848~73   1873~95   1895~1920

(출처) IMF, 세계은행 자료 등을 바탕으로 미쓰비시UFG 모건 스탠리 증권경기순환연구소가 작성

동시에 전쟁이나 혁명은 '하늘에서 떨어지는 것도 아니지만 개별 인물의 자의에서 생겨나는 것도 아니다'라고 기술하며, 전쟁이나 혁명이 경제 체계의 외부에서 순수한 외적 충격으로서 발생한다는 시각을 부정했다.

콘드라티예프는 전쟁이나 혁명이 일정한 시간적 규칙성을 가지고 반복되며, 게다가 대개 장기 파동의 상승기에 일어나는 이유가 무엇인지 의문을 제기한다. 그 결론으로 콘드라티예프는 전쟁이나 혁명 그 자체의 발생 근원이 '시장과 원자재를 둘러싼 경제 투쟁의 첨예화에 있으며, 사회적 동요도 새로운 경제적 세력들의 폭풍과도 같은 압력 하에 발생하기 쉽기' 때문에 전쟁이나 혁명 등의 사회적 동요도 결국 경제의 장기 파동 리듬을 따라 일어나는 '장기 파동의 현상 중 하나임이 명백하다'고 잘라 말한다(나카무라, 1978).

이러한 시각을 '형식적인 유추로 인한 잘못된 일반화'라고 정면으로 비판한 사람이 L. D. 트로츠키였다. 트로츠키는 '콘드라티예프 교수가 부주의하게 순환으로 지정하도록 제안한 자본주의적 발전 곡선 장파(50년)의 성격과 기간은, 자본주의적 세력들의 내재적 작용이 아니라 그것을 수로로 삼아 자본주의적 발전이 진행되는 외재적 제반 조건이 결정한다. 자본주의에 의한 새로운 국가 및 대륙의 흡수, 새로운 천연자원의 발견, 그리고 전쟁과 혁명이라는 '상부 구조' 차원의 중요한 요인은 자본주의적 발전의 고양, 정체, 쇠퇴의 모든 시대적 성격과 교체를 규정한다'라고 기술했다(나카무라, 1978).

또 트로츠키는 콘드라티예프의 '경기 변동 장파'가 공표된 후인 1926년 1월 세계 경제에 관한 토론회에서 콘드라티예프의 '파동'은 '외재적 제반 조건'의 반영에 불과하다고 말했다고 한다. 여기에 대해 콘드라티예프는 1926년 2월 토론회에서 V. I. 보그다노프가 마찬가지로 자본주의의 '외재적 제반 조건'설을 주장한 것을 비판하고 그 조건들을 전제로 한 분석이야말로 문제라고 말하며, '보그다노프는 유물론자의 용어를 사용하면서 사실은 자신이 트로츠키와 함께 관념론적 입장에 서 있음을 알아차리지 못하고 있다'라고 비꼬았다고 한다(나카무라, 1978).

## 외인설인가 내인설인가

트로츠키는 자신의 '자본주의 발전의 90년간' 모형을 장기 추이 곡선으로 나타내는 '기초 곡선'과 '경기(또는 순환) 곡선'을 이용해서 ①매우 완만한 20년. ②정신적 상승의 40년. ③장기적인 위기와 쇠퇴의 30년으로 분할해서 자본주의의 발전을 분석하고자 했다. 그리고 '많은 경우 혁명과 전쟁이 경제 발전의 서로 다른 두 시대의 경계선, 자본주의 발전 곡선의 두 가지 국면의 접점에 걸친다.'라고 기술하며 외인

그림 1-7 **트로츠키의 자본주의적 발전 곡선 모형**

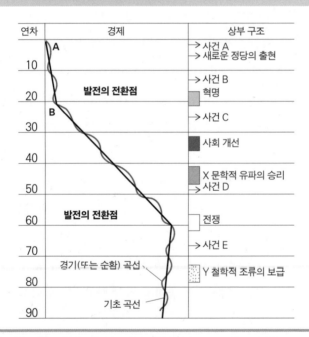

(출처) 나카무라 다케오 편《콘드라티예프 경기순환론》아키쇼보, 1978년, 57페이지

설을 바탕으로 한 기초 곡선을 제시했다(그림 1-7).

그러면 트로츠키가 설파한 장기 파동의 전쟁 순환설(외인설)과 콘드라티예프가 고수한 내인설 중 무엇이 옳았을까? 그 해답은 아직도 존재하지 않는다. 전쟁 순환의 문제를 연구한 J. S. 골드스틴은 월러스틴의 세계 시스템론에 입각해 경제 장파(약 50년 주기)와 정치 장파(약 150년 주기의 전쟁과 패권 순환)를 종합적으로 파악하고자 시도하고 ①확대. ②스태그플레이션(전쟁). ③정체. ④재생이라는 네 국면이 연속적으로 출현하는 메커니즘을 완성했다.

다만, 전쟁에서 물가로 이어지는 그레인저 인과관계 검정이 항상 유의미하므로 전쟁이 가격의 상승에서 주요한 역할을 한다는 점은 인정하면서도, 골드스틴은 결국 자신이 작성한 장파의 인과적 연쇄 과정에서 여러 요소를 배역으로서 늘어놓고 그중 전쟁에 주역 중 하나로서의 지위 이상을 부여하지는 않은 듯하다.

다음 부분에서는 콘드라티예프 본인이 장기 파동에 대한 전쟁·혁명 원인설을 강하게 부정하는 동시에 원인으로서 가장 중시한 것으로 보이는 사회 인프라 투자의 역할을 논하겠다.

# 5
## 사회 인프라 투자 파동으로서의 콘드라티예프 순환

### '3차 균형'이란

콘드라티예프에 따르면 장기 파동은 자본주의 경제의 동태에 내재하는 것이지 결코 우연히 발생하는 것이 아니다. 콘드라티예프는 그런 우연한 외적 요인에 관해 소위 기술혁신설, 뉴 프론티어설, 전쟁설, 금 수량설 등이 있음을 파악하고 그 설들을 비판했다.

콘드라티예프 장기 파동론 연구의 일인자인 경제학자 오카다 미쓰마사의 저서 《콘드라티예프 경제동학의 세계》(2006)에 따르면 콘드라티예프는 1926년 2월 경제연구소의 보고서 〈경제적 경기의 대순환〉 속에서 경기의 순환과 파동의 본질에 관해 이야기했다. 그 내용은 바로 자본주의 시스템에서 균형 수준에서의 편차를 확대하거나 축소하는 과정, 또는 동태 균형의 파괴와 재건 과정이었다. 이 과정을 설명하기 위해 콘드라티예프는 영국 신고전학파 경제학의 창시자인 A. 마샬을 따라 세 가지 차원의 균형을 구별했다.

1차 균형은 매우 단기적이며 적은 비용만 든다. 대부분 소비재와 다수의 각종 원자재, 그 외 생산수단에 관련된 수급 관계다. 2차 균형은 현재 이용 중인 기초적 자본재, 즉 사회 인프라 설비를 바탕으로 해서 상대적으로 긴 기간 기능하며, 생산에 더 오랜 기간과 더 큰 비용의 지출이 필요한 대부분의 생산 설비에 해당하는 수급 균형이다. 3차 균형은 기초적 자본재의 보유량 변동과 관련된 것으로, 변동이 이루어질 만큼 충분히 긴 시간과 거액의 지출이 필요하다. 이 범주에 구체적으로 해당하는 것은 거대 설비 건설, 대규모 철도 노선 건설, 운하 건설, 대규모 토지개량사업, 그리고 숙련 노동 인력의 육성 등이다.

콘드라티예프는 논문 〈공업제품과 농산물의 가격 변동〉(1928년)에서 자신이 생각하는 상공업 순환은 기초적인 자본재의 생산에 필요한 시간의 길이에 기반을 두고 있다고 기술했다. 이것은 K. 마르크스의 《자본론》 2권(스즈키, 1973)에 등장하는 산업 순환의 재투자(갱신투자) 순환설의 원용이라고 할 수 있다.

## 마르크스의 재투자 순환설

마르크스는 다음과 같이 주장했다. '우리는 오늘날 대규모 산업에서 가장 중요한 부문들의 평균 라이프 사이클이 10년이라고 가정할 수 있다.'(스즈키, 1973) 그래서 마르크스는 고정자본의 내용연수(건물이나 기계, 설비 따위의 고정 자산을 사용할 수 있는 전체 기간을 햇수로 나타낸 것 - 역자 주) 경과에 따른 갱신이 '주기적인 순환을 위한 물적 기초의 하나'라는 결론을 내렸다. 이어 '건물, 가령 공장이나 가게나 창고나 곡창에, 또는 도로나 관개설비 등에 투입한 자본'은 '아마 20년이나 50년 만에 한 번 회전할 것이다'라고 기술했다.

마르크스의 이 재투자 순환설을 흡수해 발전시킨 것이 영국의 경제학자 D. H. 로버트슨이었다. 로버트슨은 저서 《산업 변동의 연구》(1915)에서 이렇게 썼다. '어떤 생산물의 교환 가치가 일시적으로 상승한다고 치면……생산 설비에 무언가 평소와 다른 대규모 투자가 뒤따를 것이다. 그 설비의 거의 동시다발적인 마모는 그 생산물의 식별 가능한 부족을 낳을 것이다. 이 부족은 그 교환 가치의 상승에 반영되어, 일반적인 모든 결과가 뒤에 따르는, 기존과 다른 규모의 새로운 투자 폭발로 이어질 것이다.'

로버트슨은 이 원리 또는 효과에 '메아리(echo)' 또는 '배음 (harmonics)'이라는 이름을 붙이고 당시 영국의 철도, 면방적, 모직물, 조선 등 개별 산업의 설비 내용연수와 실제 자본 보유량의 부족, 투자 폭발의 주기가 거의 일치함을 실증적으로 확인했다. 로버트슨의 이러한 발상을 제1차 세계대전 후 모국 노르웨이의 조선업에서 실증하고 더욱 이론화한 경제학자 J. 아이나르센의 '재투자 순환'(Einarsen, 1938)

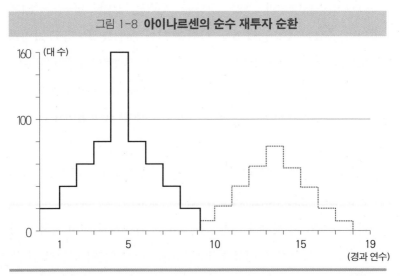

그림 1-8 **아이나르센의 순수 재투자 순환**

(출처) Einarsen. J., "Reinvestment cycles," Review of Economic Statistics, vol. 20, Feb. 1938, p. 1.

을, 같은 해 총살당한 콘드라티예프는 아마 보지 못했을 것이다.

　그러나 아이나르센이 말한 '순수 재투자 순환', 즉 다른 때와 비교해서 과거의 특정한 몇 년 동안 기계가 더 많이 생산된 경우 그중 다수가 내용연수 후에 갱신된다고 가정하면 갱신투자는 점점 감소하면서도 몇 번 반복되고, 또 갱신이 집중되어 붐이 일어나는 시기에 경제적인 면을 고려해서 함께 실시하기 쉬운 '2차적 재투자 순환'에 의한 보강을 통해 순환은 소멸되지 않고 계속된다는 재투자 순환설은 콘드라티예프의 발상에 친화적으로 보인다. 아이나르센의 내용연수 가설을, 선박의 사례에 해당하는 9년이나 18년이 아니라 사회 인프라에 걸맞는 50~60년으로 연장하기만 하면 콘드라티예프의 생각과 거의 일치할 것에 의심의 여지가 없다(그림 1-8).

## 재투자 순환설과 장기 파동

　이처럼 마르크스에 발단을 두고 로버트슨과 아이나르센이 발전시킨 재투자 순환설을 내용연수가 그보다 긴 기초적 자본재 또는 사회 인프라 투자에 적용한 것이 콘드라티예프의 장기 파동 이론임은 명확할 것이다.

　콘드라티예프는 다음과 같이 기술했다. '마르크스는 10년마다 주기적으로 반복되는 공황 또는 중기 순환의 물질적 기초가, 수명이 평균 10년인 기계와 같은 대량생산 수단의 물질적 마모, 갱신, 확대에 있다고 주장했다. 마찬가지로 대순환의 물질적 기초는 생산에 오랜 기간과 거액의 지출이 필요한 기초적 자본재의 마모, 갱신, 확대다. 이러한 기초적 자본재의 갱신과 확장은 점진적이 아니라 무리를 지어 이루어지며, 이 현상의 다른 표현이 바로 경기의 대파동이다.'(오카다, 2006) 그리고 콘드라티예프에 따르면 이러한 기초적 자본재의 건설이 활기를 띠는 시기가 경기의 대순환에서 상승기이자, 3차 균형 수준에서 위쪽 방향으로 괴리가 일어나 경기가 장기간 상승하는 시기인 것이다.

콘드라티예프는 이렇게 사회 인프라재, 다시 말해 기초적 자본재의 갱신투자 수요가 새로운 투자의 파동을 유발해서 장기 파동의 '물질적 기초'를 이룬다고 생각했다. 다만 이 기초적 자본재의 재투자 순환이 실제로 발생하기 위해서는 '일정한 전제조건'이 있고, 그 조건 중 하나로 콘드라티예프의 스승인 러시아의 경제학자 T. 바라노프스키가 제시한 '자유로운 대부자본'의 존재가 있다.

자유로운 대부자본을 이용할 수 있게 되면 이자율의 변동을 통한 투자의 조정이 가능해진다. 번영의 절정기에는 투자에 이용 가능한, 축적된 대부 자금이 고갈되고 이자율이 상승하기 때문에 투자가 감소한다. 그 후의 불황기에는 대부자본이 다시 축적된다. 이윽고 새로운 투자에 대한 거부감이 줄어들어 자유로운 대부자본이 고정자본으로 전환되는 가운데 새로운 확대가 이루어지는 것이다.

콘드라티예프의 장기 파동 이론의 전체 모습은 다음과 같은 흐름으로 설명할 수 있다. 우선 상승파 시작의 전제는 고정자본의 형성을 우르는 장기간의 저축, 투자가의 대부자본 축적과 신규 투자 파동을 유인하기에 충분한 이윤 기회다. 이 신규 투자 파동은 신흥 국가 및 지역의 세계시장 편입을 유발하는데, 최종적으로는 정치적 및 사회적인 불안정 상태(전쟁과 혁명)를 낳고, 대부자본의 점진적 고갈과 맞물려 이

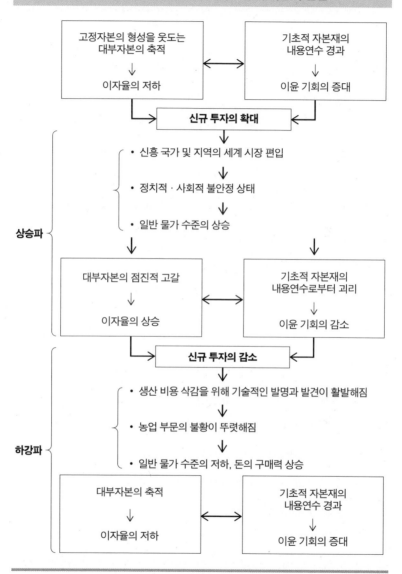

## 그림 1-9 **콘드라티예프가 그리는 장기 파동의 순환**

고정자본의 형성을 웃도는
대부자본의 축적
↓
이자율의 저하

기초적 자본재의
내용연수 경과
↓
이윤 기회의 증대

**신규 투자의 확대**

• 신흥 국가 및 지역의 세계 시장 편입
↓
• 정치적 · 사회적 불안정 상태
↓
• 일반 물가 수준의 상승

**상승파**

대부자본의 점진적 고갈
↓
이자율의 상승

기초적 자본재의
내용연수로부터 괴리
↓
이윤 기회의 감소

**신규 투자의 감소**

• 생산 비용 삭감을 위해 기술적인 발명과 발견이 활발해짐
↓
• 농업 부문의 불황이 뚜렷해짐
↓
• 일반 물가 수준의 저하, 돈의 구매력 상승

**하강파**

대부자본의 축적
↓
이자율의 저하

기초적 자본재의
내용연수 경과
↓
이윤 기회의 증대

(출처) 오카다 미쓰마사 《콘드라티예프 경제동학의 세계》 세카이쇼인, 2006년, 104~106페이지를 바탕으로 저자가 작성

자율의 상승, 나아가 자본 축적 속도의 둔화를 초래한다. 투자는 소멸하고 상승파는 하강파로 바뀌며, 생산비용을 절감하는 기술적인 발명과 발견에 대한 자극이 되살아난다. 그렇다 해도 주된 과학적 및 기술적 발명과 발견은 자본 축적이 새롭게 성행하기 전까지는 생산 면에 응용되지 않는다.

하강파의 과정에서 일반 물가 수준도 하강 추세에 접어들면서 저축은 고정 소득자 계층 내에 축적된다고 콘드라티예프는 말한다. 특히 생산이 가격 변동을 따라갈 수 없는 농업 부문에서 불황이 뚜렷해져 도시와 농촌 간의 교역 조건은 농촌 쪽에 불리해진다. 반면 공업 부문의 저축과 투자 활동은 가속된다.

나아가 일반 물가 수준의 저하는 금의 구매력을 높여 금 생산을 증가시키므로 대부자본의 공급량도 증가한다. 하강파의 이러한 변화의 종합적인 결과로 이자율이 하락하고, 신규 투자에 대한 자극이 강해져 새로운 장기적 상승의 제반 조건이 정비된다.

이처럼 콘드라티예프는 자신과 교류하던 미국의 경제학자 W. C. 미첼의 《경기순환》(1972)이, 비용의 하락을 기업이 이용하는 데에서 출발해 경기 확대가 이루어지고, 그것이 비용 상승을 불러 경기가 하강해 비용이 감소하기까지의 과정을 제시한 것과 같이, 하락한 이자율이 사회 인프라 투자 증가로 인해 상승하고 또 하락하기까지의 장기 파동 순환을 설명했다(그림 1-9).

이렇게 해서 사회 인프라 투자의 재투자 순환설이야말로 콘드라티예프 본인의 관점임을 알게 된 지금, 남은 고찰은 J. A. 슘페터가 개척한 이노베이션설의 의미를 묻는 것이다. 다음으로 넘어가자.

# 6
## 이노베이션 곡선으로서의 콘드라티예프 순환

### 장파의 상승 시작과 발견·발명의 영향

'장파의 하강기에는 특히 많은 생산 기술 및 교통 기술상의 발견과 발명이 이루어지는데, 그 발견과 발명은 새로운 장파가 시작될 때 비로소 광범위하게 경제적 실적에 응용된다.'(나카무라, 1978) 이것은 콘드라티예프가 다섯 가지 '장파 발현 형태의 경험적 규칙' 중 세 번째 명제로 논문 〈경기 변동의 장파〉에서 제시한 가설이다.

콘드라티예프는 장기 파동의 상승 국면이 시작되기 거의 20년 전부터 기술적 발견과 발명이 왕성하게 이루어진다고 봤다. 그리고 상승파의 발생 전에서 발생 초기에 걸쳐 이러한 발명과 발견이 산업 분야에 광범위하게 응용된다고 주장하고, 직접 구체적인 사례를 열거했다.

가령 제1순환의 상승파는 특히 영국의 산업혁명 융성과 미국의 세계시장 진입을 출발점으로 삼는다. 제2순환의 상승파에는 증기기관(1824~1827년), 자동 수확기(1831년), 전자유도(패러데이, 1832년), 전신(1832년), 전기 주조법(야코비, 1833년), 외륜선(1836년), 모르스 전신기(1837년), 증기 펌프(1840년), 증기 해머(1842년), 윤전인쇄기(1846년), 재봉틀(1847년) 등 수많은 기술적 발명이 선행했다고 콘드라티예프는 설명한다. 또 이 상승파는 세계시장 내 미국의 역할 확대, 캘리포니아와 호주의 금광 발견(1847~1851년)으로 인한 금 생산량의 현저한 증대를 동반했다.

제3순환의 상승파도 마찬가지로 중요한 과학 기술상의 발명, 특히 전기공학 분야의 발명이 선행했다. 예를 들면 그람의 직류발전기(1870년), 슈프렝겔의 진공 펌프(1875년), 암모니아 제조기(1875년), 볼밸브(1875년), 가스엔진(1876년), 직류 송전(1877년), 벨의 전화(1877년), 토마스 제강법(1878년), 지멘스의 전기기관차(1878년), 웨스팅하우스의 공기 브레이크(1879년), 전기 용접 및 단조(1881~1889년), 노면전차(1881년), 변압기(1882년), 가솔린 엔진(1885년), 무연화약(1887년), 무선전신(1891년), 전동기중기(1892년), 전기 용해(1892년), 디젤엔진(1893년), 비행기(1895년) 등이 있다. 이러한 발명은 특히 화학과 전기 산업에서 소위 신산업 혁명의 계기가 되었다(오카다, 2006).

## 양극단에 있는 콘드라티예프와 슘페터의 견해

이렇게 발견과 발명을 열거했다고 해서 콘드라티예프가 그것들이 '원인'이 되어 그 '결과'로 장기 파동을 불러왔다고 생각한 것은 아니다. 오히려 그러한 사고방식에 단호히 반대했다. 콘드라티예프는 '기술의 변화가 자본주의의 동태에 강력한 영향을 미친다는 사실에는 논란의 여지가 없다. 그러나 이 기술의 변화가 우연적이고 외압적인 근원에서 비롯된다는 점은 그 누구도 증명하지 못했다.'(나카무라, 1978)라고 서술하며 외적 충격으로서의 발명·발견설을 거부했다.

나아가 콘드라티예프는 이렇게 썼다. '생산기술이 현실적으로 변화를 일으키기 위해서는 과학, 기술상의 발명이 존재하는 것만으로는 역시 부족하다. 발명은 그 응용을 위한 경제적 전제가 뒷받침되지 않으면 불모의 상태로 그칠 수 있다. 그 점을 보여주는 예는 17세기와 18세기 초의 과학, 기술 발명들이다. 그 발명들이 광범위하게 실용화된 것은 이후 18세기 말 산업혁명의 와중이었다.'(나카무라, 1978).

콘드라티예프는 그렇게 말하면서 기술의 변화가 우연한 성격을 띤다고 생각하거나 경제 발전 그 자체에 영향을 받지 않는다고 생각하는 것은 잘못되었으며, 오히려 경제의 장기 파동 리듬이 기술 혁신에 영향을 준다는 시각을 강하게 주장했다. 따라서 콘드라티예프는 자신이 제시한 장파의 발현 형태에 대한 다섯 가지 명제 중 기술상의 발명 및 발견에 관한 논의의 원인과 결과가 뒤바뀌어 잘못된 추론으로 이어지는 일을 매우 우려했다. 그러므로 슘페터의 '혁신설'과 콘드라티예프의 입장은 서로 완전히 양극단에 있었다고 말할 수 있다.

슘페터는《경기순환론 I》(1958)에서 자신이 '콘드라티예프 순환'이라고 이름 붙인 장파의 원인을 기업가의 이노베이션(혁신) 내지는 새로운 결합에서 찾았다.

슘페터가 정의하는 이노베이션은 슘페터의《경제 발전의 이론》(1912)으로 거슬러 올라가기 때문에 좁은 의미의 '기술 혁신'보다 의미가 훨씬 넓으며 ①새로운 재화 ②새로운 생산 방법 ③새로운 판로 ④새로운 공급원 ⑤ 새로운 조직이라는 다섯 가지의 구체적 내용이다. 그리고《경기순환론》(1939년)에서는 콘드라티예프, 쥐글라르, 키친이라는 장기, 중기, 단기 경기순환이 동시에 진행되고, 그 모든 순환은 회임기간과 효과가 서로 다른 이노베이션으로 인해 일어난다고 주장했다.

어떤 순환이든 슘페터가 '균형 근방'이라고 이름 붙인 일종의 정상

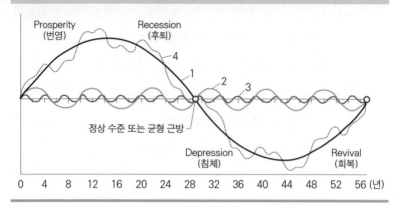

그림 1-10 **슘페터의 3순환 도식**

Prosperity
(번영)

Recession
(후퇴)

4

1

2

3

정상 수준 또는 균형 근방

Depression
(침체)

Revival
(회복)

0  4  8  12  16  20  24  28  32  36  40  44  48  52  56 (년)

(주) 1. 곡선 1은 장기 순환, 곡선 2는 중기 순환, 곡선 3은 단기 순환을 나타낸다. 곡선 4는 1~3의 조화
를 나타낸다.
2. Schumpeter, J.A., Business Cycles, vol. 1, McGraw-Hill Book Company, INC., New York and
London, 1939, P.123 CHART Ⅰ.(일본어 번역) 《경기순환론Ⅰ》(요시다 쇼조 감수, 금융경제연구소
역 유히카쿠, 1958년) 317페이지 그림 1

적인 수준에서 무리 지어 출현하는 기업가들의 혁신 능력으로 인해
번영(호황)이 발생한 후, 다시 균형 근방으로 돌아온다(그림 1-10). 그리
고 때로는 공황을 동반하는 침체(불황)로 돌입한다.


### 불황이야말로 혁신의 어머니

장기 파동 중 제1장파(1783~1842년)는 면직물, 철강, 증기기관의 시
대, 제2장파(1842~1897년)는 철도 건설의 시대, 제3장파(1897~1953년)는
전기와 화학의 시대였다고 슘페터는 생각했다.

슘페터는 생전에 제4장파가 1953년 시작될 것이라고 예언했다. 그

러나 이 원자력, 전자, 석유화학, 우주개발의 장파는 1970년대 두 번의 석유파동 후에 침체 국면에 접어들고, 지금까지는 2010년대라고도 예상되는 균형 근방을 향해 회복기에 접어들었다고 볼 수도 있다.

실제로 2011년 동일본 대지진을 계기로 삼아 세계적으로 원자력 발전 의존에 대한 반성의 기운이 생겨나고, 태양광과 풍력 등 재생 가능 에너지와 저탄소 에너지가 환경을 위해 필요해졌다. 그리고 5G와 IoT(사물인터넷), 빅 데이터의 활용, AI 탑재 로봇, 자율주행 자동차, 또 3D 프린터와 드론 등을 포함해 '새로운 산업혁명'이라고 불러도 이상하지 않은 상황이 발생하고 있다(그림 1-11).

물론, 기술 혁신에 의한 외적 요인설에 강력히 반대했던 콘드라티예프 본인은 혁신을 기준으로 한 슘페터 식의 시대 구분을 싫어했을 것이다. 콘드라티예프는 1924년 논문 〈경제의 정태와 동태 및 경기 변동의 개념 문제에 부쳐〉에서 '슘페터의 관점은 이론적으로 생산적이지 못하다. 왜냐하면, 슘페터는 동태의 영역을 기업가의 창조적 행동과 연결함으로써 동태의 이론을 정립할 가능성을 우리에게서 빼앗기 때문이다.'(오카다, 2006)라고 역설하기까지 한다. '안티 슘페터리안'이었기 때문이다. 이래서는 장기 파동에서 기업가가 나설 곳은 없어지고 만다.

그러나 콘드라티예프의 장기 파동을 해석하는 이론으로서 슘페터의 혁신설을 정당하게 평가한 고(故) 시노하라 미요헤이 히토쓰바시대학 명예교수의 정리에 따르면, 슘페터는 '불황이야말로 혁신의 어머니'이며 불황기에 발전의 원동력인 이노베이션이 탄생한다고 생각했다.

그림 1-11 J. A. 슘페터의 장파 연표

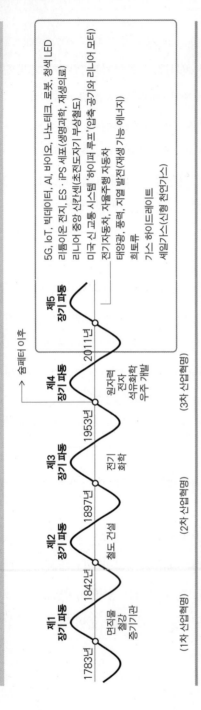

| 제1<br>장기 파동 | 제2<br>장기 파동 | 제3<br>장기 파동 | 제4<br>장기 파동 | 제5<br>장기 파동 |
|---|---|---|---|---|
| 1783년 | 1842년 1897년 | 1953년 | 2011년 | |
| 면직물<br>철강<br>증기기관 | 철도 건설 | 전기<br>화학 | 원자력<br>전자<br>석유화학<br>우주 개발 | |
| (1차 산업혁명) | (2차 산업혁명) | | (3차 산업혁명) | |

→ 슘페터 이후

제5 장기 파동
5G, IoT, 빅데이터, AI, 바이오, 나노테크, 로봇, 청색 LED
리튬이온 전지, ES · iPS 세포(생명과학, 재생의료)
리니어 중앙 신칸센(초전도자기 부상철도)
미국 신 교통 시스템 '하이퍼 루프'(압축 공기와 리니어 모터)
전기자동차, 자율주행 자동차
태양광, 풍력, 지열 발전(재생 가능 에너지)
희토류
가스 하이드레이트
셰일가스(신형 천연가스)

(주) 슘페터의 기술을 바탕으로 작성. '슘페터 이후'는 추정. 특히 제5 장기 파동의 균형 근방의 시기와 해당 산업은 저자의 가정.
(자료) J. A. 슘페터 <경기 변동의 분석>(<경기 순환 분석에 대한 역사적 접근) 가나사시 오사무 편역, 핫쇼샤, 1991년) 60-61페이지, 오카다 미쓰마사 《콘드라티에프 경제동학의 세계》세가이이쇼인, 2006년, 216페이지를 바탕으로 저자 작성

슘페터의 이러한 시각은 G. 멘쉬가 계승했고, 멘쉬는 실증적으로도 장기 파동의 골짜기 부근에서 혁신이 탄생함을 강조했다. 이 '불황 방아쇠 가설'과 반대로 J. 슈무클러, C. 프리먼 등의 '디맨드 풀 가설'은, 혁신은 오히려 수요 상황이 유리한 국면에서 생겨난다고 강조했다. 현재도 양쪽의 논쟁은 결론이 나지 않았으나, 장기 파동 이론의 발전이라는 의미에서는 콘드라티예프가 바란 경제의 영향으로서 혁신을 이야기하는 방향으로 풍부한 성과가 있었다고 할 수 있다.

이처럼 콘드라티예프 순환 또는 장기 파동을 둘러싼 이론과 학설을 알아보면 전쟁·혁명설, 이노베이션설, 재투자 순환설, 패권과 관계된 세계 시스템론 등 다양한 변형이 있으며, 콘드라티예프 본인은 재투자 순환설을 펼쳤음을 알 수 있다.

다음 장에서는 실제 자료를 이용해서 이 콘드라티예프 순환을 국가별 그리고 세계 전체에 적용하면 어떤 결과가 될지 논할 것이다. 그러기 위해서는 역시 '고정자본 형성률'이라는 콘드라티예프 본인의 발상에 가까운 개념이 중요하다.

**1**     중국, 포르투갈, 스페인, 네덜란드, 영국, 미국이라는 패권 국가들의 성쇠와 각국이 대두한 순서는 세계사뿐만이 아니라 일본사와의 관계에서도 충분히 포착할 수 있다. 경제, 정치, 군사, 하이테크 기술을 포함한 패권의 다음 순서는 6세기 만에 중국이 쥘 것인가. 또는 '중국몽'으로 끝날 것인가.

**2**     월러스틴의 패권 순환이 성립하는 데에는 콘드라티예프 순환의 반복이 열쇠를 쥐고 있다. 국면별로 보면 패권의 약진 → 패권의 획득 → 패권의 성숙 → 패권의 쇠퇴라는 순환 양상을 따른다. 콘드라티예프에 따르면 패권국은 합스부르크, 네덜란드, 영국, 미국의 순서로 교체되었다. 현재는 중국의 '패권의 약진' 시기일까?

**3**     미국이 패권국이 된 후 콘드라티예프 순환 두 번에 해당하는 시간이 흐른 듯하다. 현재는 모델스키가 말하는 '세계대전' 국면이라고 생각할 수도 있다. 미국의 힘이 약해진 것으로 보이는 오늘날, 다음 세계 패권국은 어디가 될까? 현재 치열하게 경합하기 시작한 중국일까? 모델스키는 일본과 미국의 국가 간 연합을 통한 '공동패권' 내지 '공동관리' 체제(팍스 콘소르티스)의 형태를 띨 가능성이 있음을 시사했다.

**4**     콘드라티예프 장기 파동의 상승기에는 전쟁과 혁명이라는 중대

한 사회 변동이 빈번했지만, 하강기에는 그러한 변동이 적은 경향이 보인다. 트로츠키가 주장한 장기 파동의 전쟁 순환설(외인설)과 콘드라티예프가 고수한 내인설 중 무엇이 옳을까? 해답은 아직 발견되지 않았다.

**5**　마르크스에서 출발한 재투자 순환설을 그보다 내용연수가 긴 기초적 자본재 또는 사회 인프라 투자에 적용한 것이 콘드라티예프의 장기 파동 이론이다. 콘드라티예프는 하락한 이자율이 사회 인프라 투자의 증가로 인해 상승하고 다시 하락하기까지의 장기 파동 순환을 이론적으로 설명하고자 했다.

**6**　콘드라티예프는 기술의 변화를 우연한 것으로 생각하거나 경제 발전 그 자체에 영향을 받지 않는다고 생각하는 것은 잘못이며, 오히려 반대로 경제의 장기 파동 리듬이야말로 기술 혁신에 영향을 준다는 관점을 강하게 주장했다. 슘페터의 '혁신설'과 콘드라티예프의 입장은 서로 양극단에 있었다고 말할 수 있다.

제 2 장

# 콘드라티예프 순환을
# 측정하다

제1장의 논의를 이어, 이 장에서는 인프라 투자 순환으로 규정되는 장기 파동을 실제로 측정해 보면 어떻게 될지 실증적으로 논할 것이다. 여기서는 고정자본 형성률(명목 고정자본 형성/GDP)의 시계열 데이터를 바탕으로 특정한 주기가 있는 파동을 추출하는 '밴드 패스 필터'라는 통계분석법을 이용해 미국, 영국, 일본, 유로권, 중국, 인도, 그리고 세계 전체를 분석할 것이다. 세계 전체를 놓고 보면 장기 파동의 주기는 50년이고, 지금은 2006년을 저점으로 삼은 상승 국면이다. 상승은 2031년까지 계속되고 그후 하강으로 전환될 것이다. 2031년을 향한 상승 국면에서는 미국, 영국, 일본이라는 3개국의 장기 파동이 계속 상승하고(영국과 일본은 2028년까지) 한편으로 유로권, 중국, 인도는 하강 국면에 접어들 것이다. 그러나 그 후 세계 경기의 하강 국면에서는 미국, 영국, 일본의 하강과는 대조적으로 2032년에 인도가 바닥을 친 후 현저히 상승해, 2050년까지 인도의 위력이 두드러질 것으로 예상된다.

# 1
# 물가 및 금리와 고정자본 형성률의 순환

## 콘드라티예프의 장기 파동 측정

1장에서 설명한 바와 같이 콘드라티예프는 1922년 장기 파동의 존재를 언급했고, 1925년 〈경기 변동의 장파〉에서는 경제 및 금융시장의 장기 시계열 자료를 이용해서 장기 파동을 도출했다.

이 장에서는 물가지수, 이자율과 채권 가격, 임금, 외국 무역액, 석탄의 산출량과 소비량, 선철과 납의 산출량 등과 관련해서 영국, 프랑스, 그리고 일부는 미국, 독일, 세계 전체를 더해 각각의 동향을 해석하고, 그 동향을 따라 18세기 후반부터 20세기 전반에 걸쳐 47~60년 주기의 장기 파동이 나타났음을 보여줄 것이다.

가장 명확한 장기 파동을 검출할 수 있었던 지표는 영국의 물가지수와 이자율·채권 가격으로, 두 지표 모두 세 개의 장기 파동이 확인된다. 우선 물가지수의 추출에서는 1780년부터 1922년까지의 미가공 물가지수를 이용해 해석했다. 이 자료로 만든 연표에서 제1파의 상승은 1789년을 저점으로 해서 1814년까지이고, 거기서 1849년까지는 하강 국면이다. 제2파의 상승 국면은 1873년까지이고, 그 후 1896년까지 하강 국면이다. 제3파는 1896년을 저점으로 1920년까지 상승하고, 거기서 고점을 기록한 후 하강한다.

한편, 이자율과 채권 가격의 장기 파동 추출에서는 1816년부터

1922년까지의 콘솔공채 가격 자료를 이용했다. 9년 중앙 이동평균 등으로 추계한 경향에서의 괴리를 바탕으로 제1파의 상승 국면은 1790년의 저점에서 1816년까지이고, 그 후 1844년까지는 하강 국면이다. 제2파는 상승 국면이 1874년까지, 그 후의 하강 국면은 1897년까지다. 제3파는 1920년까지 상승한 후 하강 국면으로 전환한다.

물가지수의 장기 파동은 제1파의 상승 국면이 25년, 하강 국면이 35년으로 총 60년이다. 제2파는 상승 24년, 하강 23년으로 총 47년이다. 제3파의 상승 국면은 24년이다. 상승 국면의 평균은 제1~3파가 24.3년, 하강 국면의 제1, 2파 평균은 29년, 장기 파동의 평균 기간은 제1, 2파가 53.5년이다.

한편, 이자율과 채권 가격의 장기 파동은 제1파가 상승 26년, 하강 28년으로 54년이다. 제2파는 상승 30년, 하강 23년으로 총 53년이다. 제3파의 상승 국면은 23년이다. 마찬가지로 상승과 하강의 평균 기간을 보면 상승의 제1~3파 평균은 26.3년, 하강의 제1, 2파 평균은 25.5년, 장기 파동의 평균 기간은 제1, 2파가 53.5년으로 물가지수 장기 파동의 평균 기간과 똑같다.


## 콘드라티예프 후의 장기 파동

제3파의 하강 국면 이후에 대해서는 콘드라티예프가 1938년 사망했기 때문에 본인이 기술하지는 못했으나, 현재 데이터를 사용해 장기 파동을 재현하고 추적할 수는 있다. 영국에서 미국으로 패권국이 교체되었으므로 미국의 자료에서 장기 파동을 추출하는 일이 하나의

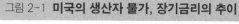

그림 2-1 **미국의 생산자 물가, 장기금리의 추이**

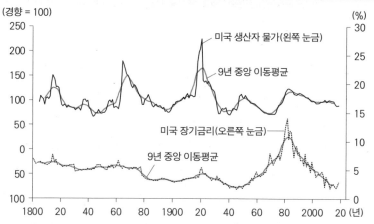

(출처) 미국 FRB, Global Financial Data, Inc. 자료를 바탕으로 미쓰비시UFJ 모건 스탠리 증권 경기
순환연구소 작성

방법일 것이다.

우선 미국의 물가지수에서 장기 파동을 추출한다. 콘드라티예프는
영국의 미가공 물가지수를 이용했으나, 제2차 세계대전 후에 물가지
수가 상승 기조가 된 것을 고려해서 여기서는 9년 이동평균 등을 적
용해 추계한 경향에서의 괴리를 이용할 것이다. 미국의 생산자 물가
지수를 바탕으로 장기 파동을 추출한 것이 그림 2-1의 상단이다. 콘
드라티예프가 주장한 제3파의 하강 국면은 1940년까지 계속된다. 그
후 제4파에서는 상승이 1982년까지이며, 그 후의 하강은 2017년에
끝났을 가능성이 있다. 이어서 미국의 장기 금리를 이용해 장기 파동
을 추출하면 제3파의 하강 국면은 1945년까지다(그림 2-1 하단). 제4파

에서는 1981년까지가 상승 국면, 하강 국면은 2012년까지이며 그 후 제5파의 상승 국면에 돌입한 것으로 추정된다.

## 콘드라티예프의 장기 파동 이론과 고정자본 형성

장기 파동을 가장 명확히 검출할 수 있었던 것이 물가와 이자율이 었으므로 장기 파동을 물가와 이자율, 특히 물가 주기로 보는 시각이 많다. 그러나 앞에서 설명한 바와 같이 콘드라티예프는 석탄 생산량(미국, 독일, 전 세계), 선철 산출량(미국, 독일, 전 세계), 납 생산량(미국), 그리고 미국의 면방적업 추량, 미국의 면화 경작 면적, 프랑스의 귀리 경작 면적 등 실물·실체경제의 움직임을 나타내는 자료에서도 장기 파동을 추출했다.

또 콘드라티예프가 처음에 주로 관심을 가진 것은 장기 파동의 존재를 실증적으로 제시하는 일이었는데, 장기 파동에 대한 이론적인 논쟁 속에서 발생의 메커니즘 등에 대한 장기 파동 이론이 탄생하게 된다. 이러한 과정에서 콘드라티예프는 장기 파동과 투자의 관계를 언급했다.

이 책의 제1장 5절('사회 인프라 투자 파동으로서의 콘드라티예프 순환')에서 설명한 바와 같이 콘드라티예프는 〈경제적 경기의 대순환〉(1926년), 〈공업제품과 농산물의 가격 동태〉(1928년) 등에서 장기 파동 이론을 전개했는데, 여기서의 장기 파동 이론은 '재투자 순환설을, 내용연수가 그보다 긴 기본적 자본재 또는 사회 인프라 투자에 적용한 이론'이라고 할 수 있으며 장기 파동은 인프라 투자의 순환이라고 생각할 수도 있다.

골드스틴은 장기 파동의 발생 메커니즘을 '자본투하설' '혁신설' '자본주의 위기설' '전쟁설'이라는 네 가지 학설로 분류했다. 그리고 콘드라티예프의 장기 파동 이론을 '자본투하설'로 분류하고 다음과 같이 기술했다. '경제의 하강기에 축적된 자금을 이용한 대규모 투자 속 자본 설비의 마모와 그 집중적 갱신을 통해 장기 파동을 설명하고자 했다.'(골드스틴, 1997)

나아가 콘드라티예프가 제기한 발상을 답습해 더 정교하게 되살려 낸 것이 시스템 다이내믹스를 개발한 J. 포레스터와 매사추세츠 공과대학교(MIT)를 중심으로 한 포레스터의 팀이다. 여기서도 콘드라티예프와 마찬가지로 장기 파동을 '자본의 과잉 팽창과 감소의 결과'로 바라보고 있다.

장기 파동은 콘드라티예프의 이론을 기반으로 생각하면 투자의 움직임에서도 읽어 낼 수 있다. 물가지수를 이용해 추출한 장기 파동과 고정자본 형성의 움직임을 그림 2-2에 나타냈다. 상단은 앞에서 보여 준 미국의 생산자 물가지수로 도출한 장기 파동이고 하단은 세계 전체의 명목 고정자본 형성의 GDP 비율(고정자본 형성률)이다. 10년 전후의 쥐글라르 순환을 제거한 형태인 9년 중앙 이동평균을 보면 고정자본 형성률이 물가지수에서 추출한 장기 파동보다 조금 선행하기는 하나, 장기 파동의 움직임을 나타내고 있다고 말할 수 있다.

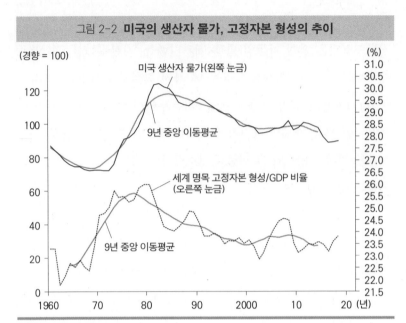

그림 2-2 **미국의 생산자 물가, 고정자본 형성의 추이**

(경향 = 100)

미국 생산자 물가(왼쪽 눈금)

9년 중앙 이동평균

세계 명목 고정자본 형성/GDP 비율
(오른쪽 눈금)

9년 중앙 이동평균

(%)

(출처) 세계은행, 미국 FRB 자료 등을 바탕으로 미쓰비시UFJ 모건 스탠리 증권 경기순환연구소 작성

2 ━━━━━━━━━

# 밴드 패스 필터로 초월주기 추출하기

### 콘드라티예프의 장기 파동 추출법

앞 절에서도 설명한 바와 같이 장기 파동의 추출에서 콘드라티예
프는 (위쪽) 경향이 없는 자료 계열의 경우 '미가공' 자료를 이용해 해
석하고, 이러한 계열의 예로 물가를 들었다. 한편 경향이 있는 자료 계

열로는 채권 가격과 임금, 외국 무역액, 석탄 등의 생산량과 소비량 등을 제시했다. 이러한 자료 계열은 가능한 한 적은 차수로 시간별 경향을 추계하고, 그 경향과의 편차를 산출해 이 편차 계열을 바탕으로 해석했다. 다만, 각 해의 편차는 9년간의 이동평균으로 조정해서 최종적으로는 이 조정 계열을 바탕으로 장기 파동의 고점과 저점을 발견했다.

이 9년간의 이동평균을 적용하는 이유로 콘드라티예프는 우선 '평균 파장이 약 9년인 중기 파동의 영향을 제거하기 위해', 다음으로는 '동시에 단파의 영향이 존재할 경우는 그것도 제거하고, 나아가 우발적 변동도 배제하기 위해'라고 말했다. 다만, 이동평균법을 이용할 경우 이러한 통계 처리로 인해 원래 계열에는 없었던 주기성이 출현할 가능성이 지적되었다(율-슬루츠키 효과). 이동평균법을 도입한다고 해서 율-슬루츠키 효과가 반드시 발생하는 것은 아니지만, 추출한 파동이 원 계열의 특성을 반영하는 것인지, 또는 이 효과로 인한 것인지 판단하기 어렵다고 간주된다.

이 판정에서는 많은 계열에서 마찬가지의 파동이 추출되는지를 검증할 필요가 있다고 하는데, 콘드라티예프는 물가를 비롯한 25가지 계열에서 장기 파동이 마찬가지로 나타난다고 기술했으므로 결과적으로 검증이 이루어진 것과 마찬가지다.

## 밴드 패스 필터를 이용한 파동 추출

경제 및 금융의 시계열 자료에서 순환적인 파동을 추출하려는 시도는 콘드라티예프 이후에도 다양한 형태로 이루어졌다. 시계열 자료의 움직임을, 다양한 주기를 가진 파동의 복합으로 바라보고 그중 특정한 주기의 파동을 도출하는 것이 푸리에 변환을 이용한 밴드 패스 필터 해석이다(그림 2-3).

푸리에 변환이란 시계열 자료를 삼각함수의 정현파(sinθ), 여현파 (cosθ)의 가중합으로 나타내는 것으로, 이것을 바탕으로 각 주기(주파수)의 성분을 찾아내고 특정 주기(주파수) 이외의 성분을 0으로 처리해, 추출하고 싶은 주기(주파수)의 자료를 분리할 수 있다.

이 필터는 원래 전기 신호의 해석에 사용한다. 이 필터를 경제 시계열 분석에 응용한 것이 Baxter & King(1999)이며 그 후 Christiano & Fitzgerald(2003)가 마찬가지로 경제 분석에 응용을 시도했다. 백스터와 킹이 제시한 필터는 두 사람의 이니셜을 따서 BK 필터, 크리스티아노와 피츠제럴드가 제시한 필터는 마찬가지로 CF 필터라고 불린다. 이상적인 밴드 패스 필터를 위해서는 과거와 미래의 자료가 모두 무한해야 하지만 실제로는 불가능하므로, 가정과 근사적인 방법을 이용해서 파동을 잘라내 추출하게 된다.

BK 필터에서는 이상적인 필터에서 필요한 무한대의 이동평균 항수를 전후 유한한 기간에 한정해 계산하는 형태다. 이상적인 형태에서 일부를 잘라낸 형태라고 할 수 있다. 다만, BK 필터에서는 중앙 이동평균을 바탕으로 추출하므로 최근 값을 계산할 수 없는 경우가 있다.

한편, CF 필터에서는 모든 자료를 사용해서 계산하는데, 초깃값 이전에는 초깃값이 계속되고 최근 값 이후로는 최근 값이 계속된다고 가정해서 이상적인 필터를 대체하는 형태다. CF 필터에서는 초깃값에서 최근 값까지 모든 계산이 가능하다. 다만 여기서는 최근 값 다음

그림 2-3 **밴드 패스 필터를 이용한 특정 주기의 주기 변동 추출(개념도)**

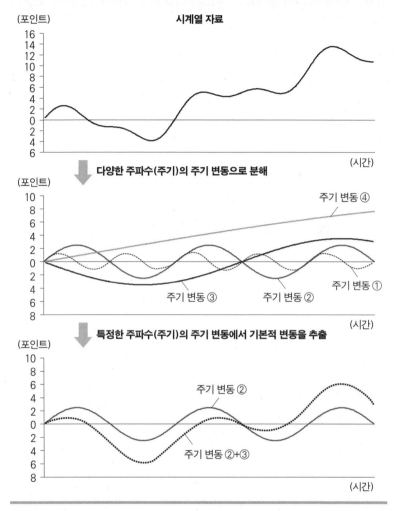

(출처) 미쓰비시UFJ 모건 스탠리 증권 경기순환연구소 작성

시기의 새로운 자료가 추가되어 계산 값이 달라진다. 최근 값은 그 시점에서는 후방 이동평균으로 계산되지만, 다음 시기의 자료가 추가되면서 중앙 이동평균 값에 가까워지게 되어, 자료가 추가될 때마다 조금씩이지만 계산 값이 달라진다.

## 고정자본 형성률로 장기 파동을 추출한다

콘드라티예프의 장기 파동 이론은 앞에서 살펴본 바와 같이 투자의 파동이라고 할 수도 있으며, 물가지수를 바탕으로 추출한 장기 파동과 명목 고정자본 형성의 GDP 비율(고정자본 형성률)이 대체로 연동됨이 확인되었다. 여기서는 고정자본 형성률을 바탕으로 밴드 패스 필터를 이용해 장기 파동을 추출하겠다.

필터 선택에 있어서는 최근 동향을 분석하고 그것을 바탕으로 앞날을 예측한다는 관점에서 최근 값까지 계산이 가능한 CF 필터를 이용하겠다. 밴드 패스 필터(CF 필터)를 사용하기 위해서는 추출 주기를 설정할 필요가 있다. 콘드라티예프의 분석에서는 물가지수와 채권 가격을 바탕으로 한 장기 파동의 제1파와 제2파 평균 기간이 53.5년이었다. 포레스터의 시스템 다이내믹스 분석에서도 장기 파동은 거의 50년이었다. 그러므로 50년 전후의 기간을 설정하는 일이 적절해 보인다. 여기서는 고정자본 형성률을 이용하므로 일본의 비율(민간 비주택)을 기반으로 각 주기의 파동의 강도를 확인해 볼 것이다. 푸리에 변환을 이용해서 주기(주파수)마다 각 파동의 강도를 산출하는 스펙트럼 분석을 시행한 결과가 그림 2-4다.

그림 2-4 **일본의 명목 고정자본 형성(민간 비주택)/GDP 비율 주기 해석**

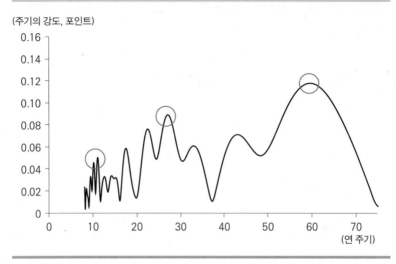

(주기의 강도, 포인트)

(출처) 일본 내각부 자료 등을 바탕으로 미쓰비시UFJ 모건 스탠리 증권 경기순환연구소 작성

　가로축은 주기이며 각 주기의 강도가 세로축이 된다. 단기 순환을 빼고 보면 10년을 조금 넘는 주기로 강한 파동이 확인되며, 26년을 조금 넘는 강한 파동도 보인다. 그보다 장기에서는 60년 정도의 더 강한 파동이 확인된다. 강도의 형태를 보면 40~70년 파동을 추출하는 것이 장기 파동을 추출하는 설정 기간으로 적절하다고 판단했다.

# 3

## 일본은 2028년까지 상승

### 일본의 장기 파동 평균 주기는 56년

일본의 장기 파동을 명목 고정자본 형성(민간 비주택)의 GDP 비율을
바탕으로 밴드 패스 필터(CF 필터)를 사용해 추출한 것이 그림 2-5다. 여
기서는 일본 내각부의 국민 경제 계산, 〈장기경제통계 1〉(오카와 외, 1974)

그림 2-5 **일본의 명목 고정자본 형성(민간 비주택)/GDP 비율을 바탕으로
추출한 장기 파동**

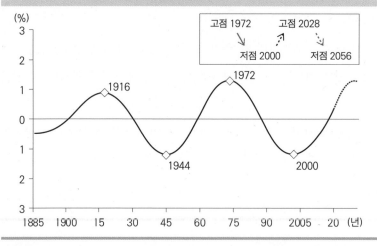

(주) 명목 고정자본 형성(민간 비주택)/GDP를 바탕으로 40~70년의 파동에서 밴드 패스 필터를 사용
해 추출
(출처) 오카와 외 〈장기경제계획 1〉 도요케이자이신포샤, 1974년, 일본 내각부 자료 등을 바탕으로
미쓰비시UFJ 모건 스탠리 증권 경기순환연구소가 작성.

등에서 1885년 이후의 자료를 바탕으로 산출했다.

우선 최초의 장기 파동 상승은 1885년 이전부터 시작되었고, 상승 국면은 1916년까지 계속된다. 그 후 하강 국면은 1944년까지다. 다음 상승 국면은 1944년을 저점으로 시작해 1972년까지이며, 그 후의 하강은 2000년까지다. 그리고 2000년을 저점으로 세 번째 상승 국면이 계속된다. 고점과 고점 사이의 주기는 56년, 저점과 저점 사이의 주기도 마찬가지로 56년이다. 상승 국면은 28년, 하강 국면도 두 번의 평균이 마찬가지로 28년이다.

## 과거의 상승 국면은 근대 기업 발흥기와 전후 고도성장기

이제까지 장기 파동의 각 국면을 살펴보면 1885년 이전을 저점으로 삼는 상승 국면은 일본 근대의 기업 발흥기에 해당한다. 1880년대에서 1890년대에 걸쳐서는 제1의 발흥기로 면방적에 더해 철도, 전력, 해운 등의 두드러지는 성장과 투자가 관찰되었다. 그 후에는 청일 전쟁(1894~95년)에 동반된 군비 확대도 가세해서 투자와 경제 성장이 계속되었다. 청일전쟁 후 반동 불황을 거쳐 러일전쟁(1904~05년)에 따른 군수 경기의 확대가 산업 경기도 자극해, 1910년대에는 제2의 기업 발흥기가 찾아온다. 또 제1차 세계대전 발발(1914년)로 인한 군수도 있어서 섬유를 중심으로 한 경공업의 급격한 성장에 더해 철강, 기계, 조선 등도 발전을 향해 움직이기 시작했다.

그 후 장기 파동의 하강 국면에서는 제1차 세계대전 후의 반동이 관찰된다. 관동대지진(1923년), 금융공황(1927년), 세계 대공황(1929년)

이 경제 정세를 악화시키는 가운데 금 해금(1930)이 시행되었지만, 경제는 더욱 악화해 쇼와 공황으로 발전했다. 1931년의 금 수출 재금지, 적극적 재정정책을 향한 전환 등을 통해 경제는 일단 회복되었다. 그러나 그다음에는 만주사변 등의 사건이 일어나고 전쟁 경제가 시작되었으며, 1941년에는 태평양전쟁이 발생했다. 그 후 전쟁 국면이 악화하면서 외국에서 수송되는 자원이 끊기고 경제에 위기가 찾아왔다.

1944년을 저점으로 시작하는 장기 파동의 상승 국면에서는 1945년의 종전, 종전 후의 혼란을 거쳐 1950년에 한국전쟁이 일어나 특수가 발생했다. 한국전쟁의 반동도 심각하지 않았고 그 후에는 '신무 경기' '이와토 경기' '이자나기 경기'라는 대형 호경기가 계속되며 고도성장기가 도래한다. 선진국에서 기술이 도입되고 설비 투자가 급격히 확대되면서 합성섬유, 석유화학, 전자와 같은 새로운 산업도 등장한다. 수출 경쟁력이 강화되어 1960년대에는 국제수지가 흑자 기조가 되고, 이처럼 국제수지의 벽이 사라진 것도 경기 회복의 장기화로 이어졌다.

미국의 국제수지 악화 등으로 1971년 달러와 금의 교환 정지, 달러 절하 등이 실시되어 국제 통화 체제에 동요가 확산하는 가운데 장기 파동은 1972년에 고점을 기록한 후 하강 국면을 맞이한다. 1973년에는 변동상장제로 이행해 엔고가 진행된다. 또 1970년대에는 두 번에 걸친 석유파동이 일어나고(1973년, 1979년) 1980년대 전반에는 세계 동시 불황이 발생한다. 1980년대 중반에는 미일 무역 마찰이 격화되어, '플라자 합의'를 통해 달러가 하락하고 엔화가 상승함으로써 엔고 불황이 시작된다.

1980년대 후반에는 내수 확대 정책과 금융 완화를 통한 버블 경기가 시작되나, 그 후에는 결과적으로 지나쳤던 양적 및 질적 금융 긴축으로 버블이 붕괴하고 장기적인 경기 침체가 시작된다. 그 후 재정 투입과 금융 완화 등으로 물밑에서 경기를 회복시켰으나, 1997년 소비세율 인상과 아시아 통화위기 등으로 다시 경기가 침체되었다. 금융위기(1998년)로 인한 신용 수축도 발생해서 경제 정세가 현저히 악화하고 디플레이션 상황에 돌입했다.

## 일본의 상승 국면은 2028년까지 지속

세계적인 IT 붐이 일어난 2000년에 일본의 장기 파동은 저점을 찍고 상승 국면으로 전환했다. 2001년에는 IT 버블이 붕괴하고 반대로 IT 불황이 찾아왔다. 그러나 중국을 중심으로 신흥국 경제가 성장하고 나아가 일본 내에서는 재정 투입, 금융 완화, 불량채권의 처리 등이 진전되어, 2002년 1월을 저점으로 한 경기 확장 기간이 이자나기 경기를 넘어 전후 최장기간을 기록한다('이자나미 경기'). 2008년 서브프라임 모기지 사태를 계기로 세계 금융위기가 확대되어 세계적인 경기 침체가 일어났으나, 국제적인 정책 대응으로 V자형 회복이 이루어진다.

2011년 동일본 대지진 후에는 공급 면의 제약으로 경제가 크게 침체하지만 단기에 그친다. 그 후에는 동일본 대지진으로 인한 피해 복구 수요에 더해 2012년 말 출범한 아베 정권이 추진한 금융 완화, 재정 투입, 성장 전략 등 아베노믹스의 효과로 경제 정세가 호전된다.

2014년 소비세율 인상과 2016년 및 2018년 세계 경제의 성장 둔화 속에서 경기는 제자리걸음하나, 성장 기간이 전후 최장이었던 '이자나미 경기'를 뛰어넘었을 가능성이 있다.

현재는 2000년을 저점으로 한 장기 파동의 상승 국면의 한가운데에 있는데, 어디까지 이 상승기가 지속할지 추측하는 단서는 과거의 장기 파동 주기다. 과거의 장기 파동 주기는 앞에서 언급한 바와 같이 고점에서 고점이 56년, 저점에서 고점까지의 상승 국면이 28년이다.

지난번 장기 파동의 고점은 1972년이었고 고점에서 고점의 주기가 56년임을 생각하면 2028년이 고점이 된다. 또 가장 최근 저점은 2000년이었으며 지난번 상승 기간(28년)을 생각하면 다음 고점은 마찬가지로 28년이다. 한편 이후 하강 국면의 경우는 마찬가지로 저점에서 저점까지의 주기, 하강 국면의 평균 기간을 바탕으로 계산하면 2056년까지 계속된다.

2028년을 향해서는 투자를 중심으로 상승 추이가 기대된다고 말할 수 있는데, 당장은 한차례 연기가 되어 2021년 개최될 도쿄 올림픽에 대한 투자가 계속되고 있다. 올림픽 후의 투자 주기가 우려되지만 빠르면 2024년 종합형 리조트가 개업할 것이고 2025년에는 오사카 박람회 개최가 결정되었으므로 관련 투자가 예상된다. 또 2027년 도쿄와 나고야 간 리니어 중앙 신칸센을 개통한다는 목표로 공사도 본격화되었다.

일본의 사회 자본을 살펴보면 노후화가 계속되고 있으며 국제적으로 비교해 보면 정비 상황이 여전히 빈약하다. 사회 자본 정비의 필요성이 예전부터 주장됐으며, 일본 정부는 2018년 12월 '재해 방지 및 감소, 국토 강인화를 위한 3개년 긴급 대책'을 결정하고 이미 투자를 시작했다.

# 4
# 미국은 2034년까지 상승

## 지난 상승 국면의 중심은 '황금의 60년대'

일본과 마찬가지로 미국도 장기 파동의 상승 국면에 있다. 미국의 장기 파동을 명목 고정자본 형성(민간 비주택)의 GDP 비율을 바탕으로 밴드 패스 필터(CF 필터)를 이용해 추출한 것이 그림 2-6이다. 여기서는 미국 재무부의 GDP 통계를 이용해 명목 고정자본 형성(민간 비주택)의 GDP 비율을 산출하고 1947년 이후의 데이터를 이용해 계산했다.

우선 1947년 이전부터의 장기 파동 하강이 1956년까지 계속되고, 그곳을 저점으로 상승 국면이 1982년까지 계속된다. 그 후 하강 국면은 2008년까지 계속된 후 상승 국면으로 전환된다. 저점과 저점의 주기는 52년, 상승 국면은 26년, 하강 국면은 마찬가지로 26년이다.

일본과 마찬가지로 이제까지 장기 파동의 각 국면을 보면, 1947년 이전부터 계속되는 하강 국면은 앞에서 말한 주기(52년)와 하강 기간(26년)을 바탕으로 생각하면 1930년을 고점으로 시작되었을 가능성이 있다. 1929년 미국 주식시장 대폭락(검은 목요일)에서 시작된 대공황의

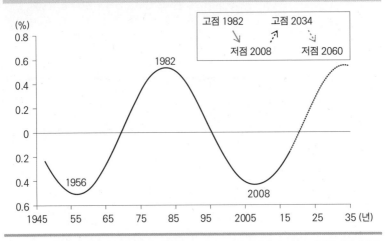

그림 2-6 **미국의 명목 고정자본 형성(민간 비주택)/GDP 비율을 바탕으로 추출한 장기 파동**

(주) 명목 고정자본 형성(민간 비주택)/GDP를 바탕으로 40~70년의 파형에 밴드 패스 필터를 사용해 추출
(출처) 미국 재무부 자료 등을 바탕으로 미쓰비시UFJ 모건 스탠리 증권 경기순환연구소가 작성

한가운데에서 하강 국면으로 접어들어 제2차 세계대전 후인 1956년
까지 계속된 것이다.

대공황에 대응해 발동된 뉴딜 정책과 미국의 제2차 세계대전 참전
등으로 미국 경제는 일단 완전고용으로 복귀했다는 시각도 많다. 그
러나 제2차 세계대전의 종결로 인한 동원 해제 등으로 인해 전후에는
마이너스 성장이 발생했으며, 한국전쟁 발발과 휴전 등에서도 마찬가
지의 움직임이 나타나는 등 불안정한 추이가 계속되었다. 이러한 움
직임이 겨우 수습되고 안정된 움직임이 나타나기 시작한 것은 드와이
트 D. 아이젠하워 대통령 시대인 1956년으로, 이 해를 저점으로 상승
국면이 시작되었다.

제2차 세계대전 이전과 전쟁 중에 실시된 뉴딜 정책 등의 유효수요 확대 정책의 경험을 통해, 전후 미국에서는 실업 방지가 목표인 재정 정책을 중심으로 한 적극적인 수요 관리 정책인 케인즈 정책이 침투했다.

이러한 적극주의 정책을 강력하게 추진한 것이 '신경제학파'를 이론적 지주로 삼은 1960년대 케네디, 존슨 정권이다. 케네디 정권은 소득 감세, 법인 감세와 감가상각의 촉진 등 대규모 감세를 추진했다.

베트남 전쟁 관여의 확대도 있었으나, 미국 경제는 1960년대에 당시 전후 최장기간의 경기 성장을 달성했다. 이 시기는 이후 '황금의 60년대'라고 불리게 된다. 한편, 1960년대 말 이후에는 인플레이션율이 증가하고 국제수지도 적자가 되는 등 구멍이 생기기 시작한다. 1971년 닉슨 정권은 달러의 금 교환 정지, 평가절하 등을 실시했다. 또 그 후 두 번에 걸친 석유파동도 발생해 혼란이 계속되었다. 닉슨과 포드 정권, 그 후의 카터 정권은 인플레이션 대책을 유지하는 한편 경기 대책을 병행했다. 투자세액 공제의 확대 등 투자 관련 법인 감세를 시행해, 그 결과로 고정자본 형성 GDP 비율의 상승세가 이어지게 되었다.

## IT 버블 붕괴와 서브프라임 모기지 사태

그 후에는 적극주의를 배제한 레이건 정권이 탄생한 가운데 혼란이 계속되던 1982년에 장기 파동이 고점을 맞이한 후 하강 국면으로 전환했다. 레이건 정권이 내놓은 세출 삭감, 감세, 규제 완화를 골자로 한 소위 '레이거노믹스'는 부시(아버지) 정권에도 계승되어 인플레이션 억제와 장기적인 경기 상승 등이 발생했다. 그리고 기업 감세를 시행했으나 기업의 관심은 '구조조정', 'M&A'가 중심이 되어, 설비 투자로 가는 자금은 많지 않았다.

그 후의 클린턴 정권하에서는 인터넷의 상업적 이용이 시작되고 통신업의 규제가 완화되는 가운데 금융 완화와 달리고 정책도 작용해, 1990년대 후반에는 IT 분야를 중심으로 투자가 회복되고 경기 상승 기간이 '황금의 60년대'를 넘어 전후 최장을 기록했다. 그러나 2001년 IT 버블이 붕괴한다.

2001년 시작된 부시(아들) 정권에서는 IT 버블 붕괴 후의 금융 완화 등으로 인해 주택 버블이 발생했다. 주택 버블 붕괴 후에 주택 구입 용도의 서브프라임 론이 불량채권이 되고 서브프라임 론 투자를 증권화한 서브프라임 모기지 등의 가격이 급락해 금융기관의 자산 내용과 경영이 불안하게 여겨지기 시작했다. 2008년에는 리먼 브라더스의 파산을 계기로 세계 금융위기가 발생한다(리먼 사태).

## 2008년을 저점으로 2034년까지 상승 지속

서브프라임 모기지 사태 후 부시(아들) 정권과 오바마 정권은 신속히 대응책을 결정하고 실행했기 때문에 경제 위축에는 제동이 걸리고 회복세로 돌아섰다. 장기 파동을 보아도 서브프라임 모기지 사태가 발생한 2008년을 저점으로 상승 국면에 돌입한다.

미국 정부는 불량채권의 매수 기금을 창설하고 금융기관에 대한 자본 투입도 결정했다. 또 '사상 최대 규모'의 경기 대책도 실시했는데, 여기에는 인프라 투자 등의 재정 투입과 고용 대책, 법인 관련 감세를 포함한 각종 감세가 포함되었다. 미국 연방준비제도이사회(FRB)는 이율 인하, 유동성 공급, 나아가 양적 완화도 실행했다. 이러한 가운데 투자는 확대되었고, 경기 상승 기간은 제2차 세계대전 이후 최장이었을 가능성이 있으며 최근까지 장기 파동의 상승도 계속되고 있다.

미국의 이번 장기 파동 상승이 언제까지 지속할지를 생각하면, 장기 파동이 인프라 투자 순환이라고 할 경우에는 인프라 투자의 동향이 중요하다고 할 수 있는데, 트럼프 정권은 장기간에 걸친 인프라 투자 계획을 제시하고 있다. 2016년 대통령 선거에서는 10년간 1조 달러의 계획을 공약으로 내걸었으며 2018년 국정연설에서는 1.5조 달러 규모로 확대했다. 2019년 4월에는 트럼프 정권과 민주당이 2조 달러의 인프라 투자법안 검토를 결정했다. 지방정부, 주정부, 민간의 부담도 포함한 계획이어서 조기 실현에 대한 의문도 제기되나, 미국의 사회 자본 노후화는 심각해서 잠재 수요가 확대되고 있다.

미국의 지난 장기 파동의 고점은 1982년이었으며, 장기 파동의 주기(52년)로 판단하면 2034년까지 계속된다는 계산이 된다. 2008년의 저점에서 지난번 상승 국면과 마찬가지로 26년간 상승이 지속한다면 상승 국면은 2034년까지가 된다. 앞으로 15년 정도는 투자를 중심으로 상승 움직임이 지속할 가능성이 있다고 할 수 있다. 한편, 2034년에 고점을 기록한 뒤의 장기 파동 하락 국면은 저점에서 저점까지의 주기, 하락 국면의 평균 기간을 가지고 계산하면 2060년까지 계속된다.

# 5

## 영국은 2028년까지 상승, 유로권은 2036년까지 하강

### 영국의 장기 파동 주기는 56년, 유로권은 48년

유럽의 경우 영국은 일본 및 미국과 마찬가지로 상승 국면에 있지만, 전체 유로권은 하강 국면에 있다.

영국의 장기 파동을 명목 고정자본 형성의 GDP 비율을 바탕으로 밴드 패스 필터(CF 필터)를 이용해 추출한 것이 그림 2-7이다. 영국 정부 통계국의 GDP 통계를 이용해 명목 고정자본 형성의 GDP 비율을 산출하고 1948년 이후 자료를 이용해 계산했다. 1948년 이전부터 계속된 장기 파동의 상승 국면이 1972년까지 계속되고, 그 후 2000년까지 하강이 계속된다. 그리고 2000년을 저점으로 상승 국면으로 전환된다. 하강 국면은 28년이며, 상승 국면도 마찬가지라고 하면 주기는 56년이다.

한편, 유로권의 장기 파동을, 마찬가지로 명목 고정자본 형성의 GDP 비율을 바탕으로 밴드 패스 필터(CF 필터)를 이용해 추출한 것이 그림 2-8이다. 유로권의 탄생은 1999년이지만, 세계은행이 추계한 1970년 이후의 자료를 기반으로 명목 고정자본 형성의 GDP 비율을 산출해서 계산했다.

우선 1970년 이전부터 계속된 장기 파동의 하강 국면은 1989년까지다. 그 후 1989년을 저점으로 한 상승 국면은 2013년에 끝난다. 현

그림 2-7 **영국의 명목 고정자본 형성/GDP 비율을 바탕으로 추출한 장기 파동**

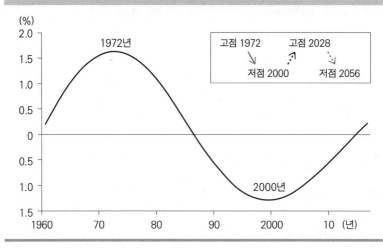

(주) 40~70년 파동에서 밴드 패스 필터를 이용해 추출
(출처) 영국 정부 통계국 자료를 바탕으로 미쓰비시UFJ 모건 스탠리 증권 경기순환연구소 작성

그림 2-8 **유로권의 명목 고정자본 형성/GDP 비율을 바탕으로 추출한 장기 파동**

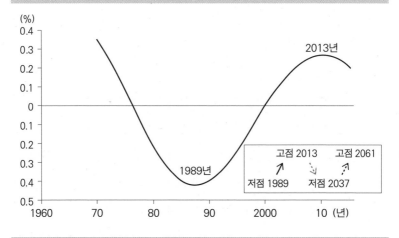

(주) 40~70년 파동에서 밴드 패스 필터를 이용해 추출
(출처) 세계은행 자료를 바탕으로 미쓰비시UFJ 모건 스탠리 증권 경기순환연구소 작성

재는 2013년을 고점으로 한 하강 국면이다. 상승 국면은 24년이며, 하강 국면도 마찬가지라고 가정하면 주기는 48년이다.

## 영국은 2000년을 저점으로 2028년까지 상승

영국 장기 파동의 각 국면을 살펴보자. 1948년 이전부터 계속된 상승 국면은 주기(56년)와 상승 기간(26년)을 가지고 생각하면 1944년을 저점으로 상승으로 전환되었을 가능성이 있다. 영국은 미국과 마찬가지로 제2차 세계대전 이전과 전쟁 중의 케인즈 정책이 전후에도 실행되었다. 1960년대 영국은 고성장이 계속되고 완전고용에 가까워지는 등 '황금시대'를 맞이했다.

다만, 복지국가 건설 등의 정책을 추진하는 가운데 재정 적자가 확대되는 한편으로, 수출 경쟁력 저하로 인한 무역 적자 확대로 경상수지도 적자가 되어 만성적인 달러 부족이 발생하고 파운드 매도 압력을 끊임없이 받았다. 1972년 유럽 내 고정환율제도가 시작된 직후 파운드가 이탈하게 되는데, 이 해에 장기 파동이 고점을 기록했다. 그후 하강 국면에서는 1973년 제1차 석유파동으로 스태그플레이션에 빠지는 등 경제 혼란이 발생한 가운데 정부가 효과적인 수단을 취하지 못했기 때문에, 파운드 매도 압력이 증가해 파운드 하락이 지속되었다. 1976년에는 파운드 방어를 위해 매수 개입하는 가운데 외화가 고갈되어 국제통화기금(IMF)에 긴급지원을 요청하는 처지가 되었다 (1976년 파운드 위기).

IMF는 지원 조건으로 재정 적자 삭감 등을 요구했고, 영국 정부는 이 조건을 받아들였다. 1979년부터 시작된 대처 정권에서도 인플레이션 억제를 최우선 목표로 내걸고 긴축 정책을 실행해 국영기업의 민영화 등을 추진했다. 메이저 정권도 이것을 계승해 재정 적자의 삭감을 포함해서 일정한 성과를 올렸으나, 공적 부문의 축소가 지나쳤던 측면이 있다. 이러한 가운데 그다음의 블레어 정권에서는 '제3의 길'을 주장하며 정부 지출과 공적 고용을 확대했다. 블레어 정권하인 2000년에 장기 파동은 저점을 찍고 상승으로 전환했다.

그 후 장기 파동의 상승 국면을 보면 세계 경제의 성장에 더해 영국 내에서는 금융 완화를 배경으로 한 주택 붐이 계속되어 경제는 상승 추이를 보였다. 2008년 서브프라임 모기지 사태 때는 영국의 경제도 크게 침체하였으나 미국과 마찬가지로 금융위기 대응책, 금융 완화, 경기 대책의 신속한 실행으로 조기에 회복하고 그 이후로는 계속 안정되게 성장하고 있다.

현재의 장기 파동 상승은 언제까지 계속될까? 지난번 고점이 1972년이었던 점과 장기 파동의 주기(56년)를 생각하면 2028년까지 계속될 가능성이 있다. 인프라는 영국에서도 노후화가 심각해 잠재 수요가 크다. 건설 시점이 빅토리아 시대로 거슬러 올라가는 것도 많고, 철도 수송의 수용 능력에 한계가 왔다는 점 등은 예전부터 지적되어 왔다.

전력 공급 시설의 공급 능력 확보도 과제다. 정부는 탈 석탄 화력 발전을 2025년까지 실시할 계획으로 석탄 화력 발전소를 점차 정지시키고 있으며, 원자력 발전소도 노후화하고 있다. 또 규모가 충분하다고는 할 수 없지만, 영국 정부는 '장기 산업전략'으로 인프라 투자를 지원하는 기금의 확대와 전기자동차 지원, 통신 관련 정비 등의 인프라 투자 강화를 제시하고 있다.

## 유로권은 2013년을 고점으로 2036년까지 하강

유로권의 경우는 탄생 전까지 거슬러 올라가 장기 파동을 추출했다. 각 국면을 살펴보면, 1970년 이전부터 계속된 하강 국면의 경우는 하강 기간이 상승 기간(24년)과 마찬가지라고 가정하면 1965년을 고점으로 하강으로 전환되었을 가능성이 있다.

현재 유로권 경제의 중심인 독일과 프랑스를 살펴보면 서독에서는 제2차 세계대전 후의 혼란을 거쳐 1950년대 이후 '경제 기적'이라 불리는 고성장을 실현했으며 이 움직임이 1960년대 중반까지 이어졌다. 다만 1960년대 중반을 지난 후에는 경기 과열로 인한 금융긴축에 더해 노동 공급의 한계 등도 있어 설비 투자가 많이 축소되고 '1966/67 불황'에 빠지게 된다. 그 후의 회복에서는 임금이 급상승하나, 제1차 석유파동의 영향으로 경기가 침체되고 설비 투자도 마찬가지로 많이 감소해 '1974/75년 불황'이 된다.

한편, 프랑스는 1960년대에 들어 알제리에서 귀환한 사람이 많았기 때문에 노동 공급 제약의 영향이 독일보다 적었으며, 프랑 절하와 경제 개혁의 효과도 있어 1960년대 후반 이후에도 경제 상승 추이가 계속되었다. 그러나 제1차 석유파동을 계기로 상승은 약화됐다. 또 독일과 프랑스 모두 1970년대 후반 마이크로일렉트로닉스화에 대한 대응이 늦어져 그 후 약세로 이어진 것으로 보이며, 유로권의 장기 파동은 1989년까지 하강 국면이 되었다.

그 후 장기 파동은 1989년에 바닥을 치고 상승으로 전환하는데, 1989년은 '냉전' 종결의 해이기도 하다. 동유럽 국가들의 민주화가 계속되고 베를린 장벽이 무너졌으며 미소 정상이 냉전 종결을 선언했다. 1990년에는 동독과 서독이 통일되고 EC(유럽공동체, EU의 전신)의 동방 확대도 이루어졌으며 각국에서 인프라 투자의 확대가 이어졌다. 또 1999년에는 유로가 도입돼 유로권 경제가 탄생했으며, 그 가운데 장기 파동의 상승은 2013년까지 계속되었다.

2008년 서브프라임 모기지 사태 후 유로권 경제도 크게 침체되었다. 정책 당국의 대응과 금융 완화의 실행으로 조기에 회복했으나, 2009년 그리스의 정권 교체에 동반된 재정 문제의 표출을 계기로 한 유럽 채무 위기의 영향으로, 2010년 이후 유로권 경제는 약세를 보였다. 그 가운데 2013년을 고점으로 장기 파동은 하강 국면으로 접어든 형태다.

국제기관과 유럽위원회, 유럽중앙은행 등의 채무 위기 대책과 금융 완화 등 일련의 대응책이 어느 정도 효과를 얻어 성장의 둔화는 피할 수 있었으나 완만한 회복에 그치고 있다. 앞으로도 민간 비금융 부문의 과잉 채무 문제와 은행 부문의 불량채권 및 경영 불안 등 유럽 채무 위기의 위험한 면이 여전히 존재하는 상황 속에서, 상대적으로 활력이 덜할 것으로 보인다. 장기 파동의 하강을 예상해 보면, 바로 전 저점이 1989년이었으므로 장기 파동 주기(48년)를 생각하면 2037년까지 계속될 것이라고 볼 수 있다.

# 6

## 중국은 2047년까지 하강

### 하강 국면에서 대약진 정책 실패와 문화대혁명 발생

중국의 장기 파동은 유로권과 마찬가지로 하강 국면에 있다. 명목 고정자본 형성의 GDP 비율을 바탕으로 밴드 패스 필터(CF 필터)를 이용해 중국의 장기 파동을 추출한 것이 그림 2-9다. 중국 국가통계국의 GDP 통계를 이용해 명목 고정자본 형성의 GDP 비율을 산출하고 1958년 이후의 데이터를 이용해 계산했다.

그림 2-9 **중국의 명목 고정자본 형성/GDP 비율을 바탕으로 추출한 장기 파동**

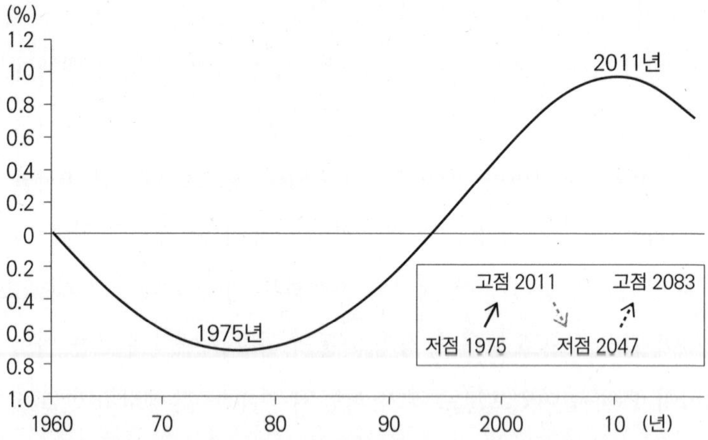

(주) 40~70년 파동에서 밴드 패스 필터를 이용해 추출
(출처) 중국 국가통계국 자료를 바탕으로 미쓰비시UFJ 모건 스탠리 증권 경기순환연구소 작성

우선 1958년 이전부터의 장기 파동 하강 국면이 1975년까지 계속된다. 그 후의 상승 국면은 1975년을 저점으로 2011년까지 계속된 후 다시 하강 국면으로 전환된다. 상승 국면은 36년이며, 하강 국면의 기간도 마찬가지라고 가정하면 장기 파동의 주기는 72년이 된다.

중국의 경우 지금까지 장기 파동의 각 국면을 살펴보면 1958년 이전부터 계속된 하강 국면은 중화인민공화국 성립 후 대약진 정책의 실패, 그리고 문화대혁명으로 인한 혼란의 시기와 겹친다. 중일전쟁, 태평양전쟁 종결 후 내전을 거쳐 1949년 중화인민공화국이 탄생했다. 1957년부터는 철강 생산의 대폭 증가 등을 목표로 마오쩌둥 주석이 대약진 정책을 추진했으나 실패로 끝났다.

1962년에는 대약진이 종결되고 경제 재건 정책이 제시되었으나 마오 주석이 복권을 걸고 문화대혁명을 개시해 국내를 혼란에 빠뜨렸다. 1970년대에 들어 혼란이 서서히 수습되기 시작하는 가운데, 장기 파동은 1975년을 저점으로 상승으로 전환된다. 문화대혁명의 종결이 선언된 것은 마오 주석 사후인 1977년이었다.

## 2047년까지 하강 국면 지속

그 후 장기 파동의 상승 국면에서는 1978년에 개혁개방 정책이 채택되어 사유제와 시장 메커니즘이 서서히 도입되기 시작했다. 농업 분야에서 시작된 후 기업 경영으로도 확대되어 생산성의 대폭 상승을 통한 고성장이 실현되었다.

1989년 천안문 사태 후 정부는 통제를 강화해 경제가 일시적으로 정체되었다. 그러나 1992년 덩샤오핑이 '남순강화'에서 개혁개방 정책의 중요성을 설파하며 다시 고성장으로 복귀한다. 중국 정부는 연해 지역을 중심으로 외국 기업 유치에 나서고 경제개발 특구, 항만, 교통 인프라 등을 건설했다. 이후 중국은 '세계의 공장'이라고 불리며 2001년 WTO 가입으로 이러한 움직임이 더욱 가속되었다. 서브프라임 모기지 사태 후 중국 경제도 침체했으나 4조 위안의 경기 대책 발동 등으로 고성장으로 복귀해, 2010년에는 GDP 수준이 일본을 뛰어넘어 미국에 이은 세계 2위가 되었다. 다만, 4조 위안의 경기 대책은 결과적으로 기업의 과잉 생산 능력, 비금융 부문의 과잉 채무를 낳았다. 시진핑 정권은 조정에 나설 자세를 보이고 있으나 조정이 성장률의 저하를 낳게 되고, 성장률의 저하가 새로운 과잉 생산 능력과 채무

그림 2-10 **중국의 실질성장률 추이**

(출처) 중국 국가통계국 자료를 바탕으로 미쓰비시UFJ 모건 스탠리 증권 경기순환연구소 작성

를 낳는 등 정책 운용이 쉽지 않다.

이러한 상황 속 중국의 장기 파동은 2011년을 고점으로 하강 국면에 접어들었다. 앞으로는 과잉 생산 능력과 채무 등 '부의 유산' 부담이 남는 상황 속에서 성장 속도의 둔화가 계속될 가능성이 있다. 장기 파동을 보면 지난 저점이 1975년이었으며 장기 파동의 주기(72년)로 보면 2047년까지 하강 국면이 지속될 가능성이 있다.


# 7
# 인도는 2032년까지 하강 후 상승으로


## 하강 국면에서는 혼합경제 체제하에 정체가 지속

인도의 장기 파동은 유로권이나 중국과 마찬가지로 하강 국면에 있다. 인도의 장기 파동을 명목 고정자본 형성의 GDP 비율을 바탕으로 밴드 패스 필터(CF 필터)를 이용해 추출한 것이 그림 2-11이다. 세계은행의 통계를 이용해 명목 고정자본 형성의 GDP 비율을 산출하고 1960년 이후의 자료를 이용해 계산했다.

우선 1960년 이전부터 시작된 장기 파동의 하강 국면이 1978년까지 계속된 후 상승 국면으로 전환되었다. 1978년을 저점으로 한 상승 국면은 2005년 종료되고 다시 하강 국면이 시작된다. 상승 국면은 27년이며, 하강 국면의 기간도 마찬가지라고 가정하면 장기 파동의 주

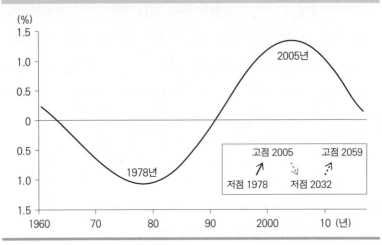

그림 2-11 **인도의 명목 고정자본 형성/GDP 비율을 바탕으로 추출한 장기 파동**

(%)

1978년

2005년

고점 2005    고점 2059

저점 1978    저점 2032

1960    70    80    90    2000    10 (년)

(주) 40~70년 파동에서 밴드 패스 필터를 이용해 추출
(출처) 세계은행 자료를 바탕으로 미쓰비시UFJ 모건 스탠리 증권 경기순환연구소 작성

기는 54년이다.

지금까지 인도의 장기 파동에서 각 국면을 살펴보면 1960년 이전
부터 계속된 하강 국면은 사회주의적 색채가 강한 혼합경제 체제하
에서 경제가 운영된 시기에 해당한다. 공적 기업의 경제 활동을 중심
으로 중요 물자는 통제 속에 두었다. 또 높은 관세와 라이선스 제도
등을 통한 수입 규제로 국내 산업을 보호하고 외국 자본의 출자도 규
제해 수입 대체 공업화를 바탕으로 국내 공업화를 추진하는 정책이
시행되었다. 다만, 이처럼 사회주의 색채가 강한 경제 체제에서 생산
성이 향상되지 않아, 성장 속도는 다른 아시아 국가보다 낮은 수준에
머물렀다.

## 상승 국면에서 경제 자유화로 고성장 달성

그 후 1978년을 저점으로 장기 파동은 상승으로 전환되었는데, 여기서는 경제 자유화 정책이 추진되고 투자가 확대되었으며 성장 속도도 가속되었다. 우선 1982년과 1985년에 수입 제한이 부분적으로 완화되고, 또 전자 분야 등에서 외국 자본의 도입이 시도되었다. 다만 혼합경제 체제는 유지된 모양새였다. 그 가운데 1990년 걸프 전쟁으로 인한 원유 가격 상승으로 재정 적자와 경상 적자가 급격히 증가해 1991년 외환위기가 찾아왔다.

인도 정부는 IMF와 세계은행 등에서 차관을 받음과 함께 이것을 계기로 경제 개혁을 더욱 진척시키게 되었다. 공적 부문을 우선하는 정책을 고쳐서 무역 자유화를 추진하고 관세율을 크게 인하하는 등 개방 정책을 펼쳤다. 또 2000년대에 들어서도 통신 부문 개혁, 전력 개혁 등을 추진했다. 이러한 상황 속에서 고성장이 이루어져 2000년대 들어 놀라운 발전을 이룬 BRICs(브라질, 러시아, 인도, 중국) 중 하나로 주목을 받게 되었다.

다만 2000년대 중반에는 성장 속도의 가속에 제동이 걸리게 된다. 또 서브프라임 모기지 사태로 인한 침체 후 급속히 회복하기는 했으나 그 후의 성장 속도는 2000년대 중반 수준으로 돌아가지 못했다 (그림 2-12). 투자의 GDP 비율도 대폭 하락해, 장기 파동의 상승 국면은 2005년까지 지속된 후 하강 국면으로 전환되었다.

앞날을 예상해 보면, 지난 저점이 1978년이었다는 점과 장기 파동의 주기(54년)를 고려할 때 2032년까지 하강 국면이 계속될 가능성이

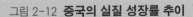

그림 2-12 **중국의 실질 성장률 추이**

(%)

2003~2007년 평균

실질성장률, 수요 전년 대비

2013년 이후 평균

(출처) 인도 통계국 자료를 바탕으로 미쓰비시UFJ 모건 스탠리 증권 경기순환연구소 작성

있다. 그 후에는 2059년까지 상승하는 국면으로 전환될 것으로 보인다. 중국과 비교하면 15년 먼저 바닥을 친 후 상승하는 형태이므로 상대적으로 양호한 상태가 지속될 것이다.

## 8
# 세계는 2031년까지 상승

### 세계 전체의 장기 파동 주기는 50년

마지막으로 세계 전체의 장기 파동을 살펴보자. 세계 전체의 장기

그림 2-13 **세계의 명목 고정자본 형성/GDP 비율을 바탕으로 추출한 장기 파동**

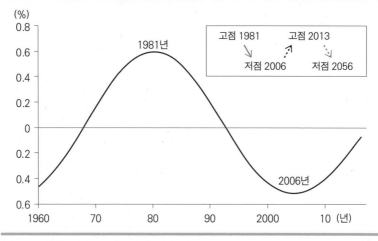

(주) 40~70년 파동에서 밴드 패스 필터를 이용해 추출
(출처) 세계은행, 일본 내각부, 미국 재무부 자료를 바탕으로 미쓰비시UFJ 모건 스탠리 증권 경기순환연구소 작성

파동은 각 국가 및 지역의 장기 파동의 총합이라고 할 수 있는데, 여기서는 세계 전체의 명목 고정자본 형성의 GDP 비율을 바탕으로 추출했다. 세계은행의 GDP 통계를 이용해 명목 고정자본 형성의 GDP 비율을 산출하고, 밴드 패스 필터(CF 필터)를 이용해 도출한 장기 파동이 그림 2-13이다.

우선 1960년 이전부터의 장기 파동 상승 국면이 1981년까지 지속한다. 그 후 1981년을 고점으로 한 하강 국면은 2006년까지 지속한다. 현재는 2006년을 저점으로 한 상승 국면이라고 할 수 있다. 1981년을 고점으로 한 하강 국면은 25년 동안 지속하고, 상승 국면의 기간도 마찬가지라고 가정하면 장기 파동의 주기는 50년이다.

## 미·영·일과 유·중·인의 대조적 움직임

세계 전체 장기 파동의 각 국면을 보면 1960년 이전부터 계속된 상승 국면은 주기(50년)를 바탕으로 생각하면 1956년을 저점으로 상승으로 전환되었을 가능성이 있다. 제2차 세계대전 후의 불안정한 움직임이 수습되고 서양 국가들과 일본 등에서 안정이 보이기 시작한 시기에 해당한다.

이 상승 국면에는 각국에서 케인즈 정책을 펴 높은 성장을 달성한 시기가 포함된다. 미국의 '황금의 60년대'와 서독의 '경제 기적', 일본의 '고도성장' 외에 프랑스와 영국에서도 다른 시기와 비교할 때 큰 성장을 계속한 1960년대의 '황금시대'다.

그 후 1981년을 고점으로 한 하강 국면의 초기는 1970년대에 발생한 스태그플레이션 등의 문제 극복에 집중한 시기였다. 그 후는 일본의 버블 발생과 붕괴, 세계적인 IT 붐과 IT 버블 붕괴, 서양을 중심으로 한 주택 버블 발생 등이 포함된다. 하강 국면은 2006년까지 지속한 후 상승으로 전환된다. 상승 국면에서는 서양의 주택 버블 붕괴, 서브프라임 모기지 사태 등이 일어나고 거기에 대한 대응도 이루어져 이례적인 금융 완화 정책이 세계적으로 실행되었다.

미래를 예상해 본다면 지난번 고점이 1981년이었던 점과 장기 파동의 주기(50년)를 감안할 때 2031년까지 상승하고 그 후는 하강 국면으로 접어들 것이다. 2031년을 향한 상승 국면에서는 미국, 일본, 영국의 장기 파동이 상승하는 반면(일본과 영국은 2028년까지) 유로권, 중국, 인도는 하강하는 대조적인 움직임이 될 것이다. 하강 국면 초기에는 미국의 상승이 계속되는 한편으로 하강 국면에 있던 인도가 재빠르게 상승으로 전환해, 이 시기에는 미국과 인도의 강세가 두드러질 가능성이 있다.

## 이 장의 핵심

**1** 콘드라티예프는 물가지수, 이자율, 채권 가격, 임금 등의 움직임을 분석해서, 18세기 후반부터 20세기 전반에 걸쳐 50~60년 주기로 장기 파동이 거기에 맞추어 나타남을 보여주었다. 또 콘드라티예프의 장기 파동 이론은 재투자 순환설을 그보다 내용연수가 긴 기초적 자본재 또는 사회 인프라 투자에 적용한 이론이라고 할 수 있으며, 장기 파동은 인프라 투자의 순환이라고도 생각할 수 있다.

**2** 콘드라티예프는 장기 파동을 추출할 때 미가공 자료와 시간에 따른 경향의 편차를 이용해 해석했다. 이러한 시도는 그 후에도 여러 형태로 이루어졌다. 시계열 자료의 동향을 다양한 주기를 가진 파동의 복합으로 바라보고 그중 특정한 주기의 파동을 도출하는, 밴드 패스 필터를 이용한 해석이 그중 하나다.

**3** 콘드라티예프의 장기 파동 이론을 기반으로 해석할 경우, 장기 파동은 인프라 투자의 순환이라고도 할 수 있다. 고정자본 형성률(고정자본 형성/GDP 비율)을 바탕으로 밴드 패스 필터를 이용해 각 국가 및 지역의 장기 파동을 추출해 보면 일본의 평균 주기는 56년이다. 지금은 2000년을 저점으로 한 상승 국면이며, 2028년까지 상승한 후 하강 국면에 접어들 가능성이 있다.

**4** 미국의 장기 파동은 평균 주기가 52년이다. 지금은 2008년을 저점으로 한 상승 국면이며 2034년까지 상승한 후 하강 국면으로 바뀔 것으로 보인다. 영국의 장기 파동은 56년 주기다. 2000년을 저점으로 상승으로 전환되었으며, 2028년까지 상승한 후 하강 국면으로 전환될 것으로 예상된다.

**5** 한편 유로권, 중국, 인도의 장기 파동은 현재 하강 국면이다. 유로권의 주기는 48년이다. 2013년부터 하강으로 전환해 2037년까지 하강 국면이 계속된 후 상승으로 전환될 것으로 예상된다. 중국의 주기는 72년이다. 최근의 고점은 2011년이었으며 2047년까지 하강한 후 상승으로 전환될 것이다. 인도의 주기는 54년이다. 2005년을 고점으로 하강 국면이 2032년까지 계속된 후 상승으로 전환될 것이라고 예상된다.

**6** 세계 전체를 보면 장기 파동의 주기는 50년이며 지금은 2006년을 저점으로 한 상승 국면이다. 상승은 2031년까지 계속된 후 하강으로 전환될 것이다. 2031년을 향한 상승 국면에서는 미국, 일본, 영국의 장기 파동이 계속 상승하는 반면(일본과 영국은 2028년까지) 유로권, 중국, 인도는 하강하는 대조적인 움직임이 될 것이다. 그 후 하강 국면에서는 일본, 영국이 계속 하강하고 미국도 하강 국면에 접어드는 반면, 인도는 2032년을 저점으로 빠르게 상승으로 전환할 것이다. 2050년까지 인도의 강세가 두드러질 가능성이 크다.

# 제 3 장

# 치열한 기술 전쟁과
# 군비 경쟁

이번 장은 본서 중에서도 가장 지적 자극이 풍부한 장일지 모른다. 모델스키는 패권을 획득하기 위해서는 세계의 바다를 제패해야 한다고 생각했다. 군사력 데이터에서 순환을 기계적으로 측정하면, 무서운 결과이지만 다음 세계대전은 2025년 무렵 시작되고 2052년쯤 다음 패권이 확립된다는 시나리오가 도출된다. 중국의 국방비는 2044년 미국을 뛰어넘을 것이다. 또 중국 해군의 인도양 진출은 결과적으로 인도의 국방비를 2041년쯤 중국을 능가하는 수준으로 높일 것이다. 이노베이션이 이루어지는 선도 부문의 패권국 점유율은 패권 순환과 비슷한 움직임을 보이나, 패권의 교체 전에는 새로운 패권국의 과학적 발견 점유율이 급상승할 것임을 이 장에서 처음으로 언급할 것이다.

# 1

# 세계 군사력 순위 변화

## 해군력에 기초한 모델스키 이론

제1장에서 살펴보았듯 패권의 장기 순환론은 크게 두 가지로 나눌 수 있다. 첫째는 세계 시스템론을 기반으로 패권의 흥망을 포착한 월러스틴 집단이다. 월러스틴 집단은 한 주기가 100년을 조금 넘는 장기 파동의 개념을 제시했다. 그리고 순환의 국면 변화를 생산, 무역, 금융 등 경제적인 측면에서 설명했다. 또 하나는 월러스틴 집단의 아이디어를 발전시킨 형태로 지도국의 흥망과 세계대전의 관계에 주목한 모델스키의 집단이다. 모델스키 집단도 경제적 측면을 부정하는 것은 아니나, 국제정치적인 측면을 기반으로 이론을 전개했다. 모델스키는 《세계 시스템의 동태》(1991)에서 패권에 장기적인 순환이 있다는 아이디어를 제시했다.

모델스키의 이론은 실제 통계 자료를 바탕으로 구축했다는 데에 특징이 있다. 패권을 획득하기 위해서는 세계의 수많은 지점에 영향을 줄 능력이 필요하며 역사적으로 패권국들은 세계의 바다를 컨트롤(지배)했다는 사고방식 하에, 모델스키는 그 능력을 측정하기 위해 해군력 자료를 이용해서 자신의 이론을 보강했다.

모델스키의 패권 순환은 네 가지 국면으로 구성되어 있다. 모델스키에 따르면 순환을 낳는 것은 서로 한 쌍을 이루는 기본적인 요소다.

이것은 질서를 바라는 정도(리더십에 대한 수요)와 질서를 이용할 수 있는 정도(리더십의 공급)다. 이 전제 하에 다음과 같은 네 가지 국면이 순환하며 출현한다.

우선 제1국면에서는 세계대전과 같은 치열한 정치적 주도권 경쟁이 나타난다. 이 국면에서는 질서를 바라는 정도가 매우 크고, 혼란에 대처하기 위한 질서의 공급은 부족하다. 제2국면에서는 세계대전을 통해 문제 해결이 시도되고 질서가 찾아온다. 다만 여전히 질서를 바라는 정도는 크다. 질서의 대부분은 리더십을 쥐는 국가가 구현하므로, 이 국면은 세계 대국이라고 한다. 질서가 충분히 제공되면 질서를 우선시하는 정도가 서서히 저하된다. 이 제3국면은 비정통화라고 한다. 질서를 바라는 정도가 감소하면 자연스럽게 질서를 공급하는 쪽도 질서를 유지하는 일에 관심을 잃는다. 제4국면에서는 질서를 바라는 정도와 질서를 이용할 수 있는 정도가 최저 수준으로 떨어지고 세계 시스템은 분산화라는 국면에 도달한다. 이러한 조건에서 다시 혼란이 발생하고 새로운 시스템, 새로운 질서에 대한 필요성이 제기되어 세계대전으로 이어진다.


## 다섯 가지 패권 주기

모델스키는 실제 역사를 이 국면 전개의 시각에서 표 3-1과 같이 분류했다. 이 표에는 다섯 가지 패권 주기, 그리고 포르투갈, 네덜란드, 제1차 영국, 제2차 영국, 미국의 세계대전, 세계 대국, 비정통화, 분산화라는 네 가지 국면의 개시 연도와 종료 연도, 새로운 패권을 놓고

국가 간에 경쟁한 주요 전쟁, 경쟁에 승리한 패권국, 순환 후반에 나타
난 도전국이 나열되어 있다.

모델스키의 역사적 해석을 참고해 패권의 변화를 살펴보자. 모델스
키에 따르면 패권 순환은 1494년 시작되었다. 이 시기 인류는 역사상

## 표 3-1 세계 시스템의 장기 순환

| 제1국면<br>세계대전 | 제2국면<br>세계대국 | 제3국면<br>비정통화 | 제4국면<br>분산화 |
|---|---|---|---|
| 주요 전쟁 | 패권국 | | 도전국 |
| **포르투갈 주기** | | | |
| 1494~1516 | 1516~39 | 1540~60 | 1560~80 |
| 이탈리아 전쟁,<br>인도양 전쟁 | 포르투갈 | | 스페인 |
| **네덜란드 주기** | | | |
| 1580~1609 | 1609~39 | 1640~60 | 1660~88 |
| 스페인-네덜란드<br>전쟁 | 네덜란드 | | 프랑스 |
| **제1차 영국 주기** | | | |
| 1688~1713 | 1714~39 | 1740~63 | 1764~92 |
| 루이 14세 전쟁 | 영국 I | | 프랑스 |
| **제2차 영국 주기** | | | |
| 1792~1815 | 1815~49 | 1850~73 | 1874~1914 |
| 프랑스 혁명 전쟁, 나<br>폴레옹 전쟁 | 영국 II | | 독일 |
| **미국 주기** | | | |
| 1914~45 | 1945~73 | 1973~2000 | 2000~30 |
| 제1차, 제2차<br>세계대전 | 미국 | | 소련 |

(출처) 모델스키 《세계 시스템의 동태》 고요쇼보, 1991년

커다란 전환점을 맞이했다. 여러 역사학자가 인정하듯이 1494년부터 시작된 이탈리아 전쟁은 유럽의 주권국가 체제(states system)의 기점이 되었다. 이탈리아 전쟁 이전에는 지방의 독립성이 강했고 국가로서는 애매한 체제였다. 그러나 이탈리아 전쟁 과정에서 국경 및 그 영역 내의 주민을 국민으로 강하게 의식하게 되고, 주권국가 체제가 확립되었다. 또한, 모델스키가 중요하게 생각한 것은 해양 패권이었다.

## 포르투갈 주기

1494년의 전쟁에서는 이탈리아가 전쟁의 무대였으며 지중해의 패권을 쥔 베네치아가 쇠퇴했다. 1509년 디우 앞바다(인도양) 해전에서 포르투갈이 승리해 인도양 연안의 주요 항구들을 차례차례 점령하고, 아랍 세력과 베네치아가 지배하던 인도양의 패권을 손에 쥐었다. 주권국가 체제의 성립 하에 해양 패권을 쥘 때 비로소 세계 패권을 달성한다고 모델스키는 생각한 것이다.

포르투갈은 반도국으로 지리적 이점이 풍부했다. 지중해와 안트베르펜 무역의 중간 지점에 있을 뿐 아니라 대서양과 아프리카 대륙에 진출하기에 최적의 지리적 이점을 가지고 있었다. 또 이른 단계에서 국가로서 통일을 꾀할 수 있었다는 점도 컸다. 그러나 포르투갈이 구축한 세계 시스템에도 점차 빈틈이 보이기 시작한다. 원래 아시아아의 무역을 개척한 나라는 포르투갈이 처음이 아니었다는 이유도 있어서, 아시아의 무역을 계속 독점하는 일은 불가능했다. 1550년 무렵에는 포르투갈 선박이 계속 난파한 일도 작용해 해상 운수 능력이 크게 감소했다. 포르투갈은 서인도(미국)와의 은 거래로 세력을 얻은 스페인에 의존하게 된다. 1580년에는 스페인이 포르투갈을 합병해 해외 영토까지 포함해서 지배했다. 그러나 스페인은 패권국이 되지는 못했다.

## 네덜란드 주기

1588년 스페인은 해전에서 영국·네덜란드 연합에 패했다. 또 1600년에는 말루쿠 제도를, 1609년에는 스리랑카를 네덜란드에 빼앗겼다. 포르투갈을 합병한 시점에서는 패권국이 되기에 충분한 국력이 있었으나, 새로운 세계 시스템을 제시하지 못했다. 스페인은 아시아와의 무역을 독점하려다가 오히려 반발을 불렀고, 무역의 자유를 내세운 네덜란드에 밀려 국력이 쇠퇴하고 말았다. 네덜란드는 더 유연하고 열린 세계 시스템을 제시함으로써 스페인이 패권을 쥘 기회를 빼앗았다.

이 시점에서 패권을 쥐기 위해서는 질서 있는 집단의 형태를 띤 동시에 지속 가능한 네트워크를 구축할 필요가 있었다. 그러므로 리더십은 다른 추종 국가들의 이익을 저해해서는 안 되며 유연성을 갖춰야 했다.

이러한 새로운 시스템 하에 네덜란드는 영국 국왕뿐만이 아니라 프랑스의 위그노, 스위스의 제후, 독일의 공국 등에서 널리 지지를 얻을 수 있었다. 다만, 이러한 연합은 기본적으로 스페인을 억누르기 위해 조직된 것이었기 때문에, 1640년 포르투갈이 스페인에서 독립하고 스페인이 쇠퇴하자 서서히 통제력을 잃게 되었다.

## 제1차 영국 주기

네덜란드의 패권에 영국과 프랑스가 도전한 결과, 영국 쪽이 패권을 계승할 요건을 갖추게 된 듯하다. 모델스키는 여기에서도 지리적인 요인으로서 영국은 섬나라이기 때문에 해군력의 증강에 집중할 수 있어, 세계 전체를 염두에 둔 전략을 더 잘 실행할 수 있었다고 기술한다.

한편, 프랑스는 서쪽의 바다와 동쪽의 대륙에 모두 관심을 보였으나, 주로 후자에 무게를 두고 전략을 구상했다. 프랑스는 당시 루이 14세 치하였으며 유럽에서 가장 강력한 군대를 거느리고 영토 확대를 도모했다. 여기에 대항하기 위해 영국, 네덜란드, 스페인 등의 동맹이 결성되고 영국의 윌리엄 3세가 이 동맹을 이끄는 형태가 되었다.

영국은 1692년 프랑스와의 해전에 크게 승리해 제해권을 장악했다. 여러 번의 전쟁 후 최종적으로 루이 14세를 물리치고 1713년 영국의 승리가 확정되었다. 영국은 새로운 세계 시스템을 구축했다. 하나는 새로운 의회 시스템이다. 내각은 의회의 다수파에서 선출되고, 국왕이 아니라 의회에 대한 책임을 지게 되었다. 또 의회와 종교의 분리도 도모되었다. 그리고 영국은 중앙은행을 설립해 파운드의 안정을 꾀함으로써 무역을 촉진했다. 그 후 영국 해군은 전쟁을 통해 더욱 힘을 얻었다.

영국의 패권은 강고해 보였으나 파리 조약으로 프랑스의 위협이 물러나자 정세가 달라졌다. 미국은 영국과 거리를 두게 되었고, 동인도회사(17세기 초 네덜란드, 프랑스, 영국 등이 동양과의 무역 활동에 대한 독점적 지위를 부여받아 아시아 몇몇 나라에 설립한 회사)는 단순한 무역조직에서 지역을 통제하는 조직으로 변모했다. 그리고 미국 독립전쟁이 발발해 프랑스, 스페인, 네덜란드가 참전하면서 영국의 세계 시스템은 붕괴의 위기를 맞이했다. 미국의 개척자들과 동인도회사의 불만으로 인해 영국은 식민지 정책을 재고해야만 하는 상황을 맞았다. 역사가들은 이것을 제1차 대영제국의 종말이라고 본다.

## 제2차 영국 주기

이 시점에서 프랑스가 유일한 도전국이었으나 여러 번의 전쟁을 거친 후에도 영국과의 차이를 좁히지는 못했다. 영국은 조직적인 강함으로 해군을 재구축하고 나폴레옹 전쟁에서는 해군력으로 프랑스를 압도했다. 그리고 여기서 영국의 새로운 패권이 시작되었다.

이 주기에서는 산업혁명이 원동력이 된 측면이 크다. 산업혁명은 19세기 영국 및 유럽뿐만 아니라 전 세계에 영향을 미쳤다. 물론 해군력도 이것을 뒷받침했다. 다만 산업혁명이 영국 외의 지역에도 긍정적인 영향을 미친 결과, 독일, 미국, 프랑스 등이 경제적으로 큰 세력을 얻게 되었다.

## 미국 주기

1870년에 이르기까지 독일은 빠른 속도로 국가를 통일해, 유럽의 중앙에 그전까지 없었던 공업화되고 강력한 군사력을 갖춘 대제국을 건설했다. 다만 패권 획득의 요건은 미국이 더 많이 갖추고 있었다. 독일은 프랑스와 마찬가지로 해양국가라기보다 대륙국가였다. 또 독일도 대륙을 향한 영토 확대를 추구하는 경향이 있었다.

한편, 미국은 캐나다와 멕시코 국경이 확정되고 국내의 개척이 끝난 후에는 대서양과 태평양에 접한, 예전의 영국과 같이 세계 시스템과의 관계 구축에 매우 적합한 플랫폼을 보유한 나라가 되었다. 미국은 1885년에는 생산량에서 영국을 능가하고 1900년에는 해군력에서도 어깨를 나란히 하기에 이르렀다. 미국은 제1차 세계대전 및 제2차 세계대전에서 연합군으로 참전해 점차 리더의 입장을 확립하게 되었다. 1947년 미국이 트루먼 독트린을 내세우며 마셜 플랜을 추진하던 때에 패권 교체가 명확해졌다.

이처럼 모델스키가 주장한 패권 주기의 관점은 개념적이면서도 대체로 역사적 사실에 부합한다고 할 수 있다. 패권 주기는 다섯 번의 세계대전에 이은 정치 시스템의 융성으로 볼 수 있으며, 패권의 달성은 바다와 깊은 관계가 있음을 알 수 있다.

## 2
# 수치화된 해군 자료로 본 세계의 패권 순환

### 모델스키와 톰슨의 측정법

이 패권 순환의 수치화를 시도한 것이 모델스키와 톰슨의 책

《Seapower in Global Politics, 1494-1993》(1998)이다. 이 책에서는 주요 국가의 해군력 자료를 장기간에 걸쳐 수집했으며, 그 자료와 세계적인 리더십의 관계를 고찰했다.

모델스키는 세계적인 리더십을 논할 때 경제, 사회, 문화 등의 요소도 중시했지만, 세계 시스템 구축에는 세계 각지에 직접적인 영향력을 미칠 힘이 필요하다고 생각했다. 바다를 다스리는 힘, 다시 말해 바다를 이용하고, 컨트롤하고, 적대국을 배제하는 힘이 세계 패권에 반드시 필요하다는 것이다. 16세기보다 전 시대에는 해양 활동이라고 해도 근해에 한정되어 있었으나, 16세기 이후 세계 규모로 바다를 이용하고 컨트롤하게 됨으로써 새롭게 세계적인 정치 시스템이 등장하게 되었다.

모델스키와 톰슨은 해군력을 측정할 때 군함의 수를 이용하는 것이 타당하다고 생각했다. 다만 이때 군함은 세계 각지에 영향을 미칠 만한 것이어야 하므로, 연안 경비에 특화된 군함은 자연스럽게 배제된다. 또 시대와 함께 군함의 성능은 향상되므로 기준을 어떻게 설정해야 할지도 문제가 된다. 이 책에서는 1494~1993년을 아래의 네 가지 기간으로 구분했다. 1494~1654년은 전열함 등장 이전 시대, 1655~1860년은 전열함 시대, 1861~1945년은 전함 시대, 1946년 이후는 항공모함과 잠수함의 시대다. 각 시대의 자료 수집 기준을 보면 우선 1494~1654년은 단순히 국가가 보유한 전투용 선박을 측정했다.

1600년대 전반까지는 인력으로 노를 젓는 갤리선이 중심이었다. 갤리선은 1600년대 중반 전열함으로 대체되기 시작했다. 전열함이란 다수의 대포를 탑재한 목조 함선으로, 당시 세로로 한 줄의 전열을 이뤄 포격전을 치루는 해전술에 맞춰 만든 군함이다. 1655~1860년에는 일정 기준을 충족하는 수의 대포를 탑재한 전열함을 세웠으며, 그 기준은 1655~1670년에는 30문 이상, 1671~1690년에는 40문 이상, 1691년 이후로는 50문이다. 외장이 강철이고 동력이 증기기관인 전함이 등장하자 전열함도 시대에 뒤처지게 되었다. 어뢰와 작열탄 등 새로운 병기가 개발되자 목제 다층갑판에 다수의 대포를 실은 전열함의 취약성이 드러났다.

1860~1880년은 기술 혁신이 빨랐기 때문에 기준이 애매하지만 기본적으로 연안 경비를 제외한, 강철 갑판이 있는 함선으로 정의되는 듯하다. 1880~1905년은 전함을 세기 시작했으며, 1906~1945년에는 더욱 선진적인 드레드노트 전함이 대상이 된다. 드레드노트 전함은 증기 터빈 탑재를 통한 속력 향상과 장거리포 탑재로, 기존의 전함보다 전투력이 비약적으로 상승했다. 1946년 이후는 기술이 없으나 항공모함의 수, 공격형 원자력 잠수함과 탄도 미사일 원자력 잠수함의 수 및 공격력을 분석 대상으로 삼았다.

이처럼 모델스키와 톰슨의 자료에서는 단순한 해군력이 아니라 세계 패권을 달성하기 위한 전력으로서의 해군력을 측정하고자 했음을 알 수 있다.

## 세계 해군력의 집중도

그림 3-1은 강대국의 세계 해군력의 집중도를 나타낸 것이다. 해군

력의 집중도란 앞에서 설명한 글로벌 파워로서의 군함 수 보유 비율이다. 구체적으로는 나라를 불문하고 보유 비율이 가장 높은 수치를 연결해 작성했으며, 제1장 그림 1-5의 '해군력(공군력) 집중도로 본 모델스키 순환'은 그림 3-1의 자료를 바탕으로 작성되었다. 그림 1-5에서는 16세기 이후의 포르투갈 주기, 네덜란드 주기, 그리고 제1차와 제2차 영국 주기, 마지막으로 미국 주기라는 아름다운 순환을 확인할 수 있었다.

그러나 개별 국가가 나타난 그림 3-1을 보면 기존의 패권국에서 새로운 패권국으로 넘어가는 상황이 매끄럽지 않음을 알 수 있다. 주기의 이행기에는 하나보다 많은 나라가 서로 경쟁하는 모습이 잘 드

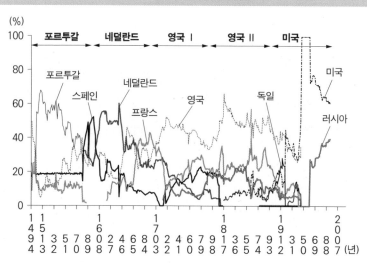

그림 3-1 **패권국의 해군력 집중도**

(주) 해군력의 집중도는 주요 국가의 군함 보유 비율
(출처) Modelski, G., and Thompson, W.R., Seapower in Global Politics, 1494-1993, 1988.

러난다. 포르투갈 주기에서 네덜란드 주기로 이행할 때는 일단 스페인의 대두를 허용했다. 제1차 영국 주기의 이행기에는 프랑스가 일시적으로 선두에 섰다. 기본적으로 패권 주기의 후반에 나타나는 도전국은 세계 시스템을 교란하는 존재가 되지만, 새로운 패권을 획득하지는 못함을 알 수 있다. 오히려 동맹국 중 2인자가 차세대 패권국이 된다고 해도 좋다.

여기서 다시 패권 순환의 주기를 살펴보자. 다섯 번 있었던 세계대전의 기간은 23~32년이고 평균은 27년이다. 세계대전에서 다음 세계대전까지의 간격은 64~99년이고 평균은 80.3년이다. 단순히 세계대전의 기간과 간격의 평균을 합하면 107.3년이다. 세계대전의 종료에서 다음 세계대전의 종료까지를 하나의 주기로 치는 방법도 있을 것이다. 첫 번째 주기는 93년(1516~1609년), 두 번째 주기는 104년(1609~1713년), 세 번째 주기는 102년(1713~1815년), 네 번째 주기는 130년(1815~1945년)이며 평균을 내면 이것도 107.3년이다.

그러면 다섯 번째 주기는 언제 끝나고, 여섯 번째 주기는 언제 시작될까? 현실에서는 예상하기 어렵지만 어디까지나 기계적으로 계산하면 다음 세계대전이 시작되는 것은 2025년경이며 다음 패권이 확정되는 것은 2052년경이다.

# 3
## 2045년 중국 국방비 미국 추월

### 2013년 이후 중국 해군력 증강

그러면 미국의 패권에 도전하는 나라는 어디일까. 우선은 최근의 해군력 자료로 확인해 보자. 하버드 대학교가 집계한 2011년까지의 세계 해군력 자료에 따르면 러시아의 쇠퇴, 중국의 대두가 확인된다. 이러한 분석을 볼 것도 없이 현재 미·중의 격렬한 승부 양상을 보면 미국의 패권에 도전하는 것은 중국이라고 생각할 수 있다. 미국 의회의 분석을 참고로 중국의 군사적 자세를 살펴보자.

중국은 예전에 덩샤오핑이 주장했다고 알려진 '양광도회'(재주를 숨기고 기회를 기다린다) 전략으로 군사 면에서 눈에 띄는 행동은 피해 왔다. 그러나 시진핑 주석은 '새 시대'의 도래를 선언하고 "중국은 세계의 중심에 다가섰다"라고 발언하며, 앞으로는 '중국식 접근법'으로 문제를 해결해 나가야 한다고 강조하고 있다. 미국 의회는 중국이 여러 방면에서 주도권을 잡으려 하고 있으며, 이 상황은 안전보장과 경제의 양 측면에서 미국과 그 동맹국에 명백한 리스크라는 경계심을 드러내고 있다.

최근 군사 면에서 중국의 전개를 보면 동중국해의 상황을 바꾸려는 움직임, 남중국해의 인공 섬과 군사시설 건설, 아프리카 동부 지부티의 첫 해외 기지 건설에 이어 경제 지원을 받는 나라들의 항구를 군용 기지로 제공하도록 요청하는 움직임이 활발하다.

중국은 전통적으로 육군을 강화해 왔으나, 특히 2013년 이후로는 해군력 증강에 힘을 쏟고 있다. 여기서는 2018년 시점에서 미국과 중국의 해군력을 비교하고, 동시에 앞으로의 건조 계획 등도 살펴보겠다. 중국 해군은 현재 미국 해군을 웃도는 선박 수를 자랑하고 있으나, 총 톤수를 보면 여전히 절반에도 미치지 못한다. 성능 등의 질적인 측면까지 관찰하면 양쪽의 차이는 더 벌어진다. 우선 모델스키가 제2차 세계 대전 이후 분석 대상으로 삼은 항공모함과 잠수함을 비교해 보자.

## 미국과 중국의 항공모함 및 잠수함 비교

미국이 보유한 항공모함은 2018년 시점에서 11척이다. 니미츠 항공모함이 10척이고 최신형 제럴드 R. 포드 항공모함이 1척이다. 니미츠 항공모함은 등급이 더 낮지만, 세계 최대급의 원자력 항공모함이며 70기 이상의 전투기를 탑재할 수 있다. 제럴드 R. 포드 항공모함은 니미츠 항공모함을 기초 설계로 해서 스텔스 기능을 고려하고 전자 캐터펄트(전자력 항공기 사출 시스템)의 도입과 자동화 등으로 성능 향상을 도모했다.

한편, 중국이 보유한 항공모함은 2018년 시점에서 2척이다. 중국 해군 최초의 항공모함인 랴오닝은 1985년 소련에서 쿠즈네초프 항공모함 바르야그로 착공되었고, 미완성인 상태로 폐함이 되었다. 1998년 우크라이나가 함체를 구입했고 2012년 중국 국내에서 완성했다. 통상동력 항공모함이고 캐터펄트가 없으며 탑재 전투기는 24기로 알려졌다(설계 당시는 67기). 2012년 진수 당시 전문가들의 평가는 낮았으나 그 후 연구를 거쳐 2018년에는 남중국해의 대규모 군사훈련에 참여하는 등 어느 정도 작전 능력을 갖추기에 이르렀다.

중국이 보유한 또 하나의 항공모함 '001A형'은 첫 중국산 항공모함으로 2017년 진수, 2020년 취역 예정이다. 랴오닝과 크기가 같고 통상동력이며 캐터펄트는 없고 탑재 전투기는 34기로 알려졌다.

다음으로 잠수함을 살펴보자. 미국이 보유한 잠수함은 약 70척이다. 탄도미사일 탑재 원자력잠수함(이하 원잠)이 14척, 순항미사일 탑재 원잠이 4척, 공격형 원잠이 52척이다. 한편, 중국도 약 70척의 잠수함을 보유했다. 신형 잠수함이 44척, 1983년 이전 취역한 구형이 25척이며 신형 중 탄도미사일 탑재 원잠이 4척, 공격형 원잠이 2척, 그리고 나머지는 공격형 통상동력 잠수함이다.

## 중국의 국방비 증가 추이

이런 점들을 살펴보면 2018년 시점에서 미국과 중국의 해군력에는 큰 차이가 있다. 그러나 앞으로 양국의 차이는 급속히 줄어들 가능성이 있다. 공공정책 싱크탱크 CNAS(신 미국 안전보장 센터, 오바마 정권에서 높은 평가를 받음)의 연구와 각종 보도를 참고하면 항공모함의 경우 미국은 10척의 니미츠 항공모함을 신형 제럴드 R. 포드 급으로 순차적으로 교체해, 2030년 시점에서 11척 체제가 될 것으로 예상된다. 한편 중국은 현재 두 번째의 중국산 항공모함을 건설 중이며, 2030년 시점에서는 4척 체제가 될 것으로 예상된다.

잠수함의 경우 2030년 무렵 미국의 탄도미사일 탑재 원잠은 11척이며, 중국의 탄도미사일 탑재 원잠은 12척으로 미국을 역전할 것으로 예상된다(순항미사일 탑재 원잠과 공격형 원잠의 합계는 2030년 시점에서 미국 42척, 중국 12척이다. 한편, 중국은 근해 연안 경비 강화를 목적으로 통상동력 잠수함을 현재의 약 50척에서 75척으로 증강할 것으로 보인다).

이어 미국과 중국의 향후 국방비를 추계해 보겠다. 국방비 추계는

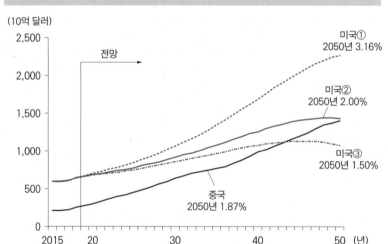

그림 3-2 **순환론을 바탕으로 한 미국과 중국의 국방비 추이 전망**

(주) 1. 국방비의 전망은 미쓰비시UFJ 모건 스탠리 증권 경기순환연구소의 전망에 국방비의 GDP 비율을 곱해 계산했다.
2. 국방비의 GDP 비율 실적은 2018년 시점에서 미국은 3.16%, 중국은 1.87%다.
3. 중국의 국방비 전망은 국방비의 GDP 비율이 1.87%로 변함없는 경우다.
4. 미국①은 국방비의 GDP 비율이 3.16%로 변함없는 경우다.
  미국②는 국방비의 GDP 비율이 2050년까지 균등한 속도로 감소해 2.00%가 되는 경우다.
  미국③은 국방비의 GDP 비율이 2050년까지 균등한 속도로 감소해 1.50%가 되는 경우다.
(출처) 미쓰비시UFJ 모건 스탠리 증권 경기순환연구소 작성

명목 GDP에 국방비의 GDP 비율을 곱해서 산출했다. 명목 GDP의 향후 추계는 순환론을 바탕으로 우리 연구소의 독자적인 예상을 활용했다. GDP 비율은 다음과 같이 설정했다.

미국의 국방비 GDP 비율은 ① 2018년 시점의 3.16%에서 변화가 없는 경우 ② 2050년까지 균등한 속도로 감소해 2.00%가 되는 경우 ③ 2050년까지 균등한 속도로 감소해 1.50%가 되는 경우, 이렇게 세 가지로 나누었다. 미국 의회 예산국(CBO)은 2029년까지 국방비 GDP 비율이 2.5%로 낮아질 것이라고 예상하고 있으며, 2029년까지의 하락 속도는 ③과 거의 같다.

중국의 경우 현재의 GDP 비율(1.87%)을 유지한다고 가정했다. 이렇게 계산하면 미국이 ②일 경우 중국의 국방비는 2050년 미국과 비슷해진다. 미국이 ③일 경우 중국의 국방비는 2045년에 미국을 능가한다(그림 3-2).

## 4
# 인도와 중국의 군비 경쟁

### 활발해지는 인도 해군의 활동

최근 인도 해군의 활동이 활발해지고 있다. 배경에는 중국 해군의 인도양 진출이 있다. 중국은 후진타오 시대 이후로 중동과 아프리카의 에너지 수송로 확보를 위해 남중국해에서 말라카 해협, 인도양, 페르시아만 루트에 항구 등의 거점을 설치하고 운영해 왔다. 당시 후진타오 주석은 이 루트를 확보할 때 타국과의 군비 확대 경쟁 의도는 없고 패권을 추구하는 것도 아니라고 말했으나, 초기부터 군사적 측면이 의심되었다.

시진핑 정권에서는 일대일로 경제권 구상 하에 확장주의와 패권주의가 뚜렷해지고 있다. 최근에는 인도양에서 영향력을 강화하기 위해 중국 잠수함이 주변 해역에서 활발히 활동하고 있다. 여기에 대항하기 위해 인도의 모디 정권은 해군력 강화에 주력하고 있다.

인도의 해군력을 살펴보자. 인도의 항공모함 운용 역사는 길다. 1957년 영국 해군에서 미완의 마제스틱 항공모함을 사들여 고친 후 1961년 취역, 제3차 인도-파키스탄 전쟁 등에서 활용했다. 1986년에는 영국 해군에서 센토어 항공모함을 구매해 2척 체제를 구축했으나, 첫 번째 항공모함의 노후화와 1991년 디폴트 위기 등으로 인해 1997년부터 1척 체제가 되었다. 두 번째 항공모함 역시 노후화가 심각해 러시아 해군에서 키예프 항공모함을 구입, 2018년 시점에서는 1척 체제가 되었다.

인도가 보유한 항공모함은 중국이 보유한 랴오닝과 마찬가지로 러시아제지만, 중국이 보유한 항공모함보다 등급이 낮아서 전장과 전폭이 모두 작고 탑재 가능한 전투기 수도 적다. 인도가 보유한 잠수함은 탄도미사일 탑재 원잠 1척, 순항미사일 탑재 원잠 1척, 통상동력 잠수함이 14척이다. 잠수함의 경우도 질과 양 모든 면에서 중국 해군에 밀린다.

## 빠르면 2042년, 인도 국방비 중국 추월

　중국의 위협에 불안을 느낀 인도는 해군력 증강을 서두르고 있다. 2018년 시점에서 국산 중형 항공모함 건조가 추진되고 있으며, 2020년 초 시험 운행 개시를 목표로 하고 있다. 인도의 군 관계자들은 2024년쯤 항공모함 2척 체제가 될 것으로 전망하고 있으며, 또 3척째가 될 대형 항공모함 건조 계획도 언급했다.

　잠수함 증강 계획의 경우 2018년 시점에서 1척의 순항미사일 탑재 원잠과 2척의 통상동력 잠수함이 시험 운행에 들어갔으며, 2척의 순항미사일 탑재 원잠과 3척의 통상동력 잠수함이 건조 중이다. 이것들을 포함해 2030년까지 새로 14척을 취역시켜 24척 체제를 목표로 하고 있다. 다만, 현재 보유한 통상동력 잠수함은 노후화되어 2030년까지는 거의 모두 퇴역할 것으로 보이기 때문에, 인도 해군의 계획 달성은 쉽지 않을 것으로 보인다.

　이어서 인도와 중국의 향후 국방비를 추계해 보겠다. 앞부분과 마찬가지 방법으로 인도의 국방비 GDP 비율은 ① 2018년 시점의 2.42%에서 변화가 없는 경우 ② 2050년까지 균등한 속도로 감소해 1.87%가 되는 경우 ③ 2050년까지 균등한 속도로 증가해 3.16%가 되는 경우, 이렇게 세 가지로 나눴다. 중국의 경우는 현재 GDP 비율(1.87%)을 유지한다고 가정했다.

　이 시산(試算)에 따르면 인도①에서는 인도의 국방비는 2044년에 중국을 앞선다. 인도②에서는 2048년에 중국을 앞선다. 인도③에서는 2042년에 중국을 앞선다(그림 3-3).

이처럼 패권을 놓고 다투는 나라들은 군사적 우위를 차지하기 위해 군사력 증강에 주력하는 것으로 보인다. 그리고 군비 확대 경쟁에서 창출된 군사 기술이 민간으로 흘러가, 이것이 기술혁신으로 이어지기도 한다. 다음 부분에서는 패권 순환과 기술혁신의 관계를 살펴보겠다.

그림 3-3 **순환론을 바탕으로 한 인도와 중국의 국방비 추이 전망**

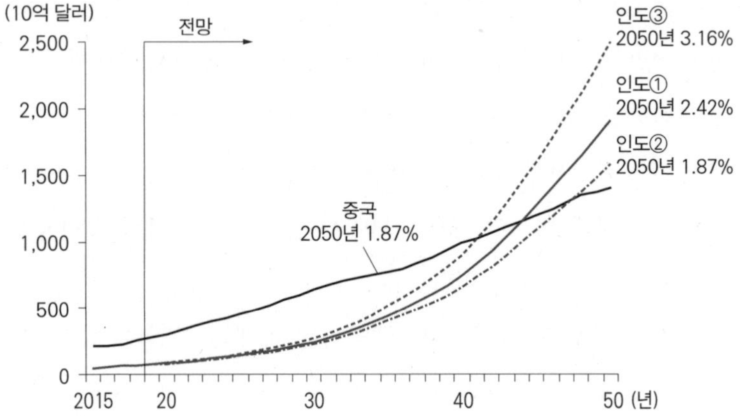

(주) 1. 국방비의 전망은 미쓰비시UFJ 모건 스탠리 증권 경기순환연구소의 전망에 국방비의 GDP 비율을 곱해 계산했다.
2. 국방비의 GDP 비율 실적은 2018년 시점에서 인도는 2.42%, 중국은 1.87%다.
3. 중국의 국방비 전망은 국방비의 GDP 비율이 1.87%로 변함없는 경우다.
4. 인도①은 국방비의 GDP 비율이 2.42%로 변함없는 경우다.
　　인도②는 국방비의 GDP 비율이 2050년까지 균등한 속도로 감소해 1.87%가 되는 경우다.
　　인도③은 국방비의 GDP 비율이 2050년까지 균등한 속도로 감소해 3.16%가 되는 경우다.
(출처) 미쓰비시UFJ 모건 스탠리 증권 경기순환연구소 작성

# 5

## 새로운 산업의 개발과 콘드라티예프 순환

### 패권 주기와 콘드라티예프 순환의 관계

지금까지 패권 순환에서 패권국의 군사적 측면, 특히 해군력을 통한 세계 속의 존재감을 중심으로 살펴보았다. 그러나 패권 순환은 군사적 존재감뿐만 아니라 경제적인 번영에도 적지 않은 영향을 받는 것으로 보인다. 세계대전이 낳는 순환에 경제적인 요인이 어떻게 관련되는지를 밝히는 것은 오래된 연구 주제였다.

영국의 저명한 역사학자인 A. J. 토인비는 《역사의 연구》(1971)에서 문명 발전 과정에 '자연법칙'이 존재하는지를 고찰했다. 또 전쟁과 평화가 낳는 순환(전쟁-평화 순환)과 경제 활동에 관련된 다양한 나라의 다양한 주기 순환을 제시했다. 그리고 토인비는 '전쟁과 평화로 인한 국면 변화'는 '경제의 번영과 쇠퇴로 인한 국면의 변화'로서 나타날지도 모른다고 기술했다.

다만, 토인비는 자신이 찾아낸 1494년 이후의 전쟁-평화 순환은 확실한 듯하다고 말한 반면, 경제 활동 순환의 경우는 산업혁명 이전의 기간에는 확실한 순환을 도출할 수 없다며 양쪽의 관계에 대한 결론을 서두르는 일에 우려를 표시했다(《역사의 연구》에서는 경제 활동의 순환으로 50년 정도의 주기를 염두에 두고 기술했다).

모델스키와 톰슨은 이러한 토인비의 우려에 답하는 형태로

Leading Sectors and World Power(Modelski & Thompson, 1996) 속에서 패권 순환과 콘드라티예프 주기의 관계를 분명히 밝히고자 했다. 두 연구자는 이 책 제3장 1절과 마찬가지로 개념적인 제시에 그치지 않고 통계적으로도 양쪽의 관계를 확인하고자 했다. 우선 이 두 사람이 제시한 사고방식부터 살펴보자.

두 사람은 패권 순환과 콘드라티예프 순환이 서로 관련이 없다면 오히려 이상하다고 생각했다. 경제 활동이 순조롭게 진전되기 위해서는 평화 유지가 전제이며, 정치적인 혼란은 경제에 심각한 타격을 준다. 그러므로 패권 순환과 콘드라티예프 순환의 움직임은 일치할 것으로 추정되며, 둘 중 하나만 있어서는 제대로 기능하지 않을 것으로 생각했다. 가령 새로운 산업이 탄생하면 국가 세입의 원천이 되고 그것이 세계에 대한 군사적 팽창을 자금 면에서 지원하게 된다. 혁신적인 산업이 있으면 정치적 리더십에 대한 도전을 물리치는 일이 가능한 것이다.

## 학습 주기의 도입

또 모델스키와 톰슨은 콘드라티예프 순환의 주기가 50~60년으로 추정된다는 점과, 앞에서 설명한 해군력 자료로 본 패권 순환이 100~120년이라는 점에서 패권 순환 한 번에는 콘드라티예프 순환 두 번이 포함된다고 생각했다. 표 3-2는 두 사람이 제시한 패권 순환과 콘드라티예프 순환의 관계를 개념적으로 나타낸 것이다. 상단의 패권 순환은 강대국의 성장 과정에 초점을 맞춘 것이다. 학습 주기의 개념을 도입해서 의제 설정, 협조 체제의 구축, 중요한 결정, 실행이라는 네 국면으로 분류했다.

이 학습 주기 모형에서는 새로 떠오르는 강대국이 세계적인 중대 문제를 해결하기 위해 우선 문제가 무엇인지 정의하고, 그다음으로 거기에 대처하기 위한 동맹을 조직하고, 그다음으로 어떤 해결 수단을 취할지 결정하고, 마지막으로 그 수단을 실행한다(Modelski, 1990).

가운데는 두 번의 연속된 콘드라티예프 순환이다. 표에 있는 것과 같이 전반은 경제가 시작되는 국면, 후반은 고성장 국면이다. 일반적으로 순환의 후반은 하강 국면이지만 이 두 사람의 사고방식은 조금 다르다. 참고를 위한 표의 하단에 제3장 1절의 논의와 대비되는 형태로 리더십의 관점에서 본 패권 순환의 네 가지 국면을 함께 적었다.

콘드라티예프 순환과 학습 주기로 본 패권 순환의 관계를 보면 첫 번째 콘드라티예프 순환은 패권 순환의 의제 설정, 협조 체제의 구축 국면에 해당한다. 두 번째는 중요한 결정, 실행에 해당한다.

우선 세계적인 리더십을 획득하기 위해서는 첫 번째 콘드라티예

#### 표 3-2 **패권 순환과 콘드라티예프 순환**

| 패권 순환<br>(학습 주기 모형) | 의제 설정 | 협조 체제의<br>구축 | 중요한 결정 | 실행 |
|---|---|---|---|---|
| 콘드라티예프 순환 | 시작 | 고성장<br>홀수 번째 | 시작 | 고성장<br>짝수 번째 |
| (참고) | | | | |
| 패권 순환<br>(리더십 모형) | 비정통화 | 분산화 | 세계대전 | 세계대국 |

(출처) Modelski, G., and Thompson, W.R., Leading Sectors and World Power, 1996, Table 1.1, Table 5.1을 참고해 미쓰비시UFJ 모건 스탠리 증권 경기순환연구소 작성

프 순환에서 경제적인 성공을 거둘 필요가 있다. 모델스키와 톰슨에 따르면 통계적으로 볼 때 패권 순환의 중요한 결정(세계대전) 전후에는 콘드라티예프 순환의 고성장 국면이 있다. 세계대전은 경제가 혁신적 기술로 고성장을 달성한 후에 일어난다. 예를 들면 제1차 세계대전과 제2차 세계대전에서는 1914년 이전 10년간 궤도에 오른 철강업, 에너지 산업, 화학 산업의 약진이 큰 역할을 했다. 세계대전 후에는 정치적 안정으로 다시 새로운 산업이 비약적으로 발전했다.

# 6
# 세계의 이노베이션 중심지는 변천한다

## 이노베이션과 선도 부문

이렇게 보면 세계 리더십의 원동력 중 이노베이션이 적지 않은 부분을 차지하는 듯하다. 때문에 모델스키와 톰슨은 콘드라티예프 순환의 원인으로 보이는 이 이노베이션을 통계적으로 이해하기 위해 선도 부문(경제를 견인하는 산업 등)의 동향에 주목했다.

표 3-3에서는 패권 순환과 각 콘드라티예프 순환을 견인한 대표적 산업을 나열했다(LC는 long cycle[긴 순환]의 약자. 기호 뒤의 숫자는 중국의 북송 건국[930년~] 이래 순환의 수, K는 콘드라티예프 순환의 약자).

모델스키와 톰슨의 분석에서 흥미로운 점은 대개 콘드라티예프 순

## 표 3-3 패권 순환과 세계 선도 부문의 관계

| 패권 순환<br>(학습 주기 모형) | 세계의 선도 부문 | 시작 | 고성장 |
|---|---|---|---|
| LC5 포르투갈 주기 | | | |
| | K9 기니, 금<br>K10 인도, 후추 | 1430~60<br>1494~1516 | 1460~94<br>1516~40 |
| LC6 네덜란드 주기 | | | |
| | K11 발틱 무역<br>K12 동방무역 | 1540~60<br>1580~1609 | 1560~80<br>1609~40 |
| LC7 제1차 영국 주기 | | | |
| | K13 아메리카-아시아 무역(설탕)<br>K14 아메리카-아시아 무역 | 1640~60<br>1688~1713 | 1660~88<br>1713~40 |
| LC8 제2차 영국 주기 | | | |
| | K15 면, 철<br>K16 철도, 증기 | 1740~63<br>1792~1815 | 1763~92<br>1815~50 |
| LC9 미국 주기 | | | |
| | K17 철강, 화학, 전기<br>K18 자동차, 항공기, 전자기기 | 1850~73<br>1914~45 | 1873~1914<br>1945~73 |
| LC10 | | | |
| | K19 정보산업<br>K20 | 1973~2000<br>2030~50 | 2000~30<br>2050~80 |

(출처) Modelski, G., and Thompson, W.R., Leading Sectors and World Power, 1996, Table 5.2를 참고해 미쓰비시UFJ 모건 스탠리 증권 경기순환연구소 작성

환은 18세기 후반의 산업혁명 이후로 한정되나, 표에서는 그 이전에도 콘드라티예프 순환이 존재했다고 주장한다는 점이다. 산업혁명 이전 시대에는 혁신적인 과학기술 출현이 아니라 새로운 무역로의 개척 등을 이노베이션으로 간주해서 콘드라티예프 순환의 원인으로 본다.

그림 3-4는 표 3-3의 패권 순환과 선도 부문의 관계를 통계적으로 나타낸 것이다. 여기서는 눈에 잘 들어오도록 원래 분석의 성장률 표준화 방법을 변경했다. 또 K10: 인도와의 후추 무역을 그보다 범위가 넓은 포르투갈의 아시아 무역에 포함하고, K12: 동방무역을 네덜란드

표 3-4 패권 순환과 세계 선도 부문의 성장

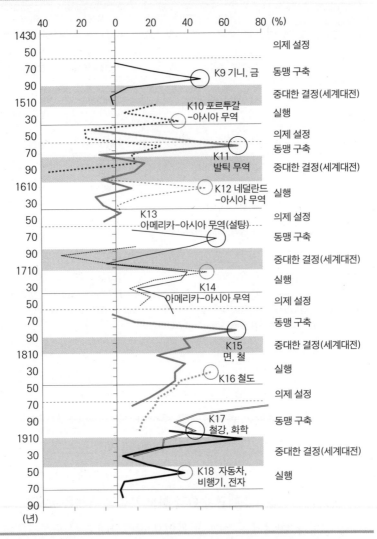

(출처) Modelski, G., and Thompson, W.R., Leading Sectors and World Power, 1996, Table 6.2, Table 6.3, Table 6.4, Table 6.5, Table 6,6, Table 6.7, Table 7.1을 참고해 미쓰비시UFJ 모건 스탠리 증권 경기순환연구소 작성

동인도회사의 거래량에서 그보다 범위가 넓은 네덜란드의 아시아 무역으로 변경했다. 분석 결과를 보면 모델스키와 톰슨이 주장한 바와 같이 중대한 결정(세계대전) 전에는 다섯 가지 사례 모두에서 이노베이션을 구체화한 선도 부문이 크게 성장했다. 또 세계대전 후의 경우도 다소 애매하기는 하나 마찬가지로 선도 부문의 융성이 확인된다.

이렇게 살펴보면 학습 주기로 본 패권 순환과 이노베이션 파장(선도 부문 순환)에는 깊은 관계가 존재한다고 할 수 있다.

## 선도 부문과 패권 순환

그림 3-5는 모델스키와 톰슨의 자료를 이용해 패권국이 당시 선도 부문에서 세계적으로 얼마나 큰 비중을 차지했는지 나타낸 것이다. 그림에는 포르투갈, 네덜란드, 제1차 영국, 제2차 영국, 미국이라는 다섯 패권국이 있다.

포르투갈의 그래프는 아시아에서 유럽으로 수입된 후추 중 포르투갈의 수입 비중을 나타냈다. 포르투갈은 1570년경까지 아시아와의 해상 수송에서 독점적인 지위를 차지했다. 1570년 이후는 아시아와의 무역이 서서히 네덜란드로 옮겨갔다.

그래프에서는 네덜란드의 발틱 무역(발트해 무역, 북방무역) 비중과 아시아 무역의 비중을 평균으로 나타냈다. 네덜란드는 17세기 동안 높은 비중을 유지했다.

17세기 후반에는 영국의 등장이 눈에 띄지만, 이 시기 영국의 비중을 파악하기는 어렵다. 여기서는 인도와의 섬유 무역, 미국과의 설탕

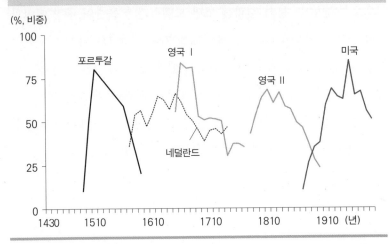

그림 3-5 **선도 부문의 패권국 비중**

(%, 비중)

(출처) Modelski, G., and Thompson, W.R., Leading Sectors and World Power, 1996, Table 6.7, Table 6.11, Table 6.12, Table 6.13, Table 6.14를 참고해 미쓰비시UFJ 모건 스탠리 증권 경기순환연구소 작성

무역을 선택했다. 그러나 프랑스를 중심으로 자료가 결여되어 있어 영국의 비중이 지나치게 높을 가능성이 있다.

18세기 초반부터는 미국과의 노예 무역, 중국과의 차 무역을 분석에 추가해 자료의 신뢰성을 향상시켰으며 네덜란드의 지위 역전을 확인할 수 있다. 영국의 경우도 18세기 후반에는 선도 부문의 지위 하락이 뚜렷해졌다.

1780년 이후는 공업화와 함께 신뢰성 높은 자료를 통한 국제 비교가 가능해진다. 영국은 다시 경제적인 리더십을 강화해 1790년대까지는 면의 소비와 철강의 생산에서 다른 나라들을 압도하게 되었다. 이 상황은 19세기에 들어서도 장기간 유지되었다.

19세기 후반부터 영국의 지위는 다시 흔들린다. 영국은 철도 건설에서도 세계를 선도했으나 1860년대에는 미국에 역전당했다. 차세대 산업이었던 철강과 화학품의 생산, 전력 사용량에서도 당초 영국이 세계를 선도했으나 1890년대에는 미국이 앞질렀다.

그 후 미국은 새로운 산업인 자동차, 반도체, 항공기에서 압도적인 지위를 구축했다. 그러나 20세기 후반에는 조금씩 정체되기 시작해 1990년대에는 자동차와 반도체에서 일본에 역전당했다.

모델스키와 톰슨의 분석에 따르면 1973년부터 차세대 산업이 대두하므로 다음 패권국을 이해하기 위해서는 새로운 산업을 주목할 필요가 있다. 정보산업과 바이오산업이 여기에 해당하는 것으로 보인다.

어떤 경우든 패권국은 이노베이션을 경제 활동에 도입함으로써 세계 경제를 선도해 왔다.

포르투갈, 네덜란드, 영국, 미국은 각 세대의 선도 부문을 이끌어 왔다. 또 경제 활동에서 리더가 됨으로써 상업의 안정을 도모했다. 그런 이유로도 경제적 리더는 군사력의 획득을 지향하게 되는 것으로 보인다. 이러한 측면에서도 패권 순환과 선도 부문의 패권국 비중 추이는 비슷한 움직임이 되는 것으로 추측된다.

# 7

## 패권 순환과 과학적 번영의 중심지

### 라이노프의 과학기술 순환

앞에서 설명한 바와 같이 모델스키와 톰슨의 연구에서는 1780년 이전의 이노베이션을 혁신적 과학기술의 출현이 아닌 새로운 무역로의 개척 등에서 찾는 것이 다소 특징적이라고 할 수 있다.

분석의 연속성을 생각하면, 가능하다면 산업혁명 이전의 콘드라티예프 순환도 혁신적인 과학기술의 출현으로 설명할 수 있다면 바람직할 것이다. 다만, 산업혁명 이전의 거시적 자료는 이렇게 분석하기 어렵다. 콘드라티예프도 장기 파동을 추출할 때 18세기 이전에 대해서는 '신뢰할 수 있는 자료를 얻을 수 없다'라는 이유로 '산업혁명보다 전으로 거슬러 올라갈 수는 없다'(나카무라, 1978)라고 기술했다.

애초에 산업혁명 이후라도 혁신적 과학기술로 인한 이노베이션을 거시적 자료로 계측하기는 쉽지 않다. 그렇다면 과학적 발견이 어느 시점에서 얼마나 출현했는지 직접 관찰하는 쪽이 더 설득력이 있다고 생각할 수도 있다.

콘드라티예프의 동료 중 한 명이었던 T. J. 라이노프는 장기 파동의 존재를 검증하기 위해, 영국, 프랑스, 독일에서 이루어진 물리학 관련 발견에 대한 역사 연표 자료를 이용해서 물리학 관련 발견 건수가 장기적인 파동의 형태를 띠는지 분석했다(Rainoff, 1929).

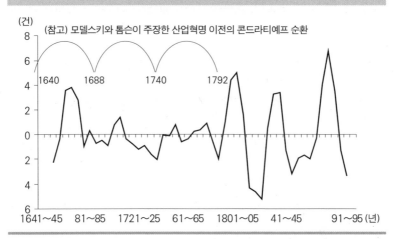

그림 3-6 **영국의 물리학 관련 발견**

(출처) Rainoff, T. J., "Wave-like Fluctuations of Creative Productivity in the Development of West-European Phsyics in the Eighteenth and Nineteenth Centuries." p.309 Table Nr.2를 바탕으로 미쓰비시UFJ 모건 스탠리 경기순환연구소 작성

　　라이노프가 이동평균 등의 통계 처리를 통해 영국(1651~1891년)의 물리학 관련 발견 추이를 살펴보았을 때, 엄밀하게 주기적이라고는 할 수는 없어도 40~60년 정도의 주기가 존재했던 듯하다.

　　라이노프는 산업혁명 이전의 분석을 특별히 의식하지는 않았다. 그러나 우연히도 1780년 이전에 대해 과학기술의 관점에서 콘드라티예프 순환이라고 부를 수 있을 만한 순환을 발견했다(그림 3-6).

### 유아사 미쓰토모의 과학사 연구와 패권 순환

　　과학기술의 발견에 주목한 연구로는 그 외에 유아사 마쓰모토의

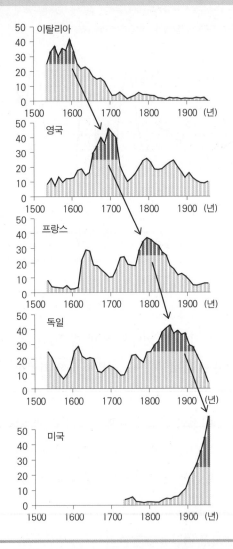

그림 3-7 **과학적 번영의 중심지의 이동**

(출처) 유아사 미쓰토모 《일본의 과학기술 100년사》(하) 주오코론샤, 1984년,
스가이 준이치 외 편 《과학기술사 연표》 헤이본샤, 1956년의 자료를 바탕으로
미쓰비시UFJ 모건 스탠리 증권 경기순환연구소 작성

논문 〈과학 관련 창조적 활동의 중심지 이동〉(유아사, 1963)이 있다. 이 논문의 연구 대상은 콘드라티예프 순환의 존재 증명이 아니라 과학기술 발견의 중심지가 어떻게 변천했는가 하는 것이었다.

이 논문에 따르면 과학적 번영의 중심지는 그림 3-7과 같이 계속 이동한다. 16~20세기 사이에는 이탈리아 → 영국 → 프랑스 → 독일 → 미국으로 이동했다. 이 그림에서는 스가이 준이치 등이 엮은 《과학기술사 연표》(1956)의 과학란 항목을 사용했다. 1501~1950년을 10년 간격으로 나눈 후 각국의 업적 수를 전 세계의 업적으로 나누어 비중

**그림 3-8 패권 순환과 과학적 번영 중심지의 이동**

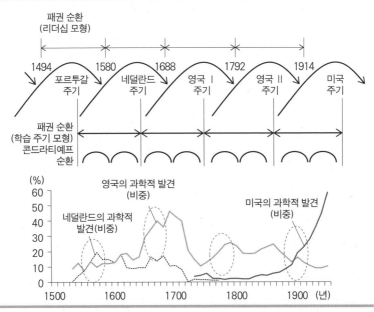

(출처) 스가이 준이치 외 편 《과학기술사 연표》 헤이본샤, 1956년의 자료를 바탕으로 미쓰비시UFJ 모건 스탠리 증권 경기순환연구소 작성

을 구했다.

그림 3-8에서는 유아사의 논문과 같은 자료를 이용해서 일반적으로 패권국으로 간주되는 네덜란드, 영국, 미국을 선택해(포르투갈은 과학 기술 연표에 실적이 없으므로 이 책에서 자료화할 수 없었음) 패권 순환과의 관계를 살펴보았다(그림 속 패권 순환 개념도는 모델스키와 톰슨의 기술을 바탕으로 저자 작성).

# 8
# 미국을 위협하는 중국의 과학기술력

## 미국과 중국의 과학기술력 비교

미국은 2019년 현재 과학기술력에서 세계의 리더 지위를 유지하고 있는 것으로 보인다. 특히 평가 기준에 질적인 측면을 가미하면 다른 나라들과의 차이가 더 클 것이다. 그러나, 미국의 지위가 중국의 대두로 계속 낮아지고 있음은 틀림없다. 특히 최근 몇 년간 중국의 추격은 놀랄 만해서 일부 영역에서는 미국을 능가하고 있다.

중국의 과학기술과 관련된 전략적 방침에서는 시진핑 주석이 내건 '중국제조 2025'가 주목을 받고 있다. 미국을 중심으로 여러 나라가 중국의 방침을 위협으로 받아들이고 있다. 그러나, 과학기술 진흥을 위한 중국의 움직임은 어제오늘 시작된 것이 아니다.

중국에서는 덩샤오핑의 개혁개방 이후 과학기술의 근대화가 시작되었다. 1998년 교육법의 변경이 큰 전환점이 되어 교육기관 설치 인가가 지방에 이양됨으로써 지방대학이 비약적으로 증가하고 학위 취득자도 급증했다. 또 중국에서는 우수한 연구자가 해외 대학으로 이적하는 일이 많은데, 중국 정부는 다양한 인센티브를 제공해 이 연구자들을 다시 불러들였다.

미국과 중국의 과학기술력 차이를 가늠하기 위해 우선 연구개발 상황부터 살펴보자. 그림 3-9는 미국, 중국, 일본의 과학기술 관련 논문 수가 세계에서 차지하는 비중을 나타낸 것이다.

여기서는 일본의 과학기술·학술정책연구소가 공표한 상위 10% 보정 논문 수를 이용했다. 논문의 질적인 평가를 가미하기 위해 과학기술 계통의 논문을 인용 횟수를 기준으로 정렬한 후 상위 10%를 추출했다. 전체 자료 외에 여덟 가지 분야의 내용도 공표했다. 3년분의 자료에 이동평균을 적용했으며 최근 자료는 2014~2016년의 것이다.

그림을 보면 상위 10% 보정 논문 수의 비중 중 전체 분야의 합계는 여전히 미국이 1위를 지키고 있다. 그러나 장기간에 걸친 하락 경향이 뚜렷하다. 앞에서 설명한 바와 같이 중국의 교육법이 개정된 후 중국의 논문 수가 급증해, 미국이 따라잡히는 것은 시간문제로 보인다. 내용을 보면 화학, 재료, 공학, 계산기·수학이라는 네 분야에서는 이미 중국이 미국을 앞섰다. 미국은 임상의학, 기초생명과학 덕분에 간신히 전체 논문 수에서 세계 1위를 지키고 있다.

다음으로 연구개발비를 살펴보자. 미국 국립과학재단의 자료를 보면 2015년 미국의 연구개발비(R&D)는 496억 달러(세계 전체의 26%), 중

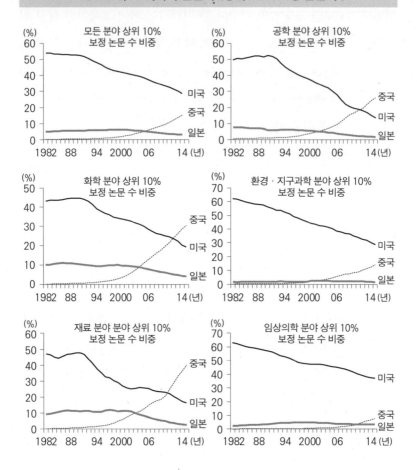

그림 3-9 **주요 국가의 논문 수(상위 10% 보정 논문 수)**

국의 연구개발비는 408억 달러(세계 전체의 21%)다. 2010~2015년의 연구개발비 증가는 미국이 연 4%, 중국이 14%로 거의 안정되어 있다. 2016년 이후에도 증가율이 같다고 가정하면 2018년 말에는 중국이 미국을 역전하게 된다.

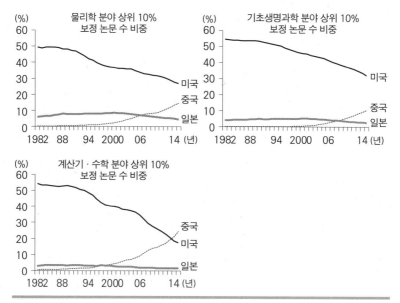

(출처) 무라카미 아키요시, 이가미 마사쓰라 《과학연구의 벤치마킹 2017》 문부과학성 과학기술·학술
정책연구소 과학기술·학술기반조사연구실, 2017년, 참고자료 1 ④주요 국가 상위 10% 보정 논문 수
추이(단년, 분수 세기 방식)를 바탕으로 미쓰비시UFJ 모건 스탠리 증권 경기순환연구소 작성

## 미국의 단독주의화와 중국의 추격

또 하나 앞날을 생각할 때 우려되는 것이 미국의 단독주의화다. 미
국이 앞으로 단독주의 경향으로 기운다면 미국의 강점이기도 한 해외
고급 인재의 유입에 악영향이 생길 가능성이 있다.

현재 미국의 대학교들에는 약 35만 명의 유학생이 재학 중이다. 그
중 다수는 졸업 후 미국 하이테크 산업의 동력이 되어 미국 경제에 크

게 공헌할 것이다. 미국 국립과학재단에 따르면 과학기술산업에서 일하는 박사학위 보유 외국인 중 20% 이상이 중국 출신이다. 외국인의 수용에 대한 미국의 자세가 미국의 과학기술력에 직접적인 영향을 준다.

물론, 과학기술 연구가 진전되어도 그것이 반드시 해당 국가의 경제 발전과 직결되지는 않는다. 새로운 기술을 상품화해 세상에 내놓기 위해서는 누군가가 리스크를 부담해 금융 면에서 지원해야 한다. 미국에서는 고위험 고수익을 노린 공격적 투자를 하는 벤처 자본이 다수 존재해, 새로운 기술과 아이디어를 가진 기업가를 지원하는 시스템이 갖춰져 있다.

벤처 자본의 투자액을 보면 전 세계 투자액(125억 달러) 중 미국에 대한 투자는 65억 달러로 전체의 50%를 넘으며 중국의 34.1억 달러 (27%)보다 훨씬 많다. 하지만, 이 벤처 자본의 투자에서도 중국의 추격이 갈수록 거세지고 있다.

이러한 상황에서 미국 정권은 과학기술 면에서 중국의 추격을 막기 위해 개별 기업에 대한 압력을 강화하고 있다. 2019년 5월에는 중국의 최대 통신기기 업체인 화웨이에 대한 부품 수출을 금지함과 함께 통신 네트워크에서 화웨이 제품을 사실상 배제하는 조치를 발동했다. 화웨이는 제4차 산업혁명으로도 일컬어지는 '제5세대 이동통신 시스템'의 통신 인프라에서 세계 최대 점유율을 노리고 있었으나, 미국 정권이 이것을 저지한 모양새다. 표면적인 이유는 안전보장이지만 새로운 세대의 이노베이션에서 중국에 주도권을 빼앗기지 않으려는 미국 정권의 의도가 짙게 반영된 것으로 보인다.

미국과 중국의 과학기술력 사이의 차이에 대한 평가는 어떤 지표를 주목하느냐에 따라 달라진다. 그러나, 미국 정권의 위기감을 보아도 그 차이는 급속히 좁혀지고 있다고 할 수 있다. 논문 수의 추이는 5~10년 후 그 나라의 과학기술력 차이를 보여주는 선행 지표로 간주된다. 화학, 재료, 공학, 계산기·수학 분야에서는 빠르면 몇 년 내로 중국의 기술력이 미국을 앞설 가능성이 있는 것으로 보인다.

# 9
# 인도의 과학기술력이 중국을 따라잡는 시기

## 뒤처진 인도의 과학기술과 교육 수준

인도와 중국의 과학기술력은 1980년대에는 큰 차이가 없었던 것으로 추정된다. 그러나 1990년대에 중국이 교육과 연구개발에 집중적으로 투자하며 인도와 중국의 차이는 단숨에 벌어졌다. 그리고 현재도 이 차이는 확대되는 추세다.

이것은 연구개발비에 대한 두 나라 정부의 시각 차이를 반영한다. 중국의 지도자들은 역사적으로 이과 출신이 많고, 과학기술 발전이 나라의 번영으로 연결된다고 생각하는 사람이 많았던 듯하다. 한편, 인도의 지도자들은 특히 지난 20년 정도는 이과적 소양을 가진 사람이 없고, 과학기술의 중요성을 인식하기는 하면서도 국가 차원의 집

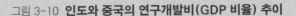

## 그림 3-10 **인도와 중국의 연구개발비(GDP 비율) 추이**

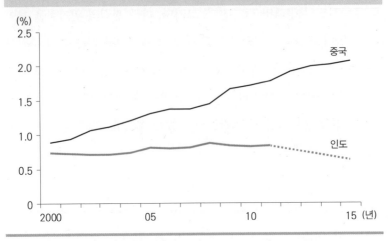

(출처) National Science Board, Science & Engineering Indicators 2018, Figure O-7.

## 그림 3-11 **인도와 중국의 박사학위 취득자 추이**

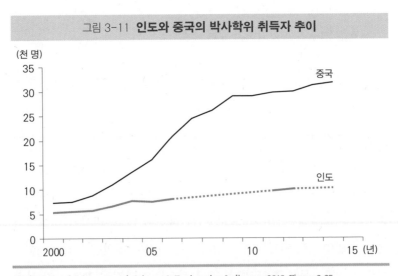

(출처) National Science Board, Science & Engineering Indicators 2018, Figure 2-25.

중적 투자는 하지 않은 것으로 보인다.

그림 3-10은 중국과 인도의 GDP 내 연구개발비 비율을 나타낸 것이다. 중국의 비율은 일관되게 상승하고 있으며 2015년 시점에서 2%를 넘었다. 인도는 하락하는 경향이 있으며 항상 1% 미만이다.

교육 면에서도 인도의 뒤처짐이 눈에 띈다. 국가 발전 단계의 차이도 있어서 인도는 압도적으로 뒤처져 있다. 한 예로 2000년경 식자율은 중국이 90.9%였던 반면 인도는 61.0%(2001년)에 그쳤다(2015년 식자율은 중국이 96.4%, 인도가 72.2%). 한편, 박사학위 소지자 수는 2000년 시점에서는 큰 차이가 없었다. 그러나 그 후 중국은 교육에 주력해 박사학위 소지자가 급증했다. 인도도 2014년과 2000년을 비교하면 두 배로 증가했으나 중국에는 크게 밀린다(그림 3-11). 박사학위 소지자 수는 그대로 과학기술계통의 논문 수 차이로 이어진다. 중국의 과학기술계통 논문 수는 2016년 42만 6천 건이었던 한편 인도는 11만 건이었다.

## 인도의 대학 진학자 수, 2025년 중국 추월

다만 앞으로 30년 정도를 두고 생각할 경우 인도는 중국을 따라잡을 잠재력이 있다. 세계 경제 포럼 자료에 따르면 2016년 시점에서 과학기술계통 학부 졸업생은 중국이 470만 명, 인도가 260만 명이다.

일본의 대학 진학률(단기 대학 포함)은 1954년~1975년의 21년간 10%에서 38%로 28%포인트 상승했다(1975년 이후는 정체되었다가 서서히 상승). 중국의 대학 진학률은 1998년~2016년의 18년간 9.8%에서

42.7%로 32.9%포인트 상승했다.

인도의 대학 진학률도 빠르게 상승하고 있으나 2016년 시점에서 27%로 여전히 낮다. 가령 중국과 인도가 모두 연간 1%포인트씩 상승해서 50%를 넘긴 후 연 0.5%씩 둔화한다고 하자. 이 대학 진학률에 20~29세 인구(UN《세계 인구 예상》)를 10으로 나눈 값을 곱해서 대학 진학자 수라고 가정하자.

그렇게 하면 인도의 대학 진학자 수는 중국을 2025년 무렵에 역전할 가능성이 있다. 중국에서는 진학이 과학기술계통에 편중됐기 때문에 2016년 과학기술계통 졸업자 수를 시작점으로 해서 성장률로 앞날을 예상하면, 2035년경 과학기술계통 졸업자 수에서 인도가 중국을 웃돌게 된다(편의상 진학자 수와 졸업자 수가 같다고 가정). 중국에서는 20~29세 인구가 2015년부터 2050년까지 30% 감소하는 것이 큰 영향을 미친다.

앞에서 언급한 바와 같이 인도의 연구개발비 투자는 소극적이다. 그러나 이것도 길게 보면 크게 상승할 여지가 있다. 인도는 IT 산업이 발달해서 많은 글로벌 IT 대기업이 인도에 개발 거점을 두고 있다. 이 IT 산업 발전으로 인해 서비스 산업의 비중 역시 커지고 있다.

산업 구조를 GDP 비율로 보면 1차 산업이 15.4%, 2차 산업이 31.4%, 3차 산업이 53.2%로(2016년 인도 중앙통계국), 인도의 발전 단계와 비교할 때 3차 산업이 비중이 지나치게 높다고 할 수 있다. 이러한 가운데 모디 정권은 'Make in India'라는 슬로건을 내걸고 제조업을 현재의 20% 미만에서 60%까지 끌어올린다는 목표를 세웠다. 그러기 위해서는 해외에서 투자를 받아야 한다. 그림 3-12는 해외 직접 투자

그림 3-12 **인도와 중국의 해외 직접 투자 FDI(GDP 비율) 추이**

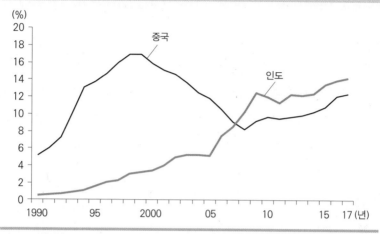

(출처) UNCTAD

FDI의 GDP 비율 추이를 나타낸 것이다. 현재 인도는 중국의 1990년
대 부근의 규모에 해당하는 것으로 보인다. 지금까지 해외 투자의 걸
림돌이 되었던 인프라 등의 정비가 이루어지면, IT 산업뿐만이 아니
라 광범위한 제조업을 유인할 수 있지 않을까.

**1**　　　모델스키는 지도국의 흥망과 세계대전의 관계를 주목하고 패권의 장기 순환 개념을 제안했다. 모델스키의 패권 순환론은 패권을 획득하기 위해서는 세계의 바다를 컨트롤할 능력이 필요하다는 사고방식에 기초해 해군력 자료로 보강되었다.

**2**　　　패권 순환 후반에 나타나는 도전국은 세계 시스템을 뒤흔드는 존재가 되지만 새로운 패권을 획득하지는 못한다. 해군력 자료에서 도출한 과거 순환을 이용해 단순히 기계적으로 계산하면 다음 세계대전이 시작되는 것은 2025년경이며, 다음 패권이 확정되는 것은 2052년경이다.

**3**　　　2018년 시점에서는 미국과 중국의 해군력에 큰 차이가 있으나, 앞으로 양국의 차이는 급속히 좁혀질 것으로 보인다. 중국의 국방비는 2045년 미국을 능가할 가능성이 있다.

**4**　　　인도 해군의 활동이 활발해지고 있다. 배경에는 중국 해군의 인도양 진출이 있다. 인도의 해군력은 질과 양 모두에서 중국 해군에 크게 밀린다. 그러나 인도의 국방비는 2042년 중국을 능가할 가능성이 있다.

**5**　　　학습 주기의 개념을 원용한 모델스키의 패권 순환론에서는 '중요한 결정' 국면 전후에서 콘드라티예프 순환이 고성장 국면을 맞이한다.

**6** 콘드라티예프 순환의 원인으로 보이는 이노베이션을 통계적으로 이해하기 위해 선도 부문의 동향을 주목한다. 선도 부문은 '중요한 결정' 전후에서 크게 성장한다. 또 선도 부문에서 패권국의 비중은 패권 순환과 비슷한 움직임을 보인다.

**7** 과학기술의 발견에 주목하면 과학적 번영의 중심지가 계속 이동함을 알 수 있다. 패권 순환과의 관계에서는 패권 교체 전 새로운 패권국의 과학적 발견 비중이 급상승한다.

**8** 미국과 중국의 과학기술력 차이는 급속히 좁혀지고 있다. 과학기술력의 선행지수로 일컬어지는 논문 수를 미국과 중국 사이에 비교해 보면 화학, 재료, 공학, 계산기·수학 분야에서는 몇 년 내로 중국의 기술력이 미국을 웃돌 가능성이 있다.

**9** 2018년 시점에서 인도와 중국의 과학기술과 교육에는 큰 차이가 있다. 양국의 인구 동태 추이를 고려하면 2025년에는 대학 진학자 수에서 인도가 중국을 역전할 가능성이 있다. 현재 인도에 대한 해외의 직접 투자는 증가하고 있으며 중국의 1990년대 규모와 비슷한 것으로 보인다. 광범위한 제조업을 유인할 가능성이 기대된다.

제 4 장

# 미래 인구를
# 예측하다

이번 장 '미래 인구를 예측하다'는 한센(1950)의 장기 정체론과 문제의식을 공유한다. 저출산 고령화가 앞으로 전 세계에서 진행되고, 이는 패권국의 경제 운영에 큰 걸림돌이 될 것임을 지적한다. 미국은 2050년 시점에도 이민 순 유입국이지만 선진국으로서는 이례적으로 높은 출생률을 유지할 것이므로 인구 동태는 패권 유지의 걸림돌이 되지 않을 것으로 보인다. 중국은 2030년부터 인구 감소 국가가 될 것으로 전망되므로 이민의 적극적인 수용을 검토해야 함에도 실제로는 인구 유출이 가속되고 있다. 정치와 군사 면에서 미국에 대항할 수 있는 경제 대국이 되어도 인구 동태 면에서는 이민 유입국인 미국보다 뒤처질 것이다. 인도의 인구는 2050년 16억 6천만 명에 달해, 같은 해의 중국보다 3억 명가량 앞설 전망이다. 유로권의 인구는 2050년까지 그다지 변동이 없을 전망으로, 출생률은 낮은 수준에 머물고 이민의 유입 속도도 미국에 미치지 못할 것이다.

# 1
## 세계 인구 2050년 97억 명 도달

### '장기 정체'와 인구 동태

UN의 인구 추계(The United Nations, "The 2019 Revision of World Population Prospects")에 따르면 2011년 70억 명을 넘은 세계 인구는 2020년 77억 9천만 명에 달할 전망이다(중위 추계, 이하 같음). 10년이 더 지난 2030년에는 약 85억 5천만 명, 2040년에는 약 92억 명으로 꾸준히 증가해 2050년에는 약 97억 4천만 명이 될 것이다. 1950년에 25억 4천만 명이었던 인구가 100년 후 3.8배로 늘어난다는 계산이다.

그러나 세계 인구의 증가 속도는 계속해서 느려지고 있다. 1950년에서 1960년에 걸쳐 연간 1.8% 증가한 세계 인구는 1960~1970년에 연 2.0%로 가속되었으나, 1970~1980년에는 연 1.9%, 1980~1990년에는 연 1.8% 증가해서 증가 속도가 둔화했다. 그 후에도 세계 인구의 증가 속도는 계속 감소해, 2020년부터 2030년에 걸쳐 평균 증가율은 1%를 밑돌고(0.9%) 2030~2040년에는 0.7%, 2040~2050년에는 0.6%까지 감소할 전망이다.

과거의 추이를 보면 인구 증가율은 경제 성장의 중장기적 순환 변동과 밀접한 관련이 있다. 복합순환론을 첫 번째로 주장한 A.H. 한센은 미국이 1929년의 대공황 후에 빠진 '장기 정체(security stagnation)'의 원인을 인구 성장률의 저하로 인한 투자 수요의 감소로 보았다(한센,

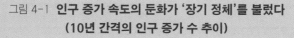

그림 4-1 **인구 증가 속도의 둔화가 '장기 정체'를 불렀다**
**(10년 간격의 인구 증가 수 추이)**

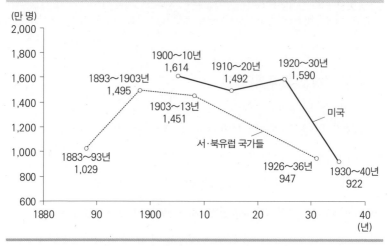

(출처) 한센(1950)을 바탕으로 미쓰비시UFJ 모건 스탠리 증권 경기순환연구소 작성

1950)(그림 4-1).

또 W.W. 로스토우는 약 20년 주기의 건설투자 순환(쿠즈네츠 순환)에 대한 학설을 ①라이프 사이클설 ②투자전환설 ③이노베이션설로 나누고 '외생적인 베이비붐이 향후의 주택 및 투자 인프라 건설을 낳는다'라며 인구 동태를 ①로 분류했다(로스토우, 1975). 나아가 약 50년 주기의 장기 파동을 주장한 콘드라티예프 순환과의 관계에 대해서도, 콘드라티예프 본인은 부정한 전쟁설이 인구 관련 요인을 통해 장기 파동을 낳는다는 시각도 존재한다(이치카와, 1984).

이것은 로스토우가 정리한 ①라이프 사이클설에 가깝다. 그러나 콘드라티예프 순환의 상승기와 하강기가 끝날 때 '근로자 심리의 급속한 변화'가 나타나 '파국적 사건이 50년마다 반복된다'라는 메커니즘을 가정한다는 점에서 라이프 사이클설과는 다르다. 오히려 그 틀은 월러스틴과 모델스키의 세계 시스템론에 가깝다.

## 인구 증가와 패권 순환

인구 증가는 경제 발전의 결과인 동시에 원인이기도 하다. 한센은 "어떤 나라든 그 번영의 가장 결정적인 지표는 주민 수의 증가다"라고 말했던 애덤 스미스는 인구 증가가 발명과 기술 진보를 자극하고 그것이 인구를 더욱 증가시키는 역동적 과정을 주목했다고 지적한다 (스미스, 1976; 한센, 1950).

영국에서 시작된 18세기의 산업혁명 이후 세계 경제가 비약적으로 성장함과 동시에 세계 인구가 폭발적으로 증가한 사실은 애덤 스미스 견해의 타당성을 뒷받침한다. 그러나 산업혁명 이전에도 세계 인구는 일정한 주기로 증가했다. 세계 대국의 증가하는 자원 능력은 도시 인구 수의 형태로 명백히 나타난다. 모델스키(1991)에 따르면 패권 순환(장기 순환)은 장기 파동인 콘드라티예프 순환 두 번에 해당하는 초장기라고도 할 수 있는 장기 순환인데, 근대 전체의 세계 인구를 보면 장기 순환 두 번이 급격한 도시 인구 증가 한 번을 낳았다(그림 4-2).

세계의 패권국을 규정하는 세계 시스템의 개념도 세계 인구의 역사적인 변천과 무관하지 않다. 모델스키는 세계 시스템의 변화에서 가장 명백한 압력은 인구 증가에서 비롯된다는 인식을 표명하면서 '과거의 경험에 따르면 다음 세계 대국은 현재 미국보다 적은 인구자

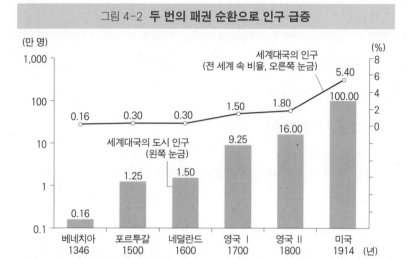

그림 4-2 **두 번의 패권 순환으로 인구 급증**

(주) 1. 원전은 McEvedy and Jones(2018)   2. 연도 표기는 세계적인 전쟁 발발에 가까운 연도
(출처) G. 모델스키 《세계 시스템의 동태》(우라노 다쓰오, 노부 타카시 역, 고요쇼보, 1991)를 바탕으로 미쓰비시UFJ 모건 스탠리 증권 경기순환연구소 작성

원 기반을 보유한 나라는 아닐 것이다'라고 지적했다.

또 패권국의 번영과 쇠퇴의 주기는 인구 동태와 밀접한 관련이 있다. 월러스틴은 패권국이 쇠퇴기에 돌입하는 콘드라티예프 주기의 하강 국면에서, 패권국에서는 '공장의 도피'가 발생해 비도시 인구의 규모가 큰 나라에 새로운 임금 고용과 소득 증대의 기회가 생긴다고 지적했다(월러스틴, 2006).

### 인구 동태로 본 '패권국의 조건'

앞에서 설명한 바와 같이 장기 순환의 원동력은 콘드라티예프 순환이다. 그러나 콘드라티예프가 주장한 장기 파동은 원래 인구의 증감과 연결되지 않았다. 콘드라티예프는 인구를 경제의 추세 변동(trend) 요인으로 보았으며, 실제로 논문에서 복수의 경제 지표(석회의 산출량 및 소비량, 선철과 납의 산출량 등)에서 인구 관련 요인을 제거함으로써 장파를 추출했다.

또 장파의 특징으로 콘드라티예프는 다음과 같은 경험적 법칙을 발견했다. ①장파의 상승(하강)기에 호황(불황) 연수가 규칙적으로 우위를 점한다. ②장파의 하강기에는 농업이 오래 정체되는 불황을 경험한다. ③장파의 하강기에 발견·발명된 생산·교통 기술은 새로운 장파의 개시로 광범위하게 실천된다. ④장파가 시작될 때 금 생산량이 증가하고 식민지가 확장되면서 세계 시장이 확대된다. ⑤장파의 상승기에 전쟁 등의 빈도와 강도가 늘어난다. 여기서도 인구의 증감은 장파의 특징으로 거론되지 않았다.

그렇다고는 하나 콘드라티예프는 위의 다섯 가지 특징에 대해 이렇게 말했다. '이러한 규칙성에는 경험적 성격밖에 부여할 수 없으며, 여기에서 장기 파동의 설명을 찾으려는 생각은 절대로 하지 않는다.'(나카무라, 1978) 콘드라티예프는 장파의 외인설(기술혁신설, 전쟁설, 금량설, 프론티어설 등)을 비판하는 한편으로, 장파의 내재적인 원동력을 정의하는 일을 '고의라고 느껴질 정도로 피하고 있다.'(나카무라, 1978) 그런 의미로 보면 인구의 변화가 장파의 내재적인 원동력일 가능성을 콘드라티예프가 명확히 부정한 것도 아니다.

한편 슘페터는 콘드라티예프가 부정한 기술 혁신을 장파의 원동력으로 보았다. 그러나 인구와 관련해서는 출생률이 하락해서 인구가 정체된다고 해도 1인당 생산 동향을 비관할 필요는 없다고 기술했다 (슘페터, 1995: 이하 같음). 출생률의 하락으로 자유롭게 쓸 수 있는 소득이 증가하고 생산적인 일에 종사할 수 있는 여성이 증가한다. 또 사망률의 하락으로 근로 가능 기간이 늘어나고, 생력화(省力化, 산업의 기계화, 자동화, 무인화를 촉진하는 것) 투자 등으로 근로자 1인당 생산 효율이 증가한다.

그렇다고 해서 슘페터가 인구의 감소를 낙관시한 것은 아니다. 출생률 하락은 가족과 집을 위해 일하고 저축해서 투자한다는 자본주의의 추진력을 상실하는 것이라고 슘페터는 기술했다.

이처럼 과거의 패권 순환에서 드러나는 인구 동태 상의 '패권국의 조건'은 다음과 같은 세 가지로 집약된다. ①현재 패권국보다도 큰 (도시) 인구 규모(모델스키) ②패권국에서 이전되는 주요 산업의 노동력이 될 수 있는 '비도시 인구'의 존재(월러스틴) ③강한 저축·투자 의욕을 상징하는 높은 출생률(슘페터).


## 2
# 저출산 고령화로 향하는 세계의 인구 동태


### '인구 오너스 시기' 돌입

고령화의 진행은 이제 선진국과 신흥국을 가리지 않고 세계적인 추세이자 해결 과제다. 게다가 고령화 속도 역시 앞으로 가속될 전망이다.

UN의 인구 추계 'The 2019 Revision of World Population Prospects'의 중위 추계에 따르면 생산연령인구(15~64세)에 대한 노년인구(65세 이상)의 비율을 나타내는 노년인구지수는 전 세계에서 2010년 11.7에서 2020년 14.4로 2.7포인트 상승할 것으로 보인다. 또 2020년에서 2030년(18.0)에는 3.6포인트, 2030년에서 2040년(22.1)에는 4.1포인트로 상승, 2050년에는 상승은 다소 둔화하나 2040년보다 3.1포인트 높은 25.2에 달할 것으로 예상된다.

앞에서 설명한 바와 같이 1950년부터 100년 동안 세계 인구는 약 3.8배 증가할 전망인데, 그동안 노년인구지수는 1950년의 8.4에서 2050년에는 25.2로 약 세 배 증가한다는 계산이다. 거기에 더해 '연소인구지수(15~64세 인구에 대한 0~14세 인구의 비율)는 1950년의 56.5에서 2050년에는 33.9로 줄어들 전망이다. 그 결과 생산연령인구가 연소자(0~14세) 및 고령자(65세 이상)를 어느 정도 부양할 수 있는지 나타내는 종속인구지수는 2015년 및 2020년의 52.5에서 2050년에는 59.1로 상승할 것으로 예상된다.

1965년의 75.2를 정점으로 내림세였던 종속인구지수는 2020년부터 상승세로 전환해, 인구 동태는 양적으로나 질적으로나 세계 경제에 부담이 되는 인구 오너스 시기에 돌입한다.


## 저출산 고령화와 패권 순환

현재 세계의 패권을 쥔 미국보다 인구가 많은 나라는 중국과 인도

뿐이다. 중국과 인도에서는 모두 도시 인구 비율이 낮기도 해서, 두 나라의 거대한 인구 규모와 맞물려 앞으로 중국과 인도의 도시 인구는 미국보다 많아질 가능성이 있다.

한편, 유럽 국가들의 인구는 미국에 훨씬 미치지 못하나 유로권 전체를 놓고 보면 미국보다 많다. 다만 유로권의 도시 인구 비율은 미국보다 조금 낮은 정도이기 때문에 유로권의 도시 인구가 앞으로 미국을 뛰어넘을지는 불확실하다. 일본은 이미 미국보다 도시 인구 비율이 높고, 앞으로 일본의 인구가 미국보다 많아질 가능성도 거의 없다.

출생률은 일반적으로 선진국보다 신흥국이 높다. 때문에 선진국 중에서도 신흥국의 이민을 적극적으로 수용하는 선진국의 출생률은 높은 수준을 유지하는 편이다. 신흥국의 높은 출생률은 슘페터(1962)가 주목한 '강한 저축·투자 의욕'이라기보다 농업 노동력의 확보와 노후 생활 보장의 필요성을 반영한 결과로 보인다. 그러나 신흥국에서 온 이민자들이 선진국에서 '강한 저축·투자 의욕'을 발휘해 높은 출생률을 유지하고 있을 가능성도 부정할 수 없다. 출생률의 높고 낮음뿐만이 아니라 한 나라의 저축률 및 투자율을 보고 '강한 저축·투자 의욕'을 평가할 필요가 있다.

그러나, 저출산 고령화가 진행되면 근로 세대는 필연적으로 고령자의 연금과 아동의 교육 등의 비용을 부담해야 한다. 가족과 집을 위한 저축과 투자는 반강제로 타인을 위해 이전된다.

일본경제연구센터의 고미네(2007)는 저출산 고령화와 인구 감소가 경제에 미치는 영향으로 ①노동력 인구의 감소 ②저축률의 저하 ③근로 세대의 부담 증가라는 세 가지를 지적했다. 저출산 고령화가 동반하는 저축률의 저하는 패권국의 경제 운영에 큰 걸림돌이 될 수 있다.

## 2050년의 세계 인구 동태

저출산 고령화로 인한 저축률 저하는 종속인구 비율의 상승으로 나타난다. 앞에서 설명한 대로 종속인구지수는 생산연령인구가 연소자(0~14세) 및 고령자(65세 이상)를 어느 정도 부양할 수 있는지 나타내는 비율이다. 종속인구지수가 하락하는 국면에서는 생산연령인구가 상대적으로 늘어나 저축이 증가하기 쉬워지면서 투자를 늘릴 여지가 늘어난다(소위 인구 보너스 시기).

반면, 종속인구지수가 상승하면 근로자 세대가 더 많은 연금과 교육비용 등을 부담하게 되며, 저축으로 생활하는 세대인 고령자가 증가함으로써 저축이 감소한다(인구 오너스 시기). 각 국가 및 지역의 종속인구지수를 비교하면 저축 여력뿐만이 아니라 경제 성장력도 알 수 있다.

이제부터는 2050년의 경제 패권국을 예측하는 데에 필요한 국가와 지역별 인구 추계를 살펴보고 종속인구지수의 추계치를 제시할 것이다. 인구와 종속인구지수의 추계에는 UN의 인구 추계 '2019 Revision of World Population Prospects'의 중위 추계를 이용했다 (The United Nations, 2019). 이 책의 예측에서 패권국의 결정 요인인 콘드라티예프 순환은 고정자본 형성률에서 도출되므로, 인구 요인은 어디까지나 외생적인 위치에 있다.

국가 및 지역별 추계치는 뒤에서 자세히 제시할 것이다. 2050년의 세계 인구 동태를 개관하면 다음과 같다(그림 4-3, 그림 4-4).

    (1) 인도의 인구가 중국을 넘어서 세계 최대가 된다. 중국은 인구 감소 국가가 된다.

    (2) 도시 인구 비율은 모든 국가와 지역에서 상승하는데, 중국의 상승 속도가 두드러진다. 반면, 인도는 2050년 시점에서도 도시 인구 비율이 50% 정도에 머무른다.

    (3) 인도 이외의 국가 및 지역에서는 종속인구지수가 상승으로 전환되어 인구 동태가 경제 성장에 부담을 주게 된다.

    (4) 중국과 인도의 인구는 2050년 시점에서도 현재 패권국인 미국보다 많을 가능성이 크다.

    (5) 인도에는 '비도시화 인구'가 풍부하다. 중국은 산업의 공업화가 선행해 이미 도시화가 급속히 진행되었으며, 인구 동태의 성숙화도 급속이 진행된 결과로 저출산 고령화라는 과제에 직면하게 된다.

    (6) 미국은 2050년 시점에서 인도보다도 출생률이 높다. 이민의 적극적인 수용이 전제인데, 이민 정책의 방침이 바뀌면 향후 인구 동태도 달라질 수 있다.

    (7) 중국과 인도는 함께 인구 유출에 제동을 걸어 출생률을 인구 치환 수준(2.1) 이상으로 끌어올릴 여지가 있다.

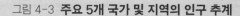

## 그림 4-3 **주요 5개 국가 및 지역의 인구 추계**

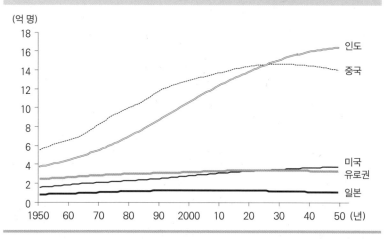

(출처) The United Nations, "The 2019 Revision of World Population Prospects," 2019를 바탕으로 미쓰비시UFJ 모건 스탠리 증권 경기순환연구소 작성

## 그림 4-4 **도시 인구 비율 추이**

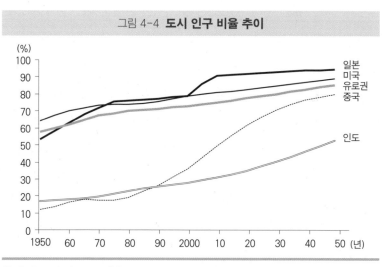

(출처) The United Nations "The 2018 Revision of World Urbanization Prospects," 2018을 바탕으로 미쓰비시UFJ 모건 스탠리 증권 경기순환연구소 작성

# 3
## 미국 노년 인구 2050년까지 상승

### 미국은 2050년 시점에서도 이민 순 유입국

2015년 시점의 미국 인구 규모는 3억 2천만 명으로, 중국과 인도에 이어 세계 3위의 인구 대국이다. 세계의 패권을 쥔 미국의 인구 동태는 2050년이 되어도 상대적인 우위성을 잃지 않을 것이다.

UN 인구 추계(중위 추계)에 따르면 미국의 인구는 계속 증가해 2050년에는 약 3억 8천만 명에 달할 것이다(그림 4-5). 유로권 전체의 2050년 시점 추계 인구(3억 3천만 명)보다 많다. 또 2050년의 인구 증가 속도는 연 0.5%로, 연 0.6%의 신흥국인 인도에 못지않다. 선진국의 인구 동태에서 미국의 우위성이 두드러진다.

미국의 인구 동태 특징은 이민 유입 수가 많다는 것이다(The United Nations, 2019). 미국의 순 이동률(인구 1,000명당 순 이민 수)은 2010~2015년 시점에서 3.151로, 유럽의 1.863이나 일본의 0.558을 크게 앞선다. UN 추계에서 미국의 순 이동률은 2050년을 향해 서서히 하락할 전망이나, 2050년 시점에서도 이민 순 유입국으로 일본과 유럽보다 계속해서 높은 순 이동률을 유지할 것이다.

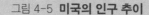

그림 4-5 **미국의 인구 추이**

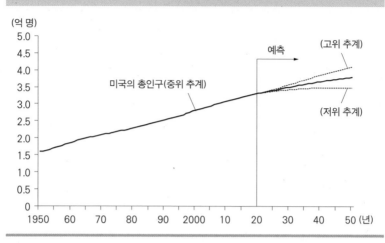

(출처) The United Nations, "The 2019 Revision of World Population Prospects," 2019를 바탕으로 미쓰비시UFJ 모건 스탠리 증권 경기순환연구소 작성

## 선진국의 이례적인 높은 출생률

　다양한 인종의 이민을 수용해 온 결과 현재 미국의 출생률은 주요 선진국 중에서도 단연 높다. 과거를 돌아보면(요시하라 외, 2013) 미국의 출생률은 1957년을 정점으로 하락세에 접어들어 1972년에는 인구 치환 수준인 2.1을 밑돌고 1976년에는 1.7까지 떨어졌다. 여성의 사회 진출에 동반된 만혼과 출산 연령 상승이 미국의 출생률 하락으로 이어졌을 가능성이 있다. 그러나 그 후 출생률이 상승세로 돌아서 2006년에는 35년 만에 출생률이 인구 치환 수준인 2.1로 돌아왔다.

　The United Nations(2019)에 따르면 현재(2010~2015년 시점) 미국의 출생률은 1.88로 인구 치환 수준인 2.1을 다시 밑돌고 있으나, 일본의

1.41이나 유럽(EU 15개국)의 1.63보다 높을 뿐 아니라 중국의 1.60보다
도 높다. 인도의 출생률은 2010~2015년 시점에서 2.44로 미국을 크
게 웃돌지만 2050년 UN 추계(중위 추계)에서는 미국(1.91)이 인도(1.86)
보다 높을 전망이다.

이민자 중 출생률이 특히 높은 집단은 히스패닉이다. 히스패닉 이
민의 유입은 미국 전체 출생률 상승에 크게 기여해 왔다. 한편, 유럽
계통 백인의 출생률은 인구 치환 수준인 2.1보다는 낮지만 출신지인
유럽의 출생률보다는 높다. 아이를 많이 낳는 일을 미덕으로 생각하
는 종교적 태도가 미국에 거주하는 유럽계 백인의 높은 출생률로 이
어진다는 지적도 있다(요시하라 외, 2013).

## 미국의 저출산 고령화 부담은 낮은 편

그렇다고는 하나 미국에서도 인구 연령 구성의 변화에 따른 근로
세대의 부담 증가는 피할 수 없다. 미국의 노년인구지수는 2050년까
지 상승세일 것으로 예상된다. 한편 연소인구지수는 2045~2050년까
지 20대 후반 수준을 유지할 것이다. 그 결과 연소인구와 노년인구를
더한 종속인구지수는 2045~2050년에 64.8에 다다를 것이나, 같은
시기 일본(95.8)이나 유로권(82.1)과 비교하면 생산연령인구의 부담은
가볍다(The United Nations, 2019).

과거 미국의 종속인구지수와 비교해도 2030년 이후의 종속인구
지수는 1960년대와 거의 같은 수준이다(그림 4-6). 고령화 사회에 대한
대응이 필요하다는 점은 미국, 일본, 유럽이 모두 같다. 그러나 근로

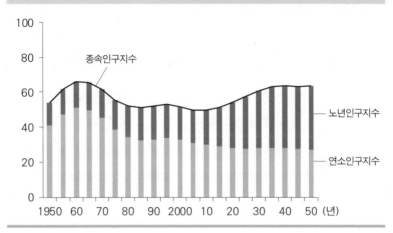

그림 4-6 **미국의 종속인구지수 변화**

종속인구지수

노년인구지수

연소인구지수

(출처) The United Nations, "The 2019 Revision of World Population Prospects," 2019를 바탕으로
미쓰비시UFJ 모건 스탠리 증권 경기순환연구소 작성

세대의 부담이 증가하는 정도는 일본이나 유럽보다 가볍다.

## 경제 패권을 유지하기 위한 조건

미국이 이민 정책을 근본적으로 수정하지 않는 한 미국의 인구 동
태가 경제 패권 유지의 걸림돌이 된다는 흐름은 생각하기 어렵다. 미
국의 콘드라티예프 순환이 2035년부터 하강 국면으로 전환될 것으로
보이는 가운데, 미국 내 주요 산업의 이윤율 저하와 함께 월러스틴이
지적하는 '공장의 도피'가 발생할 가능성이 있다. 미국 내에서 실업자
가 증가할 것이나, 유효 수요를 유지하기 위해 임금 수준이 인상되면
서 '공장의 도피'가 더욱 진행되어 고용의 해외 유출을 경험할 것이다.

도피하는 공장(= 고용)은 도시 인구 비율이 상승할 여지가 높은 나라(인도, 중국 등)로 이전할 것이다.

근래 미국에서 보이는 보호주의적 무역 정책은 '공장의 도피'에 대한 미국의 정치적 저항으로 이해할 수도 있다. 월러스틴(2006)에 따르면 패권을 유지하기 위해 정치 및 군사적 역할에 에너지를 분산시킨 결과 패권국은 생산 효율의 우위를 잃고 다른 국가가 생산 효율성을 향상한다. 미국이 중국과의 무역 전쟁에 에너지를 낭비하는 사이 미국 외의 나라가 다음 패권 국가로 대두한다는 전개도 가능하다.

# 4
# 중국의 인구 변화

## 한 자녀 정책의 부작용

중화인민공화국이 건국된 1949년의 중국 인구는 5억 4천만 명 정도였다(이에치카 외, 2005). 중국공산당과 국민당의 치열한 내전과 정치적 혼란에 따른 농업 생산의 정체, 거기에 연이은 자연재해의 영향도 있어 '다산다사(多産多死)'의 상황이 계속된 결과 중국의 인구 증가율은 극히 낮은 수준에 머물렀다.

전통적으로 인구가 많은 것이 강대국의 증거라는 사고방식을 가지고 있던 중국 입장에서 인구 증대는 정부의 지상과제였다. 당시 마오쩌둥은 '중국이 강대해지기 위해서는 중공업화가 불가피한데, 공업화를 달성한 후에는 큰 시장이 필요해지고, 그 시장을 뒷받침하기 위해서는 더 많은 인구가 필요하다'라는 '마오쩌둥 인구론'을 주장하며 (이에치카 외, 2005) 인구 증가책을 강력하게 추진했다. 그 후 1950년대 (1954년 류샤오치의 '절육운동[節育運動]')와 1960년대(1962년 '계획출산')에 인구억제론이 일시적으로 대두했으나, 마오쩌둥은 이러한 주장을 정치적으로 봉쇄했다.

한편, 중국의 농촌 지역에서는 노동력 때문에 남자아이가 필요했고, 1950년대 후반부터 농업이 집단화되어 생산재의 공유와 생산물의 평등한 분배가 시행되었다. 아이가 많은 가족은 아이의 수만큼 배급을 받을 수 있었기 때문에 농촌 가정에서는 다산이 장려되었다.

중국이 인구 억제에 본격적으로 착수한 것은 1970년대부터다. 문화대혁명 전기에 해당하는 1960년대 후반부터 1970년대 초반에 걸쳐 젊은 세대의 혼외 출산이 증가했다. 이러한 상황에서 저우언라이 총리는 1971년 '계획생육' 운동을 재개했다. 1973년 '만혼·만산, 한 부부당 최대 두 자녀'라는 기본 방침을 거쳐 1978년 12월의 '한 자녀 제의서'에 이르기까지, 결국 1979년부터 본격적인 한 자녀 정책을 개시했다.

한 자녀 정책의 기본적인 구조는 결혼 허가 연령의 상향, 한 자녀 세대에 대한 의료·교육·연금 등 사회보장 유대 조치, 계획 외 출산한 부부에 대한 처벌이다. 한 자녀 정책의 효과는 매우 커서 중국의 인구 증가 속도는 1980년대부터 1990년대에 걸쳐 급감했다. 그러나, 한 자녀 정책은 동시에 여러 부작용을 낳았다. 주로 농촌에서 노동력이 될 남자아이가 태어날 때까지 계속 출산한 결과, 여아나 장애아가 태어나면 살해당하거나 버려지는 경우도 많았다. 15~64세의 생산가능 인구가 총인구에서 차지하는 비율이 급속히 낮아져서 향후 경제 성장의 걸림돌이 될 가능성이 커짐과 동시에, 사회보장제도의 정비가 중요한 정치적 과제가 되었다.

2000년대 들어 베이징과 상하이의 인구 증가율이 마이너스가 되고 중국 정부는 결국 2013년부터 한 자녀 정책을 완화했다. 주로 농촌 지역에서 두 자녀 출산이 허가되고 2016년에는 한 자녀 정책을 사실상 폐지했다.

앞으로 인구 증가율의 급격한 감소는 멈출 것으로 보인다. 그러나 한 자녀 정책의 부작용은 앞으로도 크게 남을 것이다. 과보호를 받으며 자란 외동아이들이 사회의 중추가 된다는 위험 외에도 남성 인구가 더 많은 데에서 비롯되는 도덕적 문제(여성 인신매매의 횡행, 주변국의 여성을 납치)도 뿌리 깊다(요시하라 외, 2013).

## 일본보다 20년 늦게 인구 감소 사회로 돌입

인구 규모가 세계 최대인 중국에서는 앞으로 일본과 마찬가지로 인구 동태 상의 과제에 직면할 것이다. 이 과제는 인구 감소 사회의 시작, 저출산 고령화에 대한 대응이다.

1980년대부터 시작된 중국의 인구 억제책(소위 한 자녀 정책)은 급격한 출생률 저하를 불러왔다. 중국의 출생률은 이미 1990~1995년 시점에서 인구 치환 수준인 2.1보다 낮아졌고 2010~2015년에는 1.60

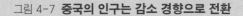

그림 4-7 **중국의 인구는 감소 경향으로 전환**

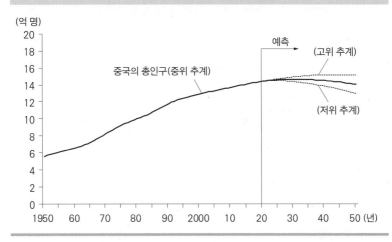

(억 명)

중국의 총인구(중위 추계)

예측

(고위 추계)

(저위 추계)

(출처) The United Nations, "The 2019 Revision of World Population Prospects," 2019를 바탕으로 미쓰비시UFJ 모건 스탠리 증권 경기순환연구소 작성

까지 내려갔다. 이것은 같은 시기의 미국(1.88)이나 EU(1.63, 15개국)보다 낮은 수치로, 신흥국의 출생률로서는 이례적으로 낮다. 참고로 중국을 제외한 신흥국 전체의 출생률은 2.97이며 선진국 전체의 출생률은 1.67이다(모두 2010~2015년 시점).

UN의 인구 추계(중위 추계)에 따르면 중국은 2024년 인구 최대국의 지위를 인도에 넘겨주고 2030년부터 인구 감소가 시작된다. 그 후 인구 감소 속도는 점점 빨라져 2050년의 감소율은 0.5%가 된다(The United Nations, 2019). 인구 감소로 돌아서고 20년 후 0.5% 감소율에 다다른다는 중국의 인구 동태 시나리오는, 2010년 인구 감소 국가가 되고 2030년 0.5% 감소가 전망되는 일본의 사례를 20년 차이로 뒤따르고 있다. 인구 감소가 계속된 결과 2050년 시점에서 중국의 추계 인구는 13.6명이 되어 2010년 수준으로 되돌아갈 것이다(그림 4-7).

인구 감소로 인한 생산연령인구의 감소는 중국의 잠재 성장력을 저하시키는 요인이다. 거기다 급속한 고령화로 인해 의료와 간병, 연금이라는 부담이 중국의 근로 세대를 무겁게 짓누르는 현상도 중국의 성장력을 저해할 수 있다(그림 4-8).

중국의 노년인구지수(노년인구 ÷ 생산연령인구)는 2050년까지 급속히 상승할 전망이며, 인구 감소와 마찬가지로 고령화에서도 중국은 20년 전의 일본을 따라가는 모습이 될 것이다. 한편, 중국의 연소인구지수(연소인구 ÷ 생산연령인구)는 생산연령인구 자체의 감소도 작용해 2030년 이후 22대로 내려갈 전망이다.


## 중국이 직면할 인구 유출 리스크

다른 선진국과 마찬가지로 중국에서도 앞으로 정부의 저출산 대책과 육아 지원책으로 출생률의 하락을 저지하는 일은 가능할 것이다. 그러나, 고령자에 대한 근로자의 사회보장 부담을 경감하기 위해서는 이민을 적극적으로 수용한다는 선택지를 검토해야 한다. 그런데 중국은 지금까지 일관되게 순 이민 유출국, 즉 인구 유출국이었다. 특히 2000년대 후반 이후로는 인구 유출이 가속되었다.

현재 패권국인 미국에 정치 및 군사적으로 대항할 수 있는 경제 대국이 중국임에는 의문의 여지가 없다. 그러나 현재도 이민이 대량으로 유입되고 앞으로 저출산 고령화의 부담도 중국보다는 가벼울 미국

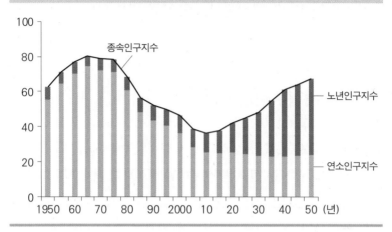

그림 4-8 **저출산 고령화의 대응이 중국의 과제**

종속인구지수

노년인구지수

연소인구지수

(출처) The United Nations, "The 2019 Revision of World Population Prospects," 2019를 바탕으로 미쓰비시UFJ 모건 스탠리 증권 경기순환연구소 작성

과 비교할 때, 중국은 인구 동태 면에서 밀린다.

월러스틴에 따르면 패권국은 독점적인 주요 산업의 기업들을 안정시킬 뿐 아니라 '단순히 질서를 보증하는 데에서 그치지 않고 만인에게 더 나은 미래를 보증하는 것처럼 보인다는 점에서 일반인들에게도 지지를 받는다.'(월러스틴, 2006)

국제 인구 동태에 관한 중국과 미국의 대칭성은 월러스틴이 지적하는 '패권국으로서의 요건'을 중국이 상대적으로 덜 갖추고 있을 가능성을 시사한다.

# 5
## 인구 최대국으로 향하는 인도

### 인구 증가와 경제 성장은 반비례

인도는 오랫동안 인구 증가를 경제 성장의 '제약조건'으로 간주해 왔다. 1952년 인도는 인구정책위원회를 창설하고 세계 최초로 간주되는 가족계획 프로그램을 도입했다. 1961년의 제3차 5개년 계획에서도 '인구 증가의 안정화 목표가 개발 계획의 중심이어야 한다'라고 명기했다. 그러나 가족계획에 대한 국민과 지역사회의 이해가 부족했던 점 등이 작용하며 기대했던 성과는 얻지 못했다.

1970년대 중반에는 강제적인 불임 치료까지 단행했으나 국민의 강한 반발을 부르게 되었다. 정부는 사실상 인구 억제 정책을 단념했고 가족계획은 국민의 자발적인 개념으로 바뀌었다. 중국과 같은 강력한 인구 억제 정책을 시행하지 못한 결과, 인도의 출생률은 높게 유지되어 인구 증가 경향이 계속되었다(일본경제연구센터 고미네, 2007).

인도는 중국과 다르게 인구 증가를 경제 성장에 활용하지 못했다. 그 원인은 다음과 같다. 첫째, 정부가 고용 흡수력이 높은 제조업의 육성에 실패해 노동력 인구의 증가에 걸맞은 고용자를 창출하지 못했다. 둘째, 노동자의 권리를 과도하게 보호한 노동법제의 존재가 민간 기업의 활력을 빼앗았다. 셋째, 낮은 식자율로 대표되는 노동자의 낮은 질과 취약한 직업훈련 제도가 기업의 생산성 향상을 저해했다. 인도의 인구 동태를 높은 경제 성장으로 연결하기 위해서는 질 높은 노동력의 창출을 위한 정부의 대응이 필요하다.

## 중국을 제치고 세계 최대의 인구 대국으로

인도 인구는 2015년 시점에서 13.1억 명으로 중국(14.0억 명)에 이어 세계 2위의 인구 대국이다. 인도의 인구 증가 속도는 연 1.2%(2015년)로 중국의 연 0.5%(2015년)보다 높다. 앞으로 인도의 인구가 중국을 제치고 세계 1위가 될 것이 확실시된다.

UN의 장래 인구 추계(중위 추계)에 따르면 앞으로 인구 증가 속도는 인도와 중국 모두 둔화될 것이나, 인도의 속도가 중국을 웃도는 상황이 계속되어 2024년에는 인도 인구가 중국보다 많아질 전망이다(The United Nations, 2019). 2050년에는 인도 인구가 16.6억 명에 달해 같은 해의 중국(13.6명)보다 3억 명 정도 많아질 것으로 UN은 추계한다.

또 UN의 고위 추계에서는 2050년 인도 인구는 18.6억 명까지 증가하는 한편, 저위 추계에 따르면 14.7억 명에 그쳐 차이가 약 3억 명에 달한다. 장기간의 인구 추계는 넉넉히 여유를 둘 필요가 있으나, 최소한 2050년 인도의 인구가 2015년보다 적을 것이라고 생각하기는 어렵다(그림 4-9).

인도의 인구 증가를 뒷받침하는 것은 높은 출생률이다. 2010~2015년 인도의 출생률은 인구 치환 수준인 2.1보다 높은 2.44이며, UN 중위 추계에 따르면 2035년에 2.02로 하락할 때까지 높은 출생률이 인구의 증가에 기여할 것이다. 풍부한 연소인구가 생산연령인구

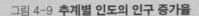

그림 4-9 **추계별 인도의 인구 증가율**

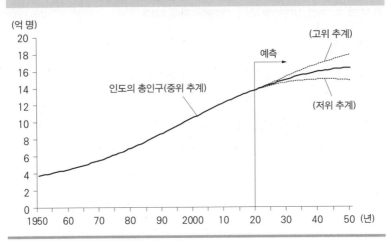

(출처) The United Nations, "The 2019 Revision of World Population Prospects," 2019를 바탕으로
미쓰비시UFJ 모건 스탠리 증권 경기순환연구소 작성

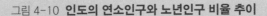

그림 4-10 **인도의 연소인구와 노년인구 비율 추이**

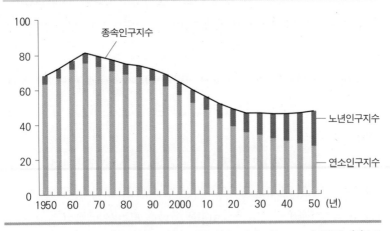

(출처) The United Nations, "The 2019 Revision of World Population Prospects," 2019를 바탕으로
미쓰비시UFJ 모건 스탠리 증권 경기순환연구소 작성

로 이행하는 가운데 연소인구지수는 2050년까지 저하 경향을 보일 것이다.

한편, 수명이 길어지면서 인도의 노년인구수는 2020년대 후반부터 상승하나, 연소인구지수의 저하가 그것을 상쇄하는 형태가 되어 연소인구와 노년인구를 합친 종속인구의 생산연령인구에 대한 비율(종속인구지수)은 2020년대 후에도 거의 변함이 없을 것이다. 인구 동태가 인도의 경제 발전에 부담이 되는 상황은 2050년보다 뒤에 찾아올 듯하다(그림 4-10).

UN 추계(중위 추계)에 따르면 2050년 시점에 인도의 출생률이 1.86까지 하락할 전망인데, 2050년 시점에서 전 세계의 출생률은 2.24이며 미국의 출생률도 1.91로 모두 인도보다 높다. 저출산 고령화라는 인구 동태 상의 과제는 인도에도 남 일이 아니다.

인도의 인구 동태에서 최대 과제는 순 이민 수의 감소, 즉 인구의 유출이다. 인도의 순 이민 수는 1970년대 후반부터 1990년대 전반에 이르기까지 유입이 더 많았으나 그 후는 유출이 큰 폭으로 더 많아지게 되었다. 2010~2015년 시점의 순 이동률(인구 1,000명당 순 이민 수)은 마이너스 0.401이다. UN 추계에 따르면 인도의 순 이동률 마이너스 폭은 점점 축소되어 2045~2050년에는 마이너스 0.243이 될 전망이다.

## 이제 인도가 '세계의 공장'

일반적으로 국제 인구 이동은 중저소득 국가에서 고소득 국가로 이동하는 형태다. 월러스틴(2006)이 지적하듯 앞으로 콘드라티예프 순환의 하강 국면에서 중핵 국가에서 주변 국가로 '공장의 도피'가 발생할 경우, 비도시 인구 비율이 상대적으로 높은 인도에는 새로운 임금 고용과 소득 증대의 기회가 발생할 가능성이 크다.

현재 패권국인 미국의 콘드라티예프 순환이 2034년 정점을 찍고 그 후 하강 국면에 접어든다고 가정하면, 인도에서는 2030년 후반부터 공업화가 급속히 진전되어 국내 실질소득의 증가를 통해 인구 유출에 제동이 걸릴 것으로 예상된다.


# 6
# 막다른 길에 있는 유럽의 인구 동태

## 유로권, 인구 증가 기대하기 어려워

유럽에서 출생률의 저하는 오래된 문제다. 복지국가를 강하게 지향하는 유럽에서는 출생률 저하가 경제 성장의 걸림돌이 된다는 문제의식 이상으로, 앞으로 더욱 증가할 사회보장 지출을 감당할 능력을 어떻게 확보할 것인지에 큰 관심이 쏠리기 쉽다.

한편으로 출생률 저하는 여성의 사회 참여 증가와 교육의 보급으로 인한 것이므로 불가역적인 현상이라는 인식도 뿌리 깊다. 낮은 출생률에 따르는 저출산 문제를 해결하는 선택지가 이민의 수용이 될 수밖에 없는데, 문화와 종교가 다른 이민자의 증가가 유럽의 전통적인 가치관을 파괴한다는 이유로 이민 수용에 반발하는 경향이 유럽에서 꾸준히 강해지고 있다. 유럽의 인구 동태를 둘러싼 환경은 막다른 길을 걷고 있다고 볼 수 있다.

유로권의 인구는 4대 국가인 독일, 프랑스, 이탈리아, 스페인이 전체의 4분의 3을 차지한다(2015년 시점). 인구의 변화 양상은 저마다 다르다. 독일과 프랑스, 네덜란드, 벨기에가 2015년에 0.3~0.6% 정도 증가했지만, 이탈리아와 스페인, 그리스, 포르투갈은 0.1~0.5% 감소했다.

유로권 전체의 인구 증가율은 0.1%에 불과하며 UN 인구 추계(중위 추계)에 따르면 2031년 유로권 인구는 감소세로 돌아설 것이다. 다만 감소 속도도 매우 느려서 2050년 유로권의 추계 인구는 3.3억 명으로, 2015년의 3.4억 명과 큰 차이가 없다. 유로권 인구는 전체적으로 보면 2050년까지 대체로 변화가 없는 추이라고 할 수 있다. 2015년에는 인구 규모가 더 작았던 미국이 2024년에 유로권을 앞지를 전망이다(그림 4-11).

미국과 유럽은 모두 이민 순 유입국이다. UN의 순 이동률 통계에는 유로권이라는 분류가 없기에 편의상 EU 15개국과 미국의 순 이동률을 비교하면 2010~2015년 순 이동률은 미국이 2.86인 한편 EU는 1.73이다. 출생률도 미국은 1.88인 한편 EU는 1.63에 그쳤다. 이민의 수용에 대한 자세의 차이가 미국과 유럽의 인구 동태 차이 변화를 통해 유럽의 경제 성장에 무시할 수 없는 영향을 미칠 가능성이 있다.

UN 추계(중위 추계)에 따르면 연령 구성의 변화로 인한 유로권의 근

그림 4-11 **추계별 유로권의 인구 증가율**

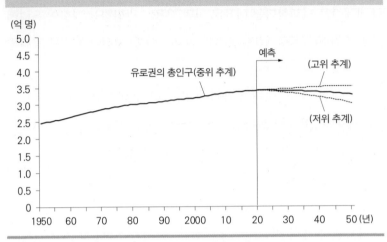

(출처) The United Nations, "The 2019 Revision of World Population Prospects," 2019를 바탕으로 미쓰비시UFJ 모건 스탠리 증권 경기순환연구소 작성

그림 4-12 **유로권의 종속인구지수 예측도**

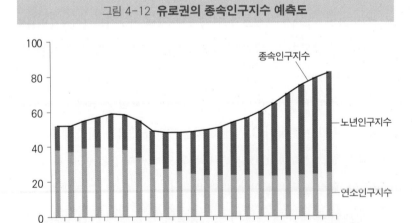

(출처) The United Nations, "The 2019 Revision of World Population Prospects," 2019를 바탕으로 미쓰비시UFJ 모건 스탠리 증권 경기순환연구소 작성

로 세대 부담은 2050년까지 크게 증가할 것이다. 유로권의 노년인구지수는 2010~2015년의 30.7에서 2050년에는 56.6으로 25.9포인트 상승할 것이다(The United Nations, 2019). 한편, 연소인구지수는 2015년의 23.4에서 2050년의 25.5로 큰 변화가 없으나, 연소인구와 노년인구를 합친 종속인구지수는 2050년에 82.1까지 상승할 것이다(그림 4-12). 유로권에서는 인구에 큰 변화가 예상되지 않는 가운데 저출산 고령화로 인한 근로 세대의 부담이 크게 증가하는 것이다.

## 정치적 통합 불가결

해군력(공군력)의 집중도에서 세계 대국(패권국)을 찾아낸 모델스키는, 핵무기의 분산 배치 후 세계에서는 기존과 같이 하나의 나라가 패권을 쥐는 것이 아니라 여러 나라의 연합 또는 동맹이라는 '공동패권'의 형태를 띤다고 주장했다(모델스키, 1991). 독일, 프랑스 등 19개국으로 구성된 유로권은 정치 통합의 영역에는 다다르지 않았으나 공동패권의 가능성을 적지 않게 가진 국가공동체다.

1999년 유로권이 출범한 당초에 가맹국은 11개국이었다. 그 후 가맹국이 증가하면서 유로권의 인구는 증가 경향을 보였다. 유럽 주변 국가들을 공통 통화권으로 흡수하면서 이민의 수용과 마찬가지인 인구 증가를 실현할 수 있다는 점에 유로권의 큰 특징이 있다.

그렇다고는 하나 유로권이 세계의 경제 패권을 쥐기 위해서는 정치적인 통합이 필요하다. 공통 통화인 유로를 축으로 삼은 경제권의 확대와 인구 규모의 확대, 근로 세대의 부담 경감을 통해 EU 전체로

서의 경제 패권의 획득에 공헌하는 것이 바람직하나, 유로권의 금융 정책을 둘러싼 가맹국 간의 보조가 맞지 않을 때가 있는 상황에서는 유로권 경제의 생산 효율성 향상은 기대할 수 없고 다른 경제 대국에 대한 경제적 우위성도 확보할 수 없다. 유로권 및 EU가 경제 패권을 쥐기 위한 길은 험난하다.

# 7
# 일본 인구, 고령화 속에서 하락 추세

## 1970년대에 전환점을 맞이한 일본의 인구 동태

1945년 제2차 세계대전 종전 후 일본의 인구는 급속히 증가했다. 전쟁터와 식민지에서 돌아온 사람들이 급증한 데다 전시에 결혼을 미뤘던 사람들의 결혼도 늘어 1차 베이비붐이 발생한다. 급격히 증가한 인구를 흡수한 것은 농촌이었다. 도시권에서 생활이 궁핍해진 사람들이 농촌으로 이동했기 때문에, 식량 부족으로 인한 기아가 사회 문제가 되는 일은 없었다.

그러나 베이비붐은 비교적 짧게 끝나고 출생률은 급속히 하락했다. 1948년 인공임신중절의 합법화에 더해 의료 보급과 영양 개선으로 인한 사망률 저하가 출생률의 하락을 촉진한 것으로 보인다. 그 후 베이비붐 세대가 생산연령인구에 편입된 1960년대는 고도성장기이기도 했기 때문에, 풍부한 노동력은 상공업에 흡수되었다.

1960년대에는 농촌에서 도시로의 인구 이동도 활발해졌다. 도시에 집중된 인구는 그 후 도시의 중심부에서 주변부로 이동하는 '도넛화 현상'을 보였다. 인구 분포의 변화를 동반하면서 인구의 과밀화와 농촌의 과소화라는 불균형이 탄생하게 되었다.

1970년대에 들어 일본의 인구 동태는 전환점을 맞이한다. 인구 과잉에 대한 세계적인 문제의식의 고양에 더해 석유파동에 따른 고도성장의 종말이 만혼화와 만산화, 내지는 미혼율의 상승을 부른 결과로 출생률이 하락했다. 1970년대 전반 2차 베이비붐으로 출생률은 일단 상승했으나, 출생률의 완만한 하락세를 막지는 못했다.

한편, 의료기술의 발전과 생활환경 개선을 배경으로 사망률이 하락하고, 동시에 일본인의 평균수명도 증가했다. 출생률 하락과 평균수명의 장기화가 동시에 진행된 결과 현재 일본은 생산가능인구(15~64세)가 전체 인구에서 차지하는 비율이 급속히 하락하는 '저출산 고령화'에 직면했다. 일본 정부는 고령자와 여성 등의 잠재적인 노동력 인구 확충, 이민의 적극 활용 등을 통해 노동력 인구의 증가를 도모하고 있으나 노동력 부족의 근본적인 해결책은 되지 못하고 있다.

## 노동력 인구의 증가가 필수

일본이 앞으로 직면할 인구 동태 상의 난관은 다른 선진국보다 두드러진다. 일본의 인구는 2010년부터 감소하기 시작했다. UN 추계(중위 추계)에 따르면 일본의 인구 감소는 가속되어 2050년에는 1.09억 명으로 2015년의 1.28억 명보다 15% 적은 수준까지 떨어질 전망이다(The United Nations, 2019)(그림 4-13). 적극적인 이민 수용 정책으로 전환하거나 노동생산성을 비약적으로 높이지 않는 한 현재 일본의 경제 규모를 유지하기조차 어렵다.

인구 감소에 더해 저출산 고령화의 진행도 일본의 경제 성장에 걸림돌이 된다. UN 추계에 따르면 일본의 연소인구지수 하락이 멈추어 2030년대부터 완만히 상승할 전망이나, 한편으로 노년인구지수는 앞으로 급상승할 것이다.

2050년 시점의 노년인구지수는 71.2에 달하고 노년 인구와 연소인구를 합친 종속인구지수는 95.8에 달할 전망이다(그림 4-14). 생산연령인구 한 명이 고령자 내지 아동 한 명분의 소득을 추가로 창출해야 하는 상태로, 다른 국가 및 지역과 비교해도 일본의 종속인구지수는 눈에 띄게 높다. 생산연령인구의 부담 증가는 앞으로 일본 경제의 성장력을 크게 저해할 가능성이 크다.

한편, 출생률은 낮은 수준에서 완만히 상승할 전망이다. 정부의 육아 지원과 여성의 취업 환경 정비는 일본의 출생률 상승에 적지 않게 공헌할 것으로 보이나, 예측 기간 중 인구 치환 수준인 2.1에는 다다르지 못할 것이다. 출생률의 상승을 위해 많은 선진국이 실시하고 있는 이민 수용에 대해 일본 정부는 지금까지 비교적 신중한 자세를 취해 왔으나, 최근에는 노동력 부족이 현저해지면서 이민을 수용하는 자세로 점점 전환하고 있다.

일본의 순 이동률은 2005년부터 순 유입으로 전환되어 15년 동안 완만히 상승해 왔다. 2010~2015년 일본의 순 이동률은 0.56으로 미

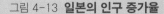

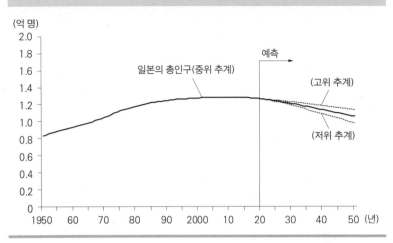

그림 4-13 **일본의 인구 증가율**

(억 명)

일본의 총인구(중위 추계)

예측

(고위 추계)

(저위 추계)

(출처) The United Nations, "The 2019 Revision of World Population Prospects," 2019를 바탕으로
미쓰비시UFJ 모건 스탠리 증권 경기순환연구소 작성

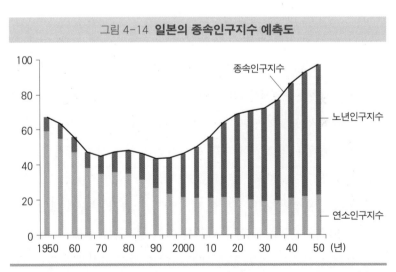

그림 4-14 **일본의 종속인구지수 예측도**

종속인구지수

노년인구지수

연소인구지수

(출처) The United Nations, "The 2019 Revision of World Population Prospects," 2019를 바탕으로
미쓰비시UFJ 모건 스탠리 증권 경기순환연구소 작성

국의 2.86이나 EU의 1.73보다는 낮지만, 앞으로 일본 정부의 외국인 노동자 수용 확대 방침을 배경으로 유입 이민자 수의 증가가 계속될 것으로 보인다.

## '이민 수용'과 '공동 패권'이라는 선택지

2013년 이후의 엔저와 일본 정부의 비자 발급 기준 완화 및 철폐 등을 배경으로 일본을 방문하는 외국인 관광객은 급증했다. 최근 일본의 외국인 영주자도 증가하고 있는데, 다른 선진국이 아닌 일본을 영주국으로 선택한 이유는 단순히 경제적인 면만은 아니며, 일본 방문 등을 통해 일본 생활과 취업 환경 등에서 우위성을 느낀 것이 커 보인다.

영국 이코노미스트지의 이코노미스트 인텔리전스 유닛이 실시한 '세계에서 가장 살기 좋은 도시 순위(2018년)'에서 상위 10위 안에 오사카(3위)와 도쿄(7위)가 새롭게 진입했다. 미국의 여행 잡지 〈콩데 나스 트래블러(2018년)〉에서 '세계에서 가장 매력적인 도시 순위(미국 제외, 2018년)'에서 도쿄가 3년 연속 1위를 차지하고 교토가 새로 2위에 진입하는 등 일본의 도시에 대한 세계적인 호평은 다른 이민 수용 국가보다 높다.

일본의 잠재적인 이민 수용 여지는 커서, 노동자 부족에 대한 대책뿐만이 아니라 인구 동태 상의 난관을 이민 정책으로 줄일 수 있을 것으로 보인다. 그러나 인구 동태 상의 문제를 해결한다 해도 독자적인 군사력이 상대적으로 약한 일본이 단독으로 패권국이 될 가능성은 상당히 낮다. 모델스키의 '공동 패권'의 형태라면 미일동맹을 축으로 삼아 패권을 쥔다는 전망이 가능하다.

**1** 　　인구 동태는 경제의 중장기 순환과 밀접한 관계가 있다. A.H. 한센은 미국이 대공황 후에 빠진 '장기 정체'의 원인이 인구 증가율의 하락으로 인한 투자 수요의 감소라고 지적했다. 패권국을 상정하는 세계 시스템의 개념도 세계 인구의 역사적인 변천과 무관하지 않다. 과거의 패권 순환에서 인구 동태 상의 세 가지 '패권국의 조건'을 발견할 수 있다.

**2** 　　저출산 고령화는 앞으로 세계적으로 진행될 것이다. 현재의 패권국인 미국보다 인구가 많은 중국과 인도에서는 앞으로 도시 인구가 미국을 능가할 가능성이 있다. 한편, 저출산 고령화에 동반되는 저축률 하락은 패권국의 경제 운영에 큰 걸림돌이 된다. 출생률은 신흥국에서 상대적으로 높지만, 선진국도 신흥국의 이민자를 수용해 '강한 저축·투자 의욕'을 실현할 수 있다.

**3** 　　미국은 2050년 시점에서도 이민의 순 유입국이며, 선진국으로서는 이례적으로 높은 출생률을 유지할 전망이다. 인구의 연령 구성 변화에 따른 현역 세대의 부담 증가는 미국도 피할 수 없으나, 일본이나 유로권과 비교할 때 부담은 적다. 이민 정책이 근본적으로 바뀌지 않는 한 인구 동태는 미국의 패권 유지에 걸림돌이 되지 않을 것으로 보인다.

**4** 　　중국은 2030년부터 인구 감소 국가로 전환될 전망이다. 앞으로

저출산 고령화에 직면할 중국은 현역 세대의 사회보장 부담을 줄이기 위해 이민의 적극적인 수용을 검토해야 하는 상황이지만, 현실은 인구 유출이 가속되고 있다. 정치와 군사 면에서 미국에 대항할 수 있는 경제 대국인 중국은 이민 유입국인 미국과 비교할 때 인구 동태 면에서 뒤처진다.

**5** 　인도 인구는 2050년 16억 6천 명에 달해, 같은 해의 중국을 3억 명 정도 웃돌 전망이다. 인구 동태가 인도의 경제 성장에 부담이 되는 상황은 2050년까지는 일어나지 않을 것으로 보인다. 방대한 비도시 인구를 보유한 인도는 중핵국의 '공장의 도피'로 인해 새로운 임금 고용과 소득 증대의 기회를 얻을 가능성이 있다. 한편 최대 과제는 인구 유출이다.

**6** 　유로권의 인구는 2050년까지 대체로 변함없을 전망이다. 출생률은 낮은 수준에 머물러 저출산 고령화로 인한 현역 세대의 부담이 증가할 것으로 예상된다. 유럽 주변국을 공통 통화권으로 흡수함으로써 인구 증가를 실현할 수 있으나 '공동 패권'의 획득에는 과제가 많다.

**7** 　일본에서는 앞으로 인구 감소가 가속되어 2050년에는 1억 9백만 명까지 떨어질 전망이다. 저출산 고령화의 예상 속도는 다른 국가 및 지역과 비교해도 두드러진다. 현역 세대의 부담 증가는 앞으로 경제 성장력을 크게 저해할 가능성이 크다. 이민 수용을 통해 인구 동태 상의 난관을 해소하면 미일동맹의 '공동 패권'도 바라볼 수 있다.

# 제 5 장

# 국제지수로 본
# 패권의 조건

이번 장에서는 킨들버거의 국제수지 발전단계설을 채용해 패권국의 교역을 분석할 것이다. 패권국은 세계 무역 시장에서 압도적인 비중을 차지하나, 시노하라 교수가 경제 대국의 조건으로 든 '경상수지 흑자'는 영원히 지속되지 않는다. 미국은 세계 최대의 경상수지 적자국이자 대외 순 채무국이며, 채권 일부를 소비하는 성숙 채권국의 단계에 있다. 미국의 경상수지 적자 폭 확대는 저축률의 저하로 인한 것이며 2050년에 명목 GDP 대비 5%까지 달할 전망이다. 2015년까지 세계 최대의 경상수지 흑자국인 중국은 2050년에는 세계 최대의 경상수지 적자를 기록할 가능성이 크다. 인구 감소가 저축률 저하로 이어져 중국의 경상수지 적자를 촉진할 것이다. 인도의 경상수지는 2020년대 전반에 흑자로 전환되고 2050년까지 계속해서 흑자가 지속될 전망이다. 유로권은 2050년까지 경상수지 흑자가 계속 확대되고, 예측 기간의 초반 시점에 미성숙 채권국으로 전환될 전망이다.

# 1

## 패권국의 국제수지 변천 역사

### 영원할 수 없는 패권국의 경상수지 흑자

패권국의 힘의 원천에는 군사력과 정치력도 있으나, 가장 중요한 원천은 역시 경제력일 것이다. 월러스틴(1991)에 따르면 과거의 세 패권국(네덜란드, 영국, 미국)은 모두 생산, 유통, 금융이라는 세 가지 분야에서 다른 나라들을 압도했다. 반면, 강대한 군사력을 자랑한 16세기 스페인은 남미의 식민지에서 획득한 포토시 은산 덕분에 막대한 부를 얻을 수 있었으나, 패권을 손에 넣지는 못했다.

각 시대의 주도산업에서 높은 생산성과 국제 경쟁력을 배경으로 패권국은 세계의 무역 시장에서 압도적인 비중을 차지해 왔다. 로스토우(1982)의 분석에 따르면 19세기 패권국이었던 영국이 세계 무역에서 보유한 우위성은 1792년까지 확립되었고, 그 후에는 활발한 면직물 수출과 해운의 준 독점적 지배를 바탕으로 1800년에는 세계 무역 점유율을 약 3분의 1까지 높였다(그림 5-1).

한편, 1870년부터 1914년에 걸쳐 영국의 세계 무역 점유율은 저하 경향을 보였다. 미국이 면화와 밀의 수출을 통해 세계 무역 점유율을 높이고 1880년대에는 공업 생산액에서 세계 1위가 되었으며, 제2차 세계대전 후에는 세계 무역 점유율에서 영국을 비롯한 다른 모든 나라를 앞섰다.

공업 제품 수출이 견인한 패권국의 무역 흑자는 경제의 성숙과 함께 해소된다. 아사바(1997)에 따르면 영국은 17세기 말부터 18세기 후반에 걸쳐 무역 흑자였으나 그 후에는 일관되게 적자 기조를 유지했다. 미국의 무역 흑자도 1874년부터 1970년까지 약 100년간 이어진 후 적자 기조로 돌아섰다. 그렇다고는 하나 영국과 미국 모두 무역수지가 적자로 전환된 후에도 경상수지는 흑자 기조였다. 서비스수지의 흑자가 무역수지의 적자를 보완해 영국에서는 해운과 금융 서비스, 미국에서는 특허 사용료와 금융 및 정보 관련 민간 서비스가 무역 적자 후 양국의 경상수지 흑자에 공헌했다.

패권국의 서비스수지 흑자는 무역지수의 적자를 메울 뿐 아니라 해외 투자 수익의 흑자화에도 기여했다. 19세기 영국의 경상수지 내용을 보면 무역수지의 적자 기조가 계속되는 한편으로 서비스수지의 흑자 폭이 완만히 확대되고, 서비스수지를 뒤따르는 형태로 투자 수익 수지의 흑자 폭도 확대 경향을 보였다(그림 5-2). 서비스수지 흑자의 일부가 해외에 투자되고, 그 투자 수익이 재투자됨으로써 대외 채권 잔고가 증가해 이후의 투자 수익이 증가하는 순환이 발생한다.

그러나 패권국이라고 해도 경상 흑자가 영원히 지속되지는 않는다. 19세기부터 오랫동안 흑자 기조를 유지한 영국의 경상수지는 1915년경부터 적자가 발생하게 되었고, 1930년대부터 1940년대까지는 경상 적자가 지배적이 된다. 1948년 이후 영국은 경상 흑자와 적자를 반복하고, 80년대 중반 이후는 항상 적자를 기록하게 되었다. 현재 패권국인 미국도 1970년부터 경상수지 적자인 해가 관찰되기 시작했고 90년대 이후는 거의 일관되게 적자다.

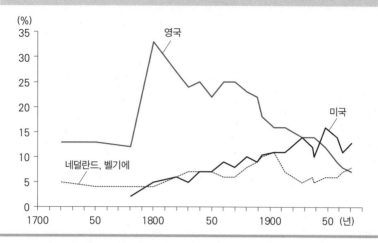

그림 5-1 **세계 무역의 패권국 점유율(1700~1970년)**

(출처) W.W. 로스토우 《대전환의 시대》(상)(다이아몬드사, 1982년) 90~93페이지의 표 2에서 8까지를 바탕으로 미쓰비시UFJ 모건 스탠리 증권 경기순환연구소 작성

그림 5-2 **영국의 경상수지 내용(1816~1913년)**

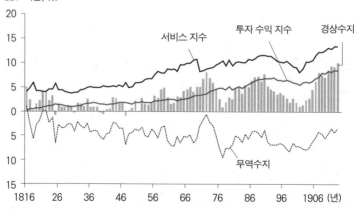

(주) 자료 결손 연도는 전후 연도를 이용해 선형 보간. 1829년 이전의 GDP는 GNP의 연 평균 증감률을 바탕으로 확정.
(출처) B.R. 미첼 편저 《맥밀란 신편 세계역사통계 1 유럽 역사통계 - 1750~1993》(나카무라 히로시, 나카무라 마사코 역, 도요쇼린, 2001년)을 바탕으로 미쓰비시UFJ 모건 스탠리 증권 경기순환연구소 작성

## 달러가 계속 기축통화일 수 있는 이유

현재 패권국인 미국은 거액의 경상 적자를 20년 이상이나 기록하면서도 기축통화인 달러를 국제 금융시장에 계속 제공하고 있는데, 달러에 대한 신용이 심각하게 낮아지는 일은 없었다.

킨들버거(1983)는 미국이 경상수지 흑자보다 많은 자본수지 적자를 기록해도, '세계의 은행'으로서 국제수지 상의 '단기 차용 장기 대부'를 실시한 결과라면 달러의 신용 하락으로는 이어지지 않는다고 지적했다. 그 말대로 패권국인 미국이 경상수지 적자를 기록해도 기존과 같이 '세계의 은행'으로서 국제 경제 시스템의 안정화에 공언할 수 있는 여지는 있다. 그러나 민간 은행이 불건전한 대부로 금융 시스템의 불안을 초래할 위험과 마찬가지로, 미국이 '세계의 은행'인 시스템이 기능부전에 빠질 위험은 존재한다. 그 위험이 발생할 경우 다른 나라가 미국 대신 지도력을 발휘해 국제 경제 시스템의 안정화에 공헌한다는 보장은 없다.


## 패권국의 역할

국제 공공재의 제공이라는 패권국의 역할은 최종적으로 패권국의 쇠퇴와 새로운 패권국의 대두로 이어진다. 월러스틴(2006)에 따르면 패권국이 경제 자원을 패권의 기초가 되는 경제 효용성 향상에 집중시키지 않고 패권국으로서의 정치 및 군사적 역할에 분산시키는 동안, 현재 패권국이 우위성을 잃을 정도로 다른 국가가 경제 효율성을 향상시킨다.

정치적 영향력을 잃는 일을 두려워하는 패권국은 군사력을 행사할 수밖에 없게 되는데, 그 군사력 행사 자체가 패권국의 경제 및 정치적 토대를 무너뜨리면서 쇠퇴하게 된다.

패권국은 처음에는 군사력이 아니라 높은 경제 효율성을 원동력으로 패권을 획득했다. 그러나 그 패권을 유지하기 위해 국제 공공재의 제공이라는 역할을 하는 가운데 경제 효율성을 상실하고, 최종적으로 군사력을 행사함으로써 패권을 결정적으로 상실하고 만다.

한편 패권국의 쇠퇴기에는 제조업의 생산 거점이 생산 비용이 낮은 국가 또는 지역으로 이전하는 '공장의 도피'가 발생한다. 새롭게 패권을 노리는 경제 대국은 농촌의 도시화를 통해 공업 생산의 수용력을 정비함과 동시에, 세계의 무역 시장에서 압도적인 점유율을 획득하기 위해 자국의 경제 효율성 향상을 추진해서 무역수지의 흑자 확대를 노린다.


## 2
## 킨들버거의 국제수지 발전단계설

### '패권안정론'이란 무엇인가

미국의 경제학자 C. P. 킨들버거가 주장한 국제수지의 발전단계설에 따르면 한 나라의 국제수지는 ①채무를 개시하는 '미성숙 채권국'에서 시작해 ②채무의 변제와 부의 축적을 개시하는 '성년 채권국' ③순 채무국에서 경상수지가 흑자화하는 '성숙 채무국' ④순 채권을 축적하는 '미성숙 채권국' ⑤순 채권의 이자와 배당으로 경상수지가 균형을 이루는 '성년 채권국'을 거쳐 최종적으로 ⑥채권의 일부를 소비하기 시작하는 '성숙 채권국'에 다다른다(킨들버거, 1991).

이것을 경상수지의 관점에서 재분류하면 경상수지 적자인 순 채무국이 무역 및 서비스수지의 흑자를 누적함으로써 경상수지의 흑자화에 성공하고(성숙 채무국), 순 채권에 대한 이자와 배당으로 경상수지 흑자가 증가하나(미성숙 채권국), 무역과 서비스수지가 적자로 전환되어 경상수지의 흑자 폭이 축소된다. 공업 제품의 생산성이 더욱 낮아져 무역수지의 적자 폭이 확대되고 서비스수지 및 투자 수익 지수의 흑자 폭보다 커져서 경상수지는 적자로 돌아선다. 자본수지의 유입이 초과하여 대외 순 자산 잔고는 감소하게 된다(성숙 채권국).

과거 사례를 보면 영국이 더 이상 경상수지가 안정된 흑자 국가가 아니게 된 1910년대 중반 이후는, 패권국으로서 영국의 지위가 흔들리기 시작한 시기와 일치한다. 그 후 1929년에는 미국의 주가 폭락을 발단으로 대공황이 발생한다. 킨들버거는 패권국인 영국이 국제 경제 시스템을 안정시킬 책임을 다하지 못했으며 미국이 영국 대신 지도력을 발휘하지 못한 것이 대공황을 일으켰다는 인식을 바탕으로 '패권국이 경제 공공재를 제공할 책임을 짐으로써 세계 경제는 안정될 수 있다'라는 패권안정론을 주장했다.

항구적인 경상수지 흑자가 뒷받침하는 패권국의 통화 가치 안정과 풍부한 외화 준비액의 존재는 패권안정론이 지적하는 국제 경제 시스템 안정화를 위한 다섯 가지 기능(시장의 유지, 안정된 장기 융자의 제공, 안정된 외환시장의 유지, 거시경제 조정, 최종대부자)을 수행하는 데에 필요한 요소다.

## 경상수지로 본 패권국의 조건

영국과 미국이라는 두 패권국의 경상수지 변천에서 드러나는 '패권국의 조건'은 다음과 같은 세 가지로 압축할 수 있다.

(1) 패권국은 큰 폭의 장기적인 경상수지 흑자를 기록한다.
(2) 패권을 획득하는 초기에 공업 제품의 세계 무역 점유율이 증가한다.
(3) 무역수지가 적자로 전환된 후 서비스수지가 흑자를 유지한다.

19세기 패권국인 영국과 20세기 중반부터 현재에 이르기까지의 패권국인 미국은 각각 세계 무역 시장에서 압도적인 비중을 점했으나, 그 재화와 서비스의 내용은 크게 달랐다.

예를 들어 미국은 현재에 이르기까지 농산물 무역 시장에서 압도적인 우위를 점하고 있으나 영국의 농산물 수출 점유율은 극히 낮다. 또 19세기 영국은 면직물과 모직물의 수출에서 다른 나라를 압도했으나, 미국은 20세기 초의 면화 수출에서 제2차 세계대전 후의 기계, 철강, 자동차 등 중공업 수출로 견인 분야가 달라졌다.

그리고 영국은 패권을 쥔 19세기 중반 시점에서 무역수지 적자로 전환되지만, 미국의 무역수지는 패권을 쥔 제2차 세계대전 종전 후에도 1970년대 초까지 계속 흑자를 기록했다. 나아가 자본수지의 동향까지 고려하면 영국과 미국의 국제수지 변천의 차이점은 더욱 선명해진다.

## 국제수지를 규정하는 인구 동태와 경기순환

패권국이 세계 무역 시장에서 압도적인 점유율을 차지하는 데에 이른 수출품의 구성 내지는 패권국의 경상수지 흑자에 대한 재화, 서비스 및 소득수지의 각 기여도는 패권국의 지리적, 문화적 특성과 기술 진보의 정도 등에 따라 달라진다.

그러나 패권국뿐만이 아니라 모든 나라의 국제수지에서 공통점은 경상수지가 중장기적으로 국내 저축과 투자의 차액과 동등해진다는 점이다. 예를 들어 1980년 이후 미국의 저축과 투자 차액(국민 총저축 - 총투자)은 미국의 경상수지와 대체로 연동되어 있다(그림 5-3).

총저축은 단기적인 경기순환의 영향을 받지만, 장기적으로는 대체로 인구 동태에 좌우된다. 소득을 창출하는 생산자 인구가 전체 인구에서 차지하는 비율이 상승하는 나라에서는 전 국민이 차지하는 저축비율(저축률)이 상승하는 경향이 강하다. 반대로 소득을 창출하지 않는 인구인 연소자나 고령자의 비율이 높은 나라에서는 저축률이 하락하는 경향이 있다.

이론상 저축률과 종속인구지수는 역의 상관관계가 있다고 간주된다. 신흥국에서는 실제로 역의 상관관계가 확인되나, 선진국(주요 선진

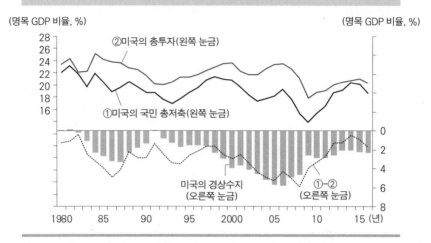

그림 5-3 **미국의 저축 및 투자와 경상수지 추이**

(명목 GDP 비율, %)                    (명목 GDP 비율, %)

(출처) IMF, "World Economic Outlook Database April 2019," 2019를 바탕으로 미쓰비시UFJ 모건
스탠리 증권 경기순환연구소 작성

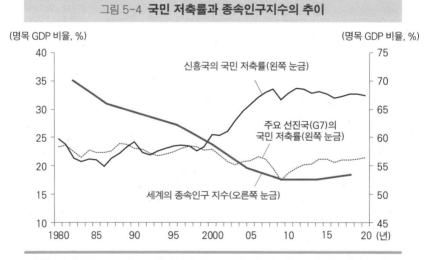

그림 5-4 **국민 저축률과 종속인구지수의 추이**

(명목 GDP 비율, %)                    (명목 GDP 비율, %)

(출처) IMF, "World Economic Outlook Database April 2019," 2019, The United Nations, "The
2019 Revision of World Population Prospects," 2019를 바탕으로 미쓰비시UFJ 모건 스탠리 증권 경
기순환연구소 작성

국)의 저축률과 종속인구지수 사이에는 명확한 상관관계가 보이지 않는다(그림 5-4).

신흥국에서는 연금 등의 사회보장 제도가 충실하지 못하고 은행 등의 금융 인프라도 충분히 정비되어 있지 않기 때문에 인구 동태 변화에 대한 저축률의 탄력성이 크다. 반면 선진국에서는 저출산 고령화로 인한 노동력 부족을 해소하기 위해 여성과 고령자의 취업을 지원하기 때문에 인구 동태가 달라져도 저축률이 잘 변동하지 않는 것으로 보인다.

한편, 총투자는 각 국가 및 지역의 중장기적인 경기순환이 결정한다. 이 책의 제2장에서 추계한 각 나라 및 지역의 고정자본 형성률은 중장기적으로는 저축과 투자의 균형 산출에 이용하는 총투자의 개념과 대체로 일치한다. 그러므로 각 국가 및 지역 특유의 경기순환과 인구 동태 예측을 기반으로 장기적인 경상수지를 예측할 수 있다.

3
## 성숙 채권국 단계에 놓인 미국

### 세계 최대의 대외 순 채무국

미국은 현재 세계 최대의 경상수지 적자 국가다. 경제협력개발기구(OECD)에 따르면 2018년 미국의 경상수지 적자액은 4,885억 달러에 달한다. 미국에 이어 경상수지 적자가 많은 영국의 1,089억 달러와 비교해도 미국의 경상수지 적자는 유난히 크다. 미국의 과거 최대 경상수지 적자액은 2006년의 8,060달러로, 현재 경상수지 적자 수준은 당시의 60% 정도에 불과하다.

그러나 미국 투자은행 리먼 브라더스의 파산에서 시작된 세계 금융위기로 미국 내 경기가 급속히 침체되어 수입 급감과 함께 경상수지 적자 폭이 크게 축소된 2009년을 예외로 하면, 미국의 경상수지는 기본적으로 적자 폭이 계속 확대되고 있다. 그리고 현재에 이르기까지 미국의 경상수지가 개선될 조짐은 보이지 않는다.

미국의 경상수지는 1970년까지 흑자 기조였으나 재화의 수출액이 수입액보다 적어진 1971년 경상수지가 적자로 돌아섰다. 그 후 재화수지(수출 - 수입)의 적자 기조가 서서히 정착되나, 해외 자산에서 창출된 거액의 이자 및 배당 수입(소득수지)과 1971년부터 흑자화된 서비스수지로 인해 1980년대 초까지는 미국의 경상수지가 항구적인 적자를 기록하는 일은 없었다.

그러나 1980년대 중반 이후 재화수지의 적자 폭이 더욱 확대되는 가운데 소득수지의 흑자 폭이 축소되고 경상수지의 적자화가 정착한다. 1991년에는 걸프 전쟁으로 인한 다국적 지원금 수취(소득수지)도 작용해 일시적으로 경상수지가 흑자화되나, 그 후는 경상수지 적자가 계속 확대되었다.

2008년부터 2009년에 걸쳐서는 세계 금융위기에 동반된 수입 급감으로 미국의 경상수지 적자가 크게 축소되었으나 어디까지나 일시적인 움직임이었다. 미국의 서비스수지와 소득수지는 모두 흑자였으며 특히 서비스수지의 흑자 폭은 확대되는 추이였으나, 그 흑자 폭을 크게 웃도는 재화수지의 적자 확대로 인해 미국의 경상수지 적자는 확대 기조가 정착한다.

미국의 소득수지 중 해외에서 오는 이자 및 배당 수입에 해당하는 1차 소득수지는 안정적인 흑자이며, 흑자 폭도 확대 기조다. 그러나 한편으로 정부 개발 원조와 국제기관에 대한 분담금이라는 대가를 동반하지 않는 자산 제공(2차 소득수지, 예전의 경상 해외이전에 해당)은 큰 폭의 적자를 기록하고 있으며, 그 적자 폭은 경상수지 적자 전체의 약 20%를 넘는다(2018년). 이 장의 1절에서 언급한 패권국의 국제 공공재 공급 비용은 경상수지 악화 요인으로 나타나고 있다.

거액의 경상수지 적자가 누적된 결과, 미국은 세계 최대의 대외 순 채무국이 되었다. 국제통화기금(IMF)에 따르면 2018년 미국의 대외 순 채무액은 9조 7천억 달러에 달해, 2위인 스페인(1조 1천억 달러)보다 훨씬 높은 수준이다. 국제수지의 발전단계설의 분류를 따르면 미국은 명백히 채권 일부를 소비하기 시작한 성숙 채권국의 단계에 있다.

## 경상수지 적자 폭은 2050년까지 증가 전망

미국의 경상수지 적자 폭은 예측 기간 내내 확대되어 2050년에는 명목 GDP 비율의 5%에 달할 전망이다(그림 5-5). 예측 기간 중의 경상수지는 총저축과 총투자의 차액으로 산출한다. 총투자의 대리 변수인 고정자본 형성률(총고정자본 형성 ÷ 명목 GDP)이 20% 부근인 가운데 저축률(국민 총저축 ÷ 명목 GDP)은 10%대에서 완만하게 하락할

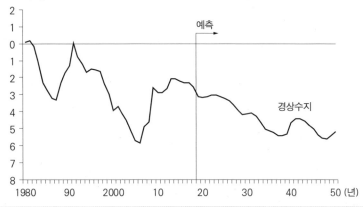

그림 5-5 **미국의 경상수지 추이**

(명목 GDP 비율, %)

예측

경상수지

(출처) IMF, "World Economic Outlook Database April 2019," 2019, The United Nations, "The 2019 Revision of World Population Prospects," 2019를 바탕으로 미쓰비시UFJ 모건 스탠리 증권 경기순환연구소 작성

것으로 보인다.

2030년대 후반부터 2040년대 전반에 걸쳐 고정자본 형성률이 일단 하락하고 경상수지 적자 폭이 축소되는 국면이 예상되나, 2040년대 중반부터 다시 경상수지 적자 폭이 확대될 전망이다.

2050년의 예상 경상수지 비율(경상수지 ÷ 명목 GDP) 적자 폭은 -5.2%로, 2006년에 기록한 적자 폭 -5.8%에는 미치지 못하나 2007년부터 2013년에 걸친 경상수지 적자의 축소를 30년 이상 걸려 다시 잃는 꼴이다. 1980년대 이후 성숙 채권국으로 전환한 미국은, 예측 기간 중에 순 채권의 이자 및 배당으로 경상수지 균형을 유지하는 성년 채권국으로 다시 돌아가지는 않을 것으로 예측된다.

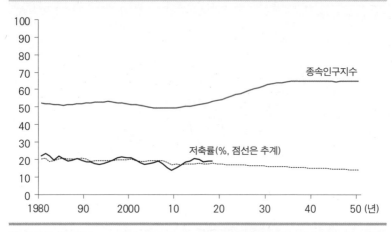

그림 5-6 **미국의 저축률과 종속인구지수의 추이**

(출처) IMF, "World Economic Outlook Database April 2019," 2019, The United Nations, "The 2019 Revision of World Population Prospects," 2019를 바탕으로 미쓰비시UFJ 모건 스탠리 증권 경기순환연구소 작성

　　예측 기간 중 미국의 경상수지 적자 확대는 주로 저축률 하락으로 인한 것이다. 미국의 저축률은 예측 기간 내내 연 0.1%씩 하락할 것으로 예상된다(그림 5-6). 1980년부터 현재(2018년)까지의 저축률을 GDP 갭(단기 경제순환의 대리 변수)과 선형 추세로 설명하는 선형회귀 모형을 추계하고, 선형 추세를 바탕으로 향후 저축률을 추계했다.

　　미국의 종속인구지수는 2030년대 중반까지 상승이 전망된다. 그러나 이 책에서는 예측 기간 중 미국 정부가 저출산 고령화로 인한 노동력 부족을 해소하기 위해 여성과 고령자의 취업을 지원한다고 가정했기 때문에 인구 동태의 변화(종속인구지수)는 미국의 저축률 예측에 반영되지 않는다. 이 전제는 다른 선진국 및 지역(일본과 유로권)에도 마찬가지로 적용된다.

## 하락 국면인 미국의 고정자본 형성률

한편 예측 기간 중의 고정자본 형성률은 제2장 '콘드라티예프 순환을 측정한다'의 추계를 따랐다. 다만 미국의 총고정자본 형성률은 자료의 제약 때문에 민간 부문만을 대상으로 삼았으므로 공공투자나 공적 주택투자를 포함하지 않는다. 2018년의 수치를 비교하면 민간 부문만의 고정자본 형성률이 13.7%인 한편 공적 부문을 포함한 고정자본 형성률은 20.8%로 양쪽 사이에는 7%포인트 정도의 괴리가 있다.

이 예측에서는 공적 부문의 총고정자본 형성 증가율이 명목 GDP 성장률과 같다고 가정하고, 민간 부문의 고정자본 형성률 예측치를 바탕으로 공적 부문을 포함한 고정자본 형성률의 예측치를 계산했다. 구체적으로는 민간 부문의 고정자본 형성률을 7%포인트 상향 조정한 수치를, 경상수지 예측에 이용할 고정자본 형성률로 삼았다.

1980년부터 현재(2018년)까지의 고정자본 형성률은 단기적인 변화를 동반하면서도 장기적으로는 서서히 낮아진다. 고정자본 형성률은 2010년의 18.4%를 저점으로 상승으로 전환됐으며, 2018년에는 20.8%까지 상승했다. 그러나 그 후 예측 기간에는 2040년까지 20~21%대에 머물며 변화가 없다.

2040년대에는 고정자본 형성률이 19%대로 하락하는 국면이 종종 보이는데, 여기에는 미국의 콘드라티예프 순환이 하락 국면으로 접어든 것이 영향을 미친다. 콘드라티예프 순환의 하향 전환은 고정

자본 형성률의 하락을 통해 조금이나마 2040년대의 경상수지 악화에
제동을 걸 것으로 예상된다.

# 4
# 중국은 미성숙 채권국 단계

## 급격한 축소 원인은 구조 변화

중국은 2015년 시점에서 세계 최대의 경상수지 흑자국이었다. 그
러나 2016년 이후 경상수지 흑자는 급속히 축소되고 있다. OECD에
따르면 현재(2018년) 중국의 경상수지 흑자액은 491억 달러로 2015년
당시(3,042억 달러)의 20% 이하에 불과하다. 2015년 당시 경상수지 흑
자액이 중국 다음으로 많았던 독일이 현재(2018년) 세계 최대의 경상
수지 흑자국이며, 마찬가지로 세계 3위의 경상수지 흑자국이었던 일
본은 현재 세계 2위다. 그렇다고는 하나 현재 독일과 일본의 경상수지
흑자액은 모두 2015년 당시와 큰 차이가 없다.

2015년부터 2018년에 걸쳐 이루어진 중국 경상수지 흑자의 급
속한 축소는 세계 경제의 감속이라는 각 국가 및 지역의 공통된 요
인이 아니라, 중국의 국제수지 구조 변화에 기인하는 것으로 추정된
다. 중국의 경상수지 흑자의 특징은 공업 제품의 수출이 뒷받침하는
재화수지의 거액 흑자에 과도하게 의존한다는 점이다. 서비스수지는

2009년 이후 일관되게 적자를 기록하고 있으며 소득수지도 1차(해외에서 오는 이자와 배당 등)와 2차(정부 개발 원조와 국제기관에 대한 분담금 등) 모두 2015년부터 적자가 계속되고 있다.

그중 서비스수지의 적자 폭은 확대 추세이며 재화수지의 흑자액에 근접할 기세다. 서비스수지의 적자 폭 확대 현상은, 2015년과 지금을 비교했을 때 중국의 경상수지 흑자가 대폭 축소된 현상에 적지 않은 영향을 미치고 있다.

한편 재화의 수출입 동향을 보면 2015년부터 2018년에 걸쳐 수출과 수입 모두 증가했다. 그러나 수출 증가 폭을 수입 증가 폭이 능가한 결과 재화수지의 흑자액이 감소하는, 과거 중국에는 그다지 없었던

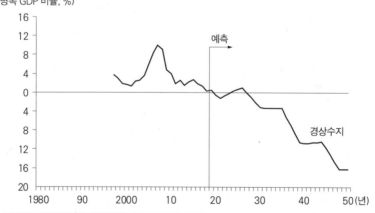

그림 5-7 **중국의 경상수지 추이**

(명목 GDP 비율, %)

(출처) IMF, "World Economic Outlook Database April 2019," 2019, The United Nations, "The 2019 Revision of World Population Prospects," 2019를 바탕으로 미쓰비시UFJ 모건 스탠리 증권 경기순환연구소 작성

움직임이 나타나고 있다. 2018년 이후 무역 불균형 해소를 위한 미국의 압력이 강해지는 가운데 공업 제품의 수출에 편중된 기존 중국의 경제 성장 양상에는 변화가 요구되고 있다.

## 서비스 산업 육성 전에 경상수지 적자국으로

예측 기간 중 중국의 경상수지는 기존의 흑자 기조에서 적자 기조로 전환되고, 2050년을 향해 경상수지 적자 폭이 확대될 전망이다(그림 5-7). 2050년 시점에서 중국의 경상수지 적자 폭은 명목 GDP의 15%에 달해, 같은 시점에서 예상되는 미국의 적자 폭(5%)을 크게 웃돌 것이다. 2015년까지 세계 최대의 경상수지 흑자국이었던 중국은 2050년에는 세계 최대의 경상수지 적자국으로 전락할 수 있다.

한 나라의 저축과 투자의 차액인 경상수지가 중국에서 적자가 된다는 것은 중국의 저축과 투자 사이의 균형이 투자 과잉(= 저축 부족)이 된다는 뜻이다. 현재는 항상 저축 부족(경상수지 적자)인 미국에, 중국을 비롯한 저축 과잉 국가(경상수지 흑자국)가 자금을 지원한다는 형태다. 그러나 2050년에는 미국과 중국의 저축이 모두 부족해진다는 전망이다. 따라서 미중 양국의 저축 부족을 보완할 거대한 경상수지 흑자국의 대두가 이 장의 예측에서 대전제가 된다.

중국이 2050년에 경상수지 적자가 되는 최대의 요인은 인구 동태의 변화로 인한 국내 저축의 감소다. 중국의 저축률은 2008년의 52.3%를 정점으로 하락 경향으로 돌아섰는데, 저축률의 반전과 거의 발걸음을 맞추듯 종속인구지수(종속인구 ÷ 생산연령인구 × 100)가 상승 경향으로 돌아선다.

연소인구(0~14세)와 노년인구(65세 이상)를 합친 종속인구의 증가세가 생산연령인구의 증가 속도보다 빠르면 종속인구지수는 상승한다. 전체 인구 중 소득을 창출하지 않는 인구의 비율이 높아지면 나라 전체의 저축률은 하락할 수밖에 없다. 오랫동안 하락 경향이었던 중국의 종속인구지수는 2010년 35.6을 저점으로 2015년에는 37.7로 상승했다.

UN의 인구 추계(The United Nations, "The 2019 Revision of World Population Prospects")의 중위 추계에 따르면 종속인구지수는 그 후로도 상승 경향을 보여, 2050년에는 67.4까지 상승한다. 중국이 개혁개방 정치 체제로 이행한 1980년 이래의 높은 수준으로 돌아가는 모양새다.

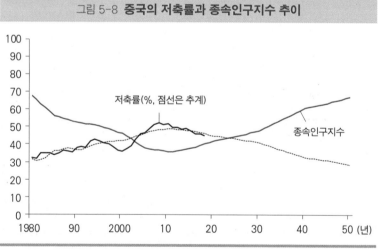

그림 5-8 **중국의 저축률과 종속인구지수 추이**

(출처) IMF, "World Economic Outlook Database April 2019," 2019, The United Nations, "The 2019 Revision of World Population Prospects," 2019를 바탕으로 미쓰비시UFJ 모건 스탠리 증권 경기순환연구소 작성

중국의 이러한 인구 대전환이 저축률의 하락을 통해 중국의 경상수지 적자 전환과 적자 폭 확대에 크게 기여할 것으로 예상된다(그림 5-8).

한편, 예측 기간 중 중국의 고정자본 형성률은 제2장 '콘드라티예프 순환을 측정한다'에서 설명한 바와 같이 2050년까지 30%대 후반에서 40%대 전반으로 큰 변화가 없을 전망이다. 2050년까지 대체로 20% 부근의 추이가 예상되는 미국과 일본 등 주요 선진국과 비교하면 계속해서 높은 수준을 유지하는 것이다.

그렇다고는 하나 고정자본 형성률이 20%대에 머문 1980년대 전반부터 30년 동안 고정자본 형성률을 45% 수준까지 끌어올린 중국의 자본편중형 경제 성장은 종말을 맞이하게 될 것이다. 실제로 총고정자본 형성에서 도출한 중국의 장기 파동은 2011년 정점을 맞이하고, 2047년까지 하강 국면이 계속된다.

과도한 국내 투자가 감소하는 일 자체는 저축과 투자의 균형 개선으로 이어질 것이나, 인구 동태의 급격한 전환으로 인한 저축의 감소 경향을 이기지는 못할 것이다. 국제수지의 발전단계설에 따르면 현재 중국은 경상수지 흑자를 통해 순 채권을 축적하는 미성숙 채권국에 해당한다. 그러나 중국의 경상수지 흑자는 여전히 재화의 순 수출에만 의존하고 있으며, 서비스수지와 소득수지는 항구적인 적자에서 빠져나오지 못하고 있다.

이 장이 예측을 전제로 하면 중국은 소득수지(대외 순 채권의 이자와 배당)를 통해 경상수지가 균형을 이루는 성년 채권국으로 이행하지 못하고 경상수지 적자국으로 전락할 가능성이 크다.

공업 제품의 수출에 과도하게 의존하는 경제 구조에서 벗어나 국제 경쟁력을 가진 서비스 산업을 육성하기 전에 경상수지 적자화가 정착할 수 있다는 점이, 예전 패권국인 영국이나 현재 미국과의 큰 차이다.

# 5
# 인도는 미성숙 채무국 단계

## 해외 인적 자산이 수익 창출

인도는 항구적인 경상수지 적자국이다. OECD에 따르면 2018년 인도의 경상수지는 651억 달러 적자로, 적자 폭이 미국과 영국에 이어 세계 3위다. 대외 순 채무액도 2018년 시점에서 4,384억 달러로, 국제지수의 발전 단계에 따르면 현재는 채무를 개시한 미성숙 채무국의 위치에 있다.

현재 인도 경제는 해외자본을 적극적으로 도입해 국제 경쟁력이 있는 공업 제품을 생산하고 수출하며 경상수지의 균형 내지 흑자화를 도모하는 단계에 있다. 인도의 경상수지는 재화수지가 큰 폭의 적자를 기록하는 반면, 서비스수지와 제2차 소득수지가 모두 항상 흑자를 기록하고 있다. 서비스수지의 흑자는 IT 소프트웨어와 아웃소싱 산업이 벌어들이고 있으며, 제2차 소득수지는 해외에서 일하는 근로자들의 송금이 중심이다.

해외에서 오는 이자 및 배당 수입 등인 1차 소득수지는 큰 폭의 적자를 기록하고 있으나, 1차 소득수지의 적자액보다도 2차 소득수지의 흑자액이 더 커서 소득수지 전체는 비교적 안정된 흑자다. 인도는 대외 순 채무국임에도 해외의 인적 자원이 수익을 창출해서 인도의 소득수지 전체의 흑자화에 공헌하고 있다는 해석도 가능하다.

### 경상수지 흑자국으로의 전환

인도의 경상수지는 2020년대 전반에 흑자로 전환되어 2050년까지 경상수지 흑자가 계속될 전망이다(그림 5-9). 경상수지 예측의 기초

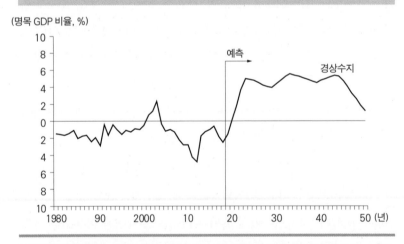

그림 5-9 **인도의 경상수지 추이**

(명목 GDP 비율, %)

(출처) IMF, "World Economic Outlook Database April 2019," 2019, The United Nations, "The 2019 Revision of World Population Prospects," 2019를 바탕으로 미쓰비시UFJ 모건 스탠리 증권 경기순환연구소 작성

인 저축과 투자의 균형을 보면 현재(2018년) 인도의 저축률은 28.5%, 고정자본 형성률은 28.9%로 저축과 투자의 균형이 대체로 균형을 이룬다. 그러나 인도의 경상수지 비율은 현재 -2.5%다.

과거를 보면 인도의 저축투자 균형(저축과 투자의 차액 ÷ 명목 GDP)과 경상수지 비율에는 괴리가 있었고, 다른 국가 및 지역과 비교해도 그 괴리가 컸다. 특히 2010년부터 2017년까지는 저축투자 균형이 플러스로 전환되었음에도 경상수지 적자가 계속되고 또 그 적자 폭이 12년에 걸쳐 크게 확대되었다.

현재(2018년) 저축투자 균형은 소폭이지만 다시 마이너스로 전환되어(-0.4%) 경상수지 적자와 합치한다고 할 수 있으나, -2.5%인 경상수지 비율의 적자 폭과는 여전히 큰 차이가 있다. 이 괴리는 아마 재고투자(민간 재고 변동)의 변동에 크게 기인하는 것으로 추정된다.

일반적으로 인도와 같은 신흥국에서는 GDP 중 재고투자가 차지하는 비율이 미국이나 일본 등의 선진국보다 높고 그 변동 폭도 더 크다. 한편 저축투자 균형의 산출에 이용하는 총고정자본 형성률에는 재고투자가 포함되지 않는다.

가령 인도의 기업들이 경기 확대 국면에서 수입품을 미리 적극적으로 조달하면 수입 증가를 통한 경상수지 적자 확대 내지는 흑자 축소의 요인이 될 수 있다. 그러나 총고정자본 형성을 기반으로 산출한 저축투자 균형에는 재고품의 수입 증가가 반영되지 않는다. 그 결과 GDP 비율에서 약 2%포인트의 변동 폭이 있는 인도의 재고투자가 저축투자 균형과 경상수지의 괴리를 낳았을 가능성이 있다.

이 장의 경상수지 예측은 재고투자 순환 또는 키친 순환이라고 불리는 단기 경기순환 요인을 배제한 것이다. 단기 순환 외에 중기 순환(설비투자 순환, 쥐글라르 순환)과 장기 순환(건설투자 순환, 쿠즈네츠 순환), 그리고 장기 파동이라고도 불리는 초장기 순환(인프라 투자 순환, 콘드라티예프 순환)을 바탕으로 각 국가 및 지역의 고정자본 형성률을 도출했다. 이 때문에 재고순환 요인으로 간주되는 현시점의 경상수지 비율과 저축투자 균형의 괴리는 예측 기간이 시작된 후 몇 년이 지나면 서서히 해소된다.

구체적으로는 재고투자를 포함하지 않는 고정자본 형성률의 예측치를 외부에서 주어진 값으로 놓고, 재고투자로 인한 저축투자 균형의 변동은 주로 저축률에 반영된다는 인식에서 인구 동태(종속인구지수)에서 도출한 인도의 장기적인 저축률 추계치를 향해 저축률이 서서히 근접한다고 가정했다.

현재의 저축률은 2013년부터 6년에 걸쳐 추계치에서 아래로 멀어지고 있다. 그러나 2003년부터 2012년까지의 10년간 저축률은 추계치에서 위로 멀어지고 있었음을 고려해, 현재 저축률에서 아래로 멀어지는 현상도 10년 후 해소될 것이라고 가정하고 2018년(실적치)과 2023년(추계치) 사이의 저축률(2019~2022년)을 선형 보완했다. 2023년 이후의 저축률 예측은 추계치를 따랐다.

예측 기간 중 인도의 저축률은 종속인구 비율의 하락으로 인해 완만히 상승한다(그림 5-10). 인도는 2040년경까지 생산연령인구의 상대적인 증가가 경제 성장에 기여하는 '인구 보너스 시기'가 계속될 전망이다. 2040년을 지나면 인도의 종속인구 비율 하락에 제동이 걸리겠으나, 종속인구지수의 급속한 반전은 가정하지 않았다. 예측 기간 중

그림 5-10 **인도의 저축률과 종속인구지수의 추이**

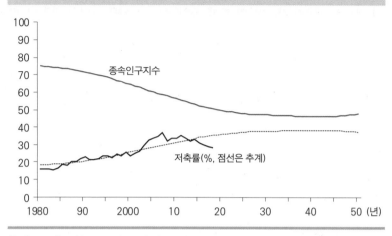

(출처) IMF, "World Economic Outlook Database April 2019," 2019, The United Nations, "The 2019 Revision of World Population Prospects," 2019를 바탕으로 미쓰비시UFJ 모건 스탠리 증권 경기순환연구소 작성

장기적으로 높은 수준의 저축률은 오랫동안 적자가 계속된 인도의 경상수지를 항구적인 흑자로 바꿀 것으로 보인다.

한편, 인도의 고정자본 형성률은 2050년까지 예측 기간 내내 상승 경향을 보일 전망이다. 현재(2018년, 28.9%)부터 2050년(34.1%)까지의 고정자본 형성률 상승 폭은 5.2%포인트로, 과거부터 현재까지 같은 기간의(1986~2018년) 상승 폭(5.7%포인트)보다 조금 낮다. 인도의 콘드라티예프 순환의 하강 국면(2006~2032년)이 예측 기간 동안 상대적으로 긴 데에 기인한다.

고정자본 형성률의 완만한 상승 속도는 인도의 경상수지가 안정적으로 흑자화하는 데에 공헌할 것이다. 다만, 예측 기간 후반에 걸쳐서는 콘드라티예프 순환의 상승 국면 진입과 종속인구지수의 상승이 겹친 결과로 저축투자 균형의 흑자 폭이 축소 경향을 보일 전망이다. 예측 기간 중 경상수지의 흑자화가 전망되는 인도는, 국제수지의 발전단계설에 따르면 미성숙 채무국에서 채무의 변제와 부의 축적을 개시하는 성년 채무국으로 이행하는 국면에 있을 것이다.

인구 동태에서 예상되는 풍부한 국내 저축을 국내 투자로 유용하게 활용하기 위한 사회 및 금융 인프라가 정비되면, 해외자본의 의존에서 벗어나 순 채권(대외 순 자산)을 축적하는 미성숙 채권국으로의 이행도 시야에 들어올 것이다.


# 6
# 유로권은 성숙한 채무국 단계


## 서로 동등하지는 않은 가맹국들의 공헌

1999년 공통 통화인 유로를 도입한 이래 유로권의 경상수지는 적자와 흑자를 오갔으나, 2009년 그리스의 국가신용등급 하락에서 시작된 유럽 채무 위기가 대체로 수습된 2012년 이후로는 경상수지 흑자의 확대 기조가 뚜렷해졌다.

그렇다고는 하나 가맹국이 모두 동등하게 경상수지의 흑자 확대에 공헌한 것은 아니다. 2012년 이후의 경상수지 흑자 확대에는 유로권의 경상수지 흑자 중 절반 이상을 기록한 독일의 공헌 외에 이탈리아와 스페인의 공헌도 큰 편으로, 두 나라 모두 경상수지가 흑자가 되었다. 반면, 프랑스의 경상수지는 여전히 적자이며 축소 폭도 소폭에 머물러 있다.

한편 유로권의 대외 순 자산은 항상 마이너스(순 채무국)이나, 경상수지가 흑자화한 2012년 이후로는 마이너스 폭이 서서히 축소되고 있다. 국제수지의 발전단계설에 따르면 유로권은 순 채무국이면서 경상수지가 흑자화하는 성숙 채무국의 단계에 있다.

경상수지의 내용을 보면 재화와 서비스 모두 수지가 흑자화되고 있으며 흑자 폭도 확대되는 추이다. 해외에서 오는 이자와 배당 수입 등에 해당하는 1차 소득수지도 항상 흑자를 기록하고 있어, 2018년 흑자액은 유로권 출범 이후 최대다.

정부 개발 원조와 국제기관에 대한 분담금에 해당하는 2차 소득수지는 계속 적자이나, 여기에는 유로권이 '국제 공공재의 공급'이라는 패권국의 역할 중 일부를 수행하는 현상이 반영되어 있다. 지난 10년간 2차 소득수지의 적자 폭은 거의 변화가 없어, 그동안 경상수지의 변동에 미친 영향은 경미했다.

## 경상수지 흑자의 확대 경향 지속

유로권의 경상수지 흑자 폭은 예측 기간 동안 확대되어 2050년에는 명목 GDP 비율이 7%대에 달할 전망이다(그림 5-11). 매우 완만히 상승하는 저축률과 하락세를 보이는 고정자본 형성률이 함께 유로권

그림 5-11 **유로권의 경상수지 추이**

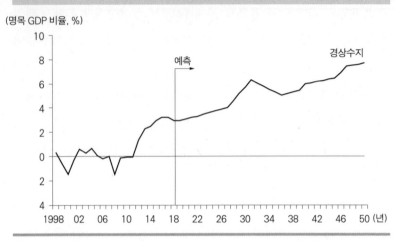

(명목 GDP 비율, %)

(출처) IMF, "World Economic Outlook Database April 2019," 2019, The United Nations, "The 2019 Revision of World Population Prospects," 2019를 바탕으로 미쓰비시UFJ 모건 스탠리 증권 경기순환연구소 작성

그림 5-12 **유로권의 저축률과 종속인구지수 추이**

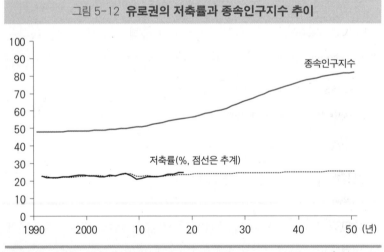

(출처) IMF, "World Economic Outlook Database April 2019," 2019, The United Nations, "The 2019 Revision of World Population Prospects," 2019를 바탕으로 미쓰비시UFJ 모건 스탠리 증권 경기순환연구소 작성

의 경상수지 흑자를 뒷받침하는 요인이 된 것으로 보인다.

1999년 유로권이 탄생한 이후 2011년까지 대체로 균형을 이루었던 유로권의 경상수지는 2012년부터 흑자가 정착되고 2016년에는 경상수지 비율이 3.2%까지 상승했는데, 예측 기간 중에도 같은 비율로 상승 경향이 계속될 전망이다.

UN 추계에서는 유로권의 종속인구지수 상승이 예상되며, 그 내용대로 인구 동태는 저축률을 낮추는 요인이 된다. 그러나 이 장의 예측에서는 유로권의 정책 당국이 저출산 고령화로 인한 노동력 부족을 해소하기 위해 여성과 고령자의 취업을 지원함으로써, 인구 동태가 변화해도 유로권의 저축률은 크게 달라지지 않는다고 가정했다. 구체적으로는 저축률을 GDP 갭(단기 경기순환의 대리변수)과 선형 추세로 설명하는 선형회귀 모형을 추계하고 선형 추세를 바탕으로 장래의 저축률을 추계했다(그림 5-12).

유로권의 저축률은 예측 기간 동안 연 0.06%포인트씩 상승한다고 가정했다. 1991년부터 현재(2018년)까지 저축률의 장기 경향을 반영한 것이다. 정책 당국의 취업 지원 정책의 성과는 물론이고, 유로 가맹국의 확대와 이민자 및 난민 수용 등의 영향도 포함된다. 마찬가지로 이민 등의 증가가 크게 반영되는 미국의 저축률이 장기적으로 감소 추세였던 것과는 대조적이다.

그렇다고는 하나 유로 가맹국의 저축률 장기 추세는 서로 동등하지 않다. 1991~2018년 주요 가맹국(인구 상위 10개국)의 저축률 선형 추세를 비교해 보면 독일의 상승 폭이 두드러지게 크다. 네덜란드와 오스트리아의 상승 폭도 큰 편이다. 반면, 프랑스의 저축률 추이는 그다지 변함이 없고, 이탈리아와 벨기에는 완만히 하락하며, 그리스와 포르투갈에서는 명확한 하락 경향이 보인다. 이처럼 이 책이 예측하는 유로권 저축률의 전제에는 독일 등 일부 국가의 특성이 짙게 반영되어 있다는 점을 주의해야 한다.

한편 예측 기간 중 고정자본 형성률은 제2장 '콘드라티예프 순환을 측정한다'의 추계를 바탕으로 예측하면 2031년 18.0%까지 하락한 후 2036년까지 상승 기조를 보이다가, 2037년 다시 하락 경향으로 돌아설 것이다.

유로권의 콘드라티예프 순환(인프라 투자 순환)은 2037년 저점을 찍고 상승으로 전환된다고 가정했다. 그러나 콘드라티예프 순환보다 주기가 짧은 쥐글라르 순환(설비투자 순환)이 2037~2040년, 2046~2050년에 하강 국면이 되고 쿠즈네츠 순환(건설투자 순환)이 2040~2047년에 하강 국면이 되기 때문에 고정자본 형성률은 2050년까지 계속 하락 경향을 보일 것이다.

유로권은 현재(2018년)도 대외 순 채무가 있지만 2012년 이후 경상수지 흑자를 축적한 결과 순 채무액은 꾸준히 축소되고 있다. 이 장의 예측에 따르면 예측 기간 중 비교적 이른 시점에 국제수지 발전 단계 중 미성숙 채권국으로 전환될 것으로 보인다.

원래 유로권의 경상수지는 현시점에서 재화수지, 서비스수지, 소득수지가 모두 흑자여서, 미성숙 채권국의 다음 단계인 성년 채권국(순 채권의 이자와 배당으로 경상수지가 균형을 이룸)으로 이행할 요건을 이미 갖추고 있다. 유로권의 국제수지는 이 장 2절에서 지적한 패권국의 조건 중 국제수지 면을 충족한다고 할 수 있다.

# 7

# 일본은 성년 채권국으로 이행 중

1981년 이후 일본의 경상수지는 일관되게 흑자였다. 2018년 일본의 경상수지 흑자는 1,741억 달러로 독일(2,908억 달러)에 이어 세계 2위다. 2005년까지는 일본이 세계 최고의 경상수지 흑자국이었으나, 2006년 중국의 흑자액이 일본을 뛰어넘었다. 2011년 동일본 대지진에 따른 발전용 연료 수입의 급증도 작용해 일본의 경상수지 흑자폭은 축소 경향으로 돌아섰으나 흑자는 유지되었다. 2015년 이후는 원유 가격의 급락과 일본을 방문하는 외국인 관광객의 급증에 따른 여행수지 개선(서비스수지 적자의 축소)도 작용해 경상수지 흑자 폭은 확대 기조다.

1960년대 중반 이후 계속 흑자였던 재화지수(무역지수)는 2011년 적자로 돌아선 후 2015년까지 계속 적자였다. 그러나 세계 최대의 대외 순 자산액을 배경으로 한 소득지수 흑자액은 재화지수의 적자뿐만이 아니라 서비스지수의 적자를 크게 웃돌아, 높은 대외 순 자산에 공헌하고 있다.

국제수지 발전단계설을 따르면 일본은 현재 순 채권을 축적하는 미성년 채권국에서 순 채권의 이자 및 배당으로 경상수지 균형을 이루는 성년 채권국으로 이행하는 과도기에 있다.

## 경상수지 흑자에서 적자로 전환되는 시기

일본의 경상수지는 2020년대 중반 가량까지 흑자를 유지할 것이나, 명목 GDP 비율로 본 경상수지(경상수지 비율) 흑자 폭은 서서히 축소되어 2020년대 후반부터 경상수지 적자로 전환될 것이다. 그 후 2030년대 중반까지 경상수지 비율의 적자 폭이 축소되나 2030년대 후반부터는 다시 확대되어, 2050년에는 경상수지 비율이 -5.5%까지 하락할 것이다(그림 5-13).

주요 선진국 중에서도 눈에 띄게 저출산 고령화가 진행된 일본의 인구 동태로 인한 역풍은, 원래대로라면 저축률 하락을 통해 경상수지를 극적으로 악화시킬 것이라고 생각할 수 있다.

그러나 이 책의 예측에서는 예측 기간 중 종속인구지수(UN 추계)의 급속한 상승을 저축률의 장래 추계에 직접적으로는 반영하지 않았다. 1980년부터 현재(2018년)까지의 저축률에서 단기 경기순환 요인을 제거한 후 도출한 선형 추세를 바탕으로, 예측 기간 중 일본의 저축률이 연 0.16%포인트씩 하락한다고 가정했다(그림 5-14). 이민의 수용을 포함한 정부의 노동시장 개혁을 통해 저축률의 극단적인 하락을 회피한다는 전제다.

반면, 2013년 이후에 뚜렷해진 노동력 부족 문제에 대응하기 위해 적극적으로 추진하고 있는 고령자 및 여성의 노동시장 참여 촉진은, 과거부터 이어지는 장기 경향에서 산출한 저축률의 장래 예측에는 충분히 반영되지 않는다.

노동력의 확보를 위한 정부의 정책 대응이 진행되면서 저축률 하

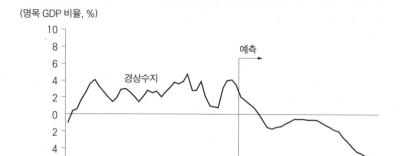

그림 5-13 **일본의 경상수지 추이**

(명목 GDP 비율, %)

경상수지

예측

(출처) IMF, "World Economic Outlook Database April 2019," 2019, The United Nations, "The 2019 Revision of World Population Prospects," 2019를 바탕으로 미쓰비시UFJ 모건 스탠리 증권 경기순환연구소 작성

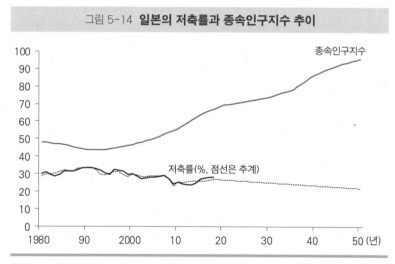

그림 5-14 **일본의 저축률과 종속인구지수 추이**

종속인구지수

저축률(%, 점선은 추계)

(출처) IMF, "World Economic Outlook Database April 2019," 2019, The United Nations, "The 2019 Revision of World Population Prospects," 2019를 바탕으로 미쓰비시UFJ 모건 스탠리 증권 경기순환연구소 작성

락에 제동이 걸린다는 전제는 미국과 유로권의 저축률 추계에도 적용된다. 다만 연 -0.16%라는 일본의 장래 저축률 추세는 유로권의 0.06%는 고사하고 미국의 -0.1%에도 미치지 못한다. 결과적으로 저축률 면에서 본 경상수지 흑자 축소(적자 확대) 압력은 일본에 상대적으로 크다는 가정이다.

그리고 중국과 인도의 경상수지를 예측할 때는 인구 동태의 변화에 대한 저축률의 탄력성이 큰 점을 고려해서, 인구 동태의 대리변수인 종속인구지수를 저축률의 장래 추계에 반영시켰다.

한편 제2장의 추계를 바탕으로 한 일본의 고정자본 형성률은 미국과 마찬가지로 공공투자 등을 포함하지 않고 민간 부문만으로 계산해, 2018년 시점에서는 공공 부문을 포함한 총고정자본 형성률보다도 8% 낮다. 이 장의 예측에서도 예측 기간 중 공공부문의 총고정자본 형성 증가율이 명목 GDP 성장률과 같다고 가정하고, 민간 부문만의 고정자본 형성률에 7%포인트를 더한 계수를 경상수지 예측에 이용할 고정자본 형성률로 설정했다.


## 성숙 채권국으로 이행할 가능성도

예측 기간 중의 고정자본 형성률은 1980년부터 현재(2018년)까지의 하락 경향에서 벗어나 완만하나마 상승으로 전환될 것으로 보인다. 다만 2020년대 후반부터 2030년대 중반에 걸친 고정자본 형성률의 하락에는 쿠즈네츠 순환(건설투자 순환) 하강의 영향이 나타난다.

2030년대 후반 이후는 쿠즈네츠 순환의 상승 국면 진입도 작용해 고정자본 형성률이 다시 상승 경향을 보인다. 고정자본 형성률의 상승과 보조를 맞추는 형태로 2030년대 후반 이후 일본의 경상수지 적자 폭은 더욱 확대될 전망이다.

일본은 2018년까지 세계 최대의 대외 순 자산을 보유하고, 풍부하면서 안정된 소득수지 흑자를 항상 창출했다. 일본의 국제수지는 경상수지를 통해 순 채권을 축적하는 미성숙 채권국에 해당했다. 그러나 2050년까지의 예측 기간 중 일본은 소득수지(순 채권의 이자와 배당)를 통해 경상수지가 균형을 이루는 성년 채권국으로 이행할 가능성이 크다.

재화의 순 수출에 관해서는 2011년 이후 재화 무역지수가 적자가 되는 경우가 드물어졌다. 한편 서비스수지는 적자 기조이나, 2013년 이후 외국인 관광객의 급증 등을 배경으로 서비스수지의 적자 폭은 급속히 축소되고 있다. 2050년까지 예측 기간 중에 서비스수지의 흑자화가 실현될 것이라고 충분히 생각할 수 있다. 그러나 2050년까지 경상수지가 크게 악화된다는 전망을 바탕으로 판단하는 한, 일본이 2050년까지 성년 채권국에서(채권의 일부를 소비하기 시작하는) 성숙 채권국으로 이행할 가능성도 부정할 수 없다.

**1**　패권국은 세계 무역 시장에서 압도적인 점유율을 차지한다. 그러나 경상수지 흑자는 영원히 지속하지 않는다. 기축통화로 상징되는 '국제 공공재의 공급'이라는 역할은 패권국의 쇠퇴를 초래한다. 새로운 패권을 노리는 경제 대국은 농촌의 도시화를 통해 공업 생산 능력을 정비함과 동시에, 자국의 경제 효율성을 향상시키며 경상수지의 흑자 확대를 도모한다.

**2**　국제수지 발전단계설은 패권국에도 들어맞는다. 항구적인 경상수지 흑자가 뒷받침하는 패권국의 통화 가치 안정과 풍부한 외환 준비는 국제 경제 시스템의 안정화에 반드시 필요하다. 경상수지는 중장기적으로 저축과 투자의 차액과 동등하다. 저축은 인구 동태가 결정하고, 투자는 고정자본 형성률의 순환이 결정한다.

**3**　미국은 세계 최대의 경상수지 적자국인 동시에 대외 순 채무국이며, 채권의 일부를 소비하는 성숙 채권국의 단계에 있다. 미국의 경상수지 적자 폭은 2050년 명목 GDP의 5%에 달할 전망이다. 경상수지 적자의 확대는 주로 저축률에서 온다. 고정자본 형성률은 대체로 변화가 없을 것이나, 2040년대에는 하락할 것으로 보인다.

**4**　2015년까지 세계 최대의 경상 흑자국이었던 중국은 2050년에

는 세계 최대의 경상적자를 기록할 가능성이 있다. 인구 동태의 대전환이 저축률 저하를 통해 중국의 경상수지 적자 전환 및 적자 폭 확대에 크게 기여할 것이다. 중국의 고정자본 형성률은 계속해서 높은 수준을 유지할 것이나, 상승 경향에는 제동이 걸릴 것으로 보인다.

**5**　인도의 경상수지는 2020년대 전반에 흑자로 전환되고 2050년까지 항구적인 흑자가 계속될 전망이다. 2040년까지 생산연령인구의 상대적인 증가가 경제 성장에 기여하는 인구 보너스 시기가 계속되어 저축률은 상승한다. 고정자본 형성률도 완만하게 상승한다. 사회 및 금융 인프라가 정비되면 미성숙 채권국으로의 이행도 시야에 들어올 것이다.

**6**　유로권은 현재 성숙 채무국의 단계에 있으나, 재화수지, 서비스수지, 소득수지가 모두 흑자를 유지하고 있어서 장기적으로 성년 채권국으로 이행할 요건을 이미 갖추고 있다. 앞으로 2050년까지 유로권은 경상수지 흑자 확대가 계속되고 예측 기간 중 비교적 이른 시점에 미성숙 채권국으로 전환될 것으로 보인다.

**7**　저출산 고령화라는 일본의 인구 동태는 원래대로라면 경상수지를 극적으로 악화시킬 것이다. 그러나 이민의 수용을 포함한 노동시장 개혁이 진전되면서 저축률의 극단적인 하락은 회피할 수 있을 것이다. 일본의 경상수지는 2020년대 후반부터 적자로 전환될 전망이다. 2050년까지 일본은 현재의 미성숙 채권국에서 성년 채권국을 거쳐 성숙 채권국으로 이행할 가능성도 있다.

제6장

# 상대가격으로
# 세계 경제를
# 이해하다

이번 장 '상대가격으로 세계 경제를 이해하다'는 로스토우(1982)가 주장한 상대가격으로 본 콘드라티예프 순환의 제5파가 20세기 말까지 상승할 것으로 예상되었으나, 실제로는 그렇지 않았던 수수께끼를 살펴본다. 베리(1995)와 바트라(1987)의 주장을 단서로 이 장에서는 50~60년 주기의 콘드라티예프 순환 속에 사실은 30년 주기의 상대가격 순환이 공존하는 것이 원인이라고 분석한다. 상대가격(공업 제품 가격/원재료 가격, 내지는 산출 가격/투입 가격)으로 본 순환을 바탕으로 콘드라티예프 순환의 앞날을 예상하면, 영국은 2041년, 미국은 2038년, 중국은 2042년, 일본은 2044년, 인도는 2046년까지는 상승 국면이 지속될 것이다. 또 교역 조건(수출 가격/수입 가격)으로 보면 기본적으로는 상대가격과 차이가 없지만, 영국이나 미국과 같이 원유 개발로 자원국이 된 경우에는 수출 가격이 상승해 콘드라티예프 순환의 상승 국면이 연장될 가능성이 있다.

# 1
## 상대가격설과 역상관 관계인 세계 경제의 움직임

### 상대가격의 순환 메커니즘

앞장에서는 콘드라티예프 순환을 설비투자 등 여러 파동으로 살펴보았다. 이 장에서는 로스토우의 관점에서 검증하겠다.

로스토우는 《대전환의 시대》(1982)에서 콘드라티예프 순환을 재검토했다. 콘드라티예프 파동을 추출할 때는 다양한 접근법을 생각할 수 있는데, 로스토우는 특히 상대가격의 변동, 즉 생산물 및 원자재의 가격과 공업 제품 가격의 상대적인 움직임을 주목했다. 로스토우는 애덤 스미스의 《국부론》을 인용하며 상대가격의 순환 메커니즘을 다음과 같이 바라보았다.

우선 농산물 및 원자재의 산출은 수확 체감의 법칙이 성립한다. 노동력 등의 생산요소를 늘릴수록 생산요소 한 단위당 수확 또는 생산은 점점 감소한다. 반대로 공업 제품은 수확 체증의 법칙을 기대할 수 있다. 생산요소를 추가로 투입할 때마다 효율성의 향상 등을 통해 생산요소 한 단위당 생산이 증가하는 것이다. 가령 공장의 규모를 확장하거나 로봇화를 촉진하면 적은 노동력으로 더 많은 제품을 생산할 수 있다.

경제가 순조롭게 성장하면 공업 제품 생산을 원자재 공급이 점점 따라잡지 못하게 되어, 원자재 가격이 공업 제품보다 상승하기 쉬워진다.

한편 공업 제품만 따로 살펴봐도 기술 진보에 따른 생산성 향상으로 인해 제품 가격을 낮추려는 압력이 작용한다. 그리고 공업 제품의 생산이 증가해 원자재 공급이 과도하게 부족해지면 원자재 가격이 상승해 경제는 위기에 빠진다.

그 후 경제 활동이 정체되는 국면이 찾아오면 공업 제품에 대한 수요는 물론 농산물 및 원자재에 대한 수요도 크게 감소한다. 다만 원자재의 생산 조정은 공업 제품의 생산 조정보다 경직되어 있을 것이다. 가령 원유나 석탄, 또는 밀과 같은 곡물은 수요가 감소했다고 해서 생산을 급히 조정하기 어렵다. 이때문에 경제 활동이 활발하지 못한 기간에는 원자재 가격이 공업 제품의 가격보다 낮아지기 쉽다. 그리고 원자재 가격이 상대적으로 충분히 하락하면 수요가 회복되어 다시 새로운 순환이 시작된다.

즉 상대가격은 천연자원의 수확 체감과 공업 제품의 수확 체증으로 인한 연속적인 작용을 통해 장기적인 파동을 형성하는 것으로 보인다. 다만 로스토우 자신도 인식한 바와 같이 과거의 상대가격 변동은 흉작, 경기변동, 전쟁이라는 외적 충격, 생산과 수송의 기술 혁신 등의 영향이 강하기 때문에 상대가격의 분석은 단순하지 않다.

## 로스토우의 콘드라티예프 순환이란

그럼에도 로스토우는 앞에서 설명한 상대가격의 변동을 중심에 두고 1790~1977년의 기간 동안의 콘드라티예프 순환을 찾아내고자

했다.

　로스토우는 원자재 가격이 상대적으로 높았거나 상승한 기간으로 1790~1815년, 1848~1873년, 1896~1920년, 1936~1951년, 1972~1977년을 들었다. 반대로 원자재 가격이 상대적으로 낮았거나 하락한 기간으로는 1815~1848년, 1873~1896년, 1920~1936년, 1961~1972년을 지적했다. 《대전환의 시대》의 집필 시점인 1978년에 대해서는 지난 2세기 동안의 콘드라티예프 순환 중 다섯 번째 상승 국면이라는 인식을 나타냈다.

　다만 로스토우가 제시한 콘드라티예프 순환은 상당히 특징적이었다. 1790~1920년의 기간 동안 로스토우의 순환은 콘드라티예프 본인이 1926년 발표한 정통 콘드라티예프 순환과 일치하나, 1920년 이후의 해석은 누구와도 다르다. 특히 1972년경부터의 순환은 많은 연구자가 하강 국면이라고 생각한 것과 달리 로스토우는 상승 국면이라고 보았다.

　그림 6-1에서는 로스토우가 인용한 《Industrialization and Foreign Trade》(Hilgerdt, 1945)의 분석을 참고해서 세계의 무역 통계를 이용해 상대가격을 제시했다. 여기서는 원자재 가격을 1차 산업 제품의 가격으로 해석하고, 상대가격은 공업 제품 가격을 1차 산업 제품 가격으로 나누어서 산출했다.

　그림에는 일반적인 콘드라티예프 순환(굵은 화살표)과 로스토우가 주장한 콘드라티예프 순환(가는 화살표)을 나타냈다. 그리고 보충을 위해 로스토우의 콘드라티예프 순환에 대응하는 '이론적인 상대가격' 순환(점선 화살표)을 나타냈다.

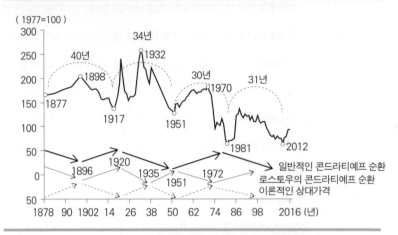

그림 6-1 **공업 제품과 1차 산업의 상대가격(세계)**

(주) 상대가격 = 공업 제품 가격/1차 산업 제품 가격
(출처) 1903년 이전은 Hilgerdt, F., Industrialization and Foreign Trade, Geneva: League of Nations, 1945, 1903~1950년은 International Trade Satistics, 1951년 이후는 United Nations Statistical Yearbooks, International Trade Statistics Yearbook의 각 연도에서 수집

그림과 같이 로스토우의 콘드라티예프 순환과 '이론적인 상대가격'은 역상관 관계에 있다. 앞에서 설명한 바와 같이 로스토우가 생각하는 콘드라티예프 순환의 상승 국면에서는 원자재 가격이 상대적으로 높아진다. 즉 1차 산업 제품 가격을 분모로 해서 산출하는 상대가격은 하강 국면에 있다. 반대로 1차 산업 제품 가격이 상대적으로 낮아지는 상황에서는 상대가격이 상승 국면에 있다.

## 장기 파동의 제5파가 20세기 말까지 상승 예상

앞에서 언급한 바와 같이 1920년까지는 일반적인 콘드라티예프 순환과 로스토우가 주장한 순환이 일치한다. 그러나 그림과 같이 1920년 이후로는 두 순환이 완전히 달라진다.

그림에서 굵은 선으로 나타낸 상대가격은 1917년 저점을 기록한 후 1932년 정점에 다다르고, 1951년까지 하락했다. 이미 설명했듯 상대가격의 순환과 로스토우의 순환은 역상관 관계에 있기 때문에 로스토우의 콘드라티예프 순환은 1917~1932년이 하강 국면이고 1932~1951년이 상승 국면이다(그림에서는 로스토우의 콘드라티예프 순환으로서 의도적으로 로스토우의 주장을 따라 고점과 저점을 나타냈다). 이것은 1920년부터 1950년까지를 하나의 하강 국면으로 보는 일반적인 콘드라티예프 순환과는 동떨어져 있다.

1950년 이후에는 원자재 가격이 진정되는 가운데 공업 제품 가격이 상승해, 상대가격은 1970년까지 상승했다. 그 후 1970년대 전반에는 석유파동 등의 영향도 있어서 상대가격은 하락세로 돌아섰다.

즉 상대가격과 역상관 관계에 있는 로스토우의 콘드라티예프 순환은 1951년부터 하락 국면에 접어든 후, 1970년부터 상승으로 전환된 것이다. 이러한 상황 속에서 로스토우는 1978년 저서 집필 시점에서 콘드라티예프의 파동은 1790년 이래 다섯 번째의 상승 국면을 맞이했다고 판단했다. 그리고 1970년에 시작된 콘드라티예프 순환의 상승 국면은 20세기 말경까지 계속될 것으로 예상했다.

그렇다면 이 예상은 실제로는 어떻게 되었을까? 로스토우의 저서가 발표된 지 40년 이상이 지나 새로운 자료가 추가되면서 로스토우의 예상을 검증할 수 있게 되었다. 그림을 보면 1970년 고점을 기록한 상대가격은 로스토우가 저서를 발표한 후 몇 년 동안은 로스토우의 예상대로 저하 경향을 보였다. 그러나 1981년이 되면 원자재 가격의 상승은 수습되고 오히려 하락세로 돌아서서 상대가격이 반전된다. 1981년을 저점으로 한 새로운 순환이 시작된 것으로 보인다. 그 순환도 1986년에 정점을 찍은 후 2012년에는 저점을 기록해 하나의 순환을 완결한 형태가 되었다. 실제 상대가격의 순환은 로스토우의 예상과는 상당히 멀어졌다.

여기서 다시 상대가격의 순환을 관찰해 보자. 그림의 상대가격 저점은 1917년, 1951년, 1981년, 2012년이다. 저점에서 저점까지의 기간은 각각 34년, 30년, 31년이다. 모두 30년 정도의 규칙적인 순환을 보인다. 로스토우는 상대가격 순환에서 콘드라티예프 순환을 도출하고자 했으나, 40~70년 정도인 콘드라티예프의 파동이 되기에 상대가격 순환은 너무 짧아 보인다. 이 30년 정도의 주기의 정체를 검토하기 전에 우선 상대가격과 교역 조건의 관계를 살펴보겠다.

## 2
# 교역 조건은 상대가격의 대리변수가 될 수 있는가

### 교역 조건 이용 시 구조 변화에 주의

로스토우는 상대가격의 대리변수로서 교역 조건을 자주 이용했다. 앞에서 설명한 바와 같이 상대가격은 원자재 가격과 공업 제품 가격의 상대적인 움직임에서 도출한다. 한편 교역 조건은 국제무역의 수출입 교환 비율이며, 수출품 한 단위를 얼마나 많은 수입품과 교환할 수 있는지를 나타낸 것이다.

교역 조건의 지수는 수출 가격을 수입 가격으로 나눠서 구한다. 당연한 일이지만 교역 조건에는 '전 세계 합계'라는 개념은 없다. 한 나라의 수출은 다른 나라의 수입을 의미하므로, 전 세계의 합계를 구하면 수출과 수입이 똑같기 때문에 양쪽의 가격지수를 비교하는 일에 의미는 없다. 다만 공업 국가라면 기본적으로 원자재를 수입하고 공업 제품을 수출할 것이므로 그 교역 조건은 원자재와 공업 제품의 상대가격에 가까워지리라 생각할 수 있다.

로스토우가 '세계' 상대가격의 대리변수로 제시한 것은 영국의 교역 조건이었다. 영국은 19세기 이후로는 공업 국가로서 주로 공업 원자재(석탄 제외)를 수입하고 공업 제품을 수출한 것으로 보인다. 때문에 세계의 상대가격을 살펴볼 때 영국의 교역 조건은 이상적인 지표로 보인다.

그러므로 우선 영국에 한정된 형태로 교역 조건이 상대가격을 대체할 수 있는지 검증해 보자. 그림 6-2에서는 도매 물가 통계의 공업 제품 가격을 공업 원자재 가격으로 나누어 영국의 상대가격을 산출했다. 다만, 1930년대 이전은 자료의 제약이 있기에 영국 무역 통계의 공업 제품 가격과 원자재 가격을 이용했다. 한편 교역 조건은 단순히 영국 무역 통계의 수출 물가를 수입 물가로 나누어 산출했다.

양쪽을 비교해 보면 1850년경부터 1970년대 전반까지 고점과 저점의 시기가 조금 어긋났을 뿐 대체로 비슷한 움직임을 보인다. 이 사

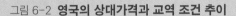

그림 6-2 **영국의 상대가격과 교역 조건 추이**

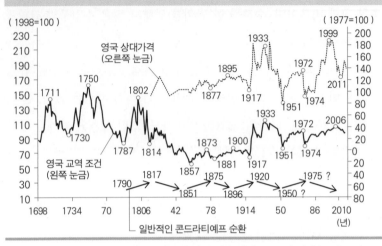

( 1998=100 )　　　　　　　　　　　　　　　　　　　( 1977=100 )

영국 상대가격
(오른쪽 눈금)

1933　　　1999

1895　　　　　　　　　1972

1750　　　　　　　　　　　　　　2011
1711　　　　1802　　　　　1877　　1917　　　　1951　　1974

1730　　　　　　　　　　　　　　　　　1933
　　　　　　　　　　　　　　　　　　　1972　　2006
1787　1814　1873　1900　　　　　　　1951　　1974
영국 교역 조건
(왼쪽 눈금)　　1817　　1857　　1881　1917
　　　　　1790　　　　1875　　1920　　1975 ?
　　　　　　　　1851　　1896　　1950 ?

1698　1734　70　1806　42　78　1914　50　86　2010
　　　　　　　　　　　　　　　　　　　　　　(년)
└─ 일반적인 콘드라티예프 순환

(주) 영국의 상대가격은 공업 제품 가격/1차 산업 제품 가격. 1899년 이전은 Hilgerdt, F., Industrialization and Foreign Trade, Geneva: League of Nations, 1945, 1903~1950년은 International Trade Satistics, 1951년 이후는 United Nations Statistical Yearbooks, International Trade Statistics Yearbook의 각 연도에서 수집. 영국의 교역 조건: 1954년 이전은 제품 수출 가격/제품 수입 가격(영국 무역 통계). 1955~1979년은 수출 디플레이터(재)/수입 디플레이터(재). 1980년 이후는 세계은행 자료.

(출처) B.R. 미첼 편《영국 역사통계》(이누이 다다시 책임 번역, 나카무라 히사오 역, 하라쇼보, 1995년) 영국국가통계국, 세계은행

실을 보면 영국과 같은 공업국의 상대가격은 교역 조건으로 대체할 수 있는 것으로 추정된다.

　다만 앞에서 서술한 바와 같이 1930년 이전에 상대가격은 무역 통계 자료를 이용했다. 이 기간은 다른 항목을 이용하기는 했으나 같은 무역 통계에서 산출했으므로 양쪽이 비슷할 가능성이 있다. 대체지수로서의 타당성에 대한 평가는 어느 정도 낮게 잡을 필요가 있다. 한편 1970년대 후반 이후의 교역 조건과 상대가격을 비교해 보면 상당한

차이가 보인다. 상대가격에서는 확실한 순환이 확인되는 반면, 교역 조건은 순환이 잘 드러나지 않는다.

확실히는 알 수 없으나 일부에서는 영국이 북해유전을 개발함으로써 자원국가의 측면을 가지게 된 것이 영향을 주었다고 생각한다. 이처럼 교역 조건을 이용할 때는 그 나라의 구조 변화 등도 주의해야 할 듯하다.

## 로스토우가 교역 조건을 이용한 이유

앞에서 설명했듯 로스토우는 장기 파동을 추출할 때 원자재 가격과 공업 제품 가격의 관계에 주목했으므로, 교역 조건보다 상대가격이 지표로 적절했음이 분명하다.

그럼에도 (로스토우가) 교역 조건을 대체 지표로 검토한 이유는, 첫째는 영국의 교역 조건 시계열 자료가 상대가격의 시계열 자료보다 더 오랜 기간을 포괄했다는 점을 들 수 있다. 상대가격의 경우 이미 기술한 바와 같이 1930년대 이전은 물가 통계가 아닌 무역 통계에서 인용해 작성했기 때문에, 1850년 이전은 10년 간격으로밖에 자료를 얻을 수 없다. 반면, 영국의 교역 조건은 1698년까지 거슬러 올라갈 수 있다. 일반적으로 콘드라티예프의 분석에서는 1700년대 후반의 산업혁명 이후를 대상으로 기술 혁명을 함께 이야기하는 경우가 많은데, 그 이전의 기간을 분석 대상으로 삼을 수 있다는 것은 귀중하다.

그림에서는 1711년, 1750년, 1802년이 고점이다. 고점과 고점 사이의 기간은 각각 39년과 52년이다. 40~70년이 주기인 콘드라티예프 순환에 들어맞는다고 할 수 있을 듯하다. 이 기간에 영국은 프랑스와 자주 전쟁을 했으며 고점은 이 전쟁(스페인 계승 전쟁 1701~1714년, 오스트리아 계승 전쟁 1740~1748년)의 종반 또는 종전 직후였다. 전쟁이 무언가 영향을 미쳤을 가능성이 있을 것이다.

앞으로 산업혁명 이전 1700년대의 순환에 대해서는 계속 검증이 필요할 것이나, 오랜 기간에 걸친 순환을 검증할 수 있다는 사실은 그것만으로도 의미가 있다고 할 수 있다.

## 하나의 장기 파동 순환에 두 개의 상대가격 순환이 포함

마지막으로 산업혁명 이후의 일반적인 콘드라티예프 순환과 상대가격 및 교역 조건의 고점과 저점을 비교해 보겠다.

앞에서 살펴보았듯이 로스토우의 주장에 따르면 상대가격과 콘드라티예프 순환은 역상관 관계에 있다. 상대가격의 상승 국면은 콘드라티예프 순환의 하강 국면이며, 반대로 상대가격의 하강 국면은 콘드라티예프 순환의 상승 국면이다.

그림 6-2에서는 굵은 화살표로 일반적인 콘드라티예프 순환을 나타냈다. 이것을 보면 역상관 관계가 뚜렷하게 드러나는 기간은 1881년에서 1920년경까지의 제한된 기간뿐이다. 그림의 관계를 보면 오히려 그 외의 기간은 상대가격 및 교역 조건의 순환 한 번이 일반적인 콘드라티예프 순환의 상승 국면 또는 하강 국면 한 번에 대응하는 듯 보인다.

# 3

## 바트라 vs 베리 – 미국 경제 30년 주기설

### 예상치 못한 1940년대 이후의 도매가격 지수

지금까지 살펴본 바와 같이 상대가격과 교역 조건의 순환은 콘드라티예프 순환이 되기에는 짧아 보인다. 또 앞에서 기술한 바와 같이 일반적인 콘드라티예프 순환 한 번 속에 상대가격 또는 교역 조건 순환이 두 번 포함되는 듯 보인다.

이 관계는 상대가격 및 교역 조건이 모두 물가지수를 가공해 작성한 지수라는 사실과 관계가 있을지 모른다. 그러므로 여기서는 원점으로 돌아가 물가와 콘드라티예프 순환의 관계부터 다시 살펴보고자 한다.

우선 콘드라티예프가 1926년 집필한 〈경기변동의 장파〉(나카무라, 1978)를 보자. 이 논문에서는 장기 파동을 추출할 때 여러 지수를 이용했다. 물가, 이자, 임금, 외국 무역액, 그 외에도 각종 광물의 산출액 등이 검증의 대상이 되었다.

콘드라티예프는 우선 이 지수들을 두 가지로 분류했다. 첫째 집단은 상승이나 하강과 같은 경향이 없는 지수, 둘째 집단은 무언가 경향이 있는 지수다. 후자는 일반적으로 상승 경향이 있으며, 경향을 제거할 필요가 있다. 콘드라티예프는 대부분의 지수가 둘째 집단으로 분류된다고 생각했으나 물가는 첫째 집단으로 분류했다. 콘드라티예프

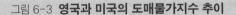

그림 6-3  **영국과 미국의 도매물가지수 추이**

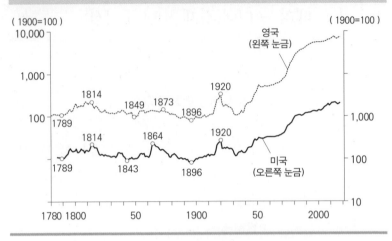

(주) 대수 눈금으로 나타냄

(출처) 미국 재무부 편 《미국 역사통계》 B.R. 미첼 편 《영국 역사통계》(이누이 다다시 책임 번역, 나카무라 히사오 역, 하라쇼보, 1955년)

가 논문을 집필한 당시의 물가는 상승 경향이 없었으므로 주기를 추출할 때 특별한 조정이 필요하지 않았다.

그림 6-3은 1780년 이후 미국과 영국의 도매물가지수를 나타낸 것이다. 영국의 도매물가는 1846년 이전 기간의 경우는 콘드라티에프가 원래 이용한 실버 링크 지수가 아니라, 그보다 포괄적인 자료를 바탕으로 작성한 로스토우의 슈왈츠 시계열 자료를 이용했다. 미국의 경우는 원래 이용한 H. V. 레이스와 한센, C. H. 유르겐스 등의 지수를 세밀하게 연결한 것이 아니라 워렌과 피어슨의 통일된 장기 지수를 이용했다.

그림을 보면 영국의 도매물가지수는 1930년대까지는 범위 내에서 큰 변동이 없다. 제1파는 1789년에 시작되고 1814년 고점을 기록한 후 1849년 종료되었다. 제2파는 1849년 시작되고 1873년 고점을 기록한 후 1896년 종료되었다. 제3파는 1896년 시작되고 1920년 고점을 기록한 후 1939년 종료되었다. 그런데 1940년 이후의 도매물가지수는 일관되게 상승해서 그전과 같은 순환을 찾아볼 수 없게 되었다.

　이러한 상황은 당시 콘드라티예프가 예상하지 못했던 변화일 것이며, 원래는 무언가 조정이 필요했던 것인지도 모른다. 콘드라티예프는 상승 경향이 있는 지표, 가령 외국 무역량 등은 인구수로 나누는 등의 조정을 실시한 후 2차 포물선 등을 이용해 경향을 제거했다.

　여기서는 도매물가지수에서 경향을 제거하는 방법으로서 더 단순

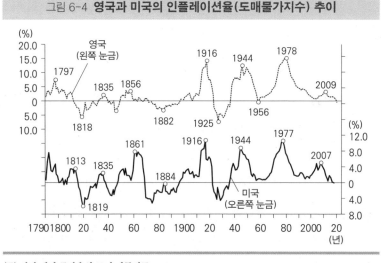

그림 6-4 **영국과 미국의 인플레이션율(도매물가지수) 추이**

(주) 전년 대비 증가율의 10년 이동평균
(출처) 미국 재무부 편《미국 역사통계》B.R. 미첼 편《영국 역사통계》(이누이 다다시 책임 번역, 나카무라 히사오 역, 하라쇼보, 1955년)

하게 도매물가지수의 수준을 증가율로 변환했다. 그림 6-4는 영국과 미국의 도매물가지수의 전년 대비 증가를 산출한 후 10년 이동평균을 구했다. 이렇게 처리함으로써 1940년 이후의 숨어 있던 순환이 드러났다. 영국과 미국의 물가 상승, 소위 인플레이션율은 일정한 주기로 순환하는 듯 보인다.

영국은 1797년, 1835년, 1856년 고점을 기록하고 잠시 시간을 둔 후 1916년, 1944년, 1978년, 2009년에 다시 고점을 기록하는 움직임이다. 19세기 후반을 제외하면 30년 정도의 주기로 순환함을 알 수 있다.

미국도 비슷한 경향을 보인다. 1813년, 1835년, 1861년, 1884년, 1916년, 1944년, 1977년, 2007년이 고점이며, 마찬가지로 30년 정도의 주기로 순환한다.


## 베리의 바트라 비난

이 순환의 존재와 관련해 미국의 경제학자 라비 바트라는 《돈, 인플레이션, 대공황》(1987)에서 화폐에도 같은 순환이 나타난다고 지적했다.

바트라는 국제무역론이 전문 분야인 학자이나, 역사도 연구하며 이란-이라크 전쟁의 발발을 정확히 예측하는 등의 성과를 올렸다. 그 후 1990년에 공황이 다시 올 것임을 예언해 주목을 받았다. 바트라는 사회 순환 법칙에 의거한 역사관과 경제학을 통한 분석을 융합해 경제의 역사적 움직임을 해명하고자 했다. 사회 순환 법칙에 따르면 사회의 지배자는 전사의 시대, 지식인의 시대, 자본가의 시대라는 순서로 바뀌어 왔다. 그리고 자본가의 시대인 현대에는 화폐의 공급이 주식과 공채, 부동산 및 그 외의 생산수단을 지배하는 자본가의 운명을 좌우한다고 생각했다.

나아가 바트라는 자본주의 하에서는 화폐가 모든 변동의 유일한 원인이라고까지 생각한 듯하다. 바트라가 화폐 증가의 순환에서 엄연한 주기성을 찾아냈기 때문으로 보인다. 바트라는 정확한 주기가 있는 순환이 존재한다면 그 변수야말로 사회에서 가장 중요한 지위를 차지한다고 생각했다.

그림 6-5는 통화량과 생산자 물가지수의 10년 단위 총계 증가율을 나타낸 것이다. 화폐 증가율을 보면 바트라가 지적한 대로 1860년대 남북전쟁에서 이어진 20년간이라는 특수한 예외를 제외하면 30년마다 화폐 증가율의 고점을 확인할 수 있다. 미국의 역사 속에서 남북전쟁은 최대의 변혁을 가져온 사건이기 때문에 화폐 성장의 순환이 흐트러졌다고 한다.

바트라는 화폐 증가가 다른 변수에 대해 지배적인 위치에 있는 증거로, 인플레이션율의 주기가 화폐 증가 주기를 따라 움직인다는 점을 제시했다. 마찬가지로 그림 6-5에서는 생산자 물가의 인플레이션율에서도 30년 주기가 확인된다.

이 인플레이션율 주기와 콘드라티예프 순환을 연결해 연구한 사람이 브라이언 베리다. 베리는 인문지리학자로 활약했으며 1950년대 중반 장기 파동 연구로도 진출했다. 베리는 그때까지의 연구에서 도시부를 향한 인구 이동을 조사할 때 경제 성장률과 도시부의 인구 집

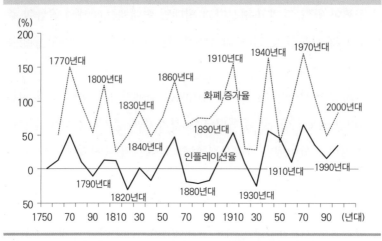

그림 6-5 **미국의 인플레이션율과 통화량 증가율 추이**

(%)

200

150  1770년대

1800년대

100  1830년대          화폐 증가율

50  1840년대      1890년대

1970년대

1910년대  1940년대

1860년대

2000년대

인플레이션율                              1990년대

0                          1910년대

1790년대

1820년대    1880년대    1930년대

50

1750  70  90  1810  30  50  70  90  1910  30  50  70  90  (년대)

(주) 각 연대의 M2 인플레이션율은 1970년대까지 10년간 평균치의 증가율, 1980년대 이후는 10년
주기의 초 및 말의 증가율. 2000년대는 1998년부터 2008년까지의 증가율.
(출처) 미국 노동부《PPI》, FRB《Money Stock》, 라비 바트라《돈, 인플레이션, 대공황》(야마다 세이
지 역, 도요게이자이신포샤, 1987년) 라비 바트라《새로운 황금시대》(페마 걀포, 후지와라 책임 번역,
아운, 2007년)

증률에 장기 순환이 있음을 발견했다.

　베리의 연구 방침은 철저한 자료주의에 기반을 둔 신비성의 배제
였다. 장기 파동을 연구 주제로 삼았다는 이유로 국립과학재단에서
허풍선이 취급을 받았기 때문에, 운명론적인 해석을 바탕으로 하는
파동의 연구가 아니라 과학으로서의 장기 파동 검출을 중시했다.

　베리는 그의 책《경기의 장파와 정치 행동》(1995)에서 사회 순환 법
칙을 주축으로 삼아 분석을 시도하는 라비 바트라를 가리켜, 힌두교
적 관점에서 윤회설에 기대고 있다고 말하고 운명론자 중에서도 최악
의 부류에 속한다고 비판했다. 나아가 1990년의 대공황설이 빗나간

일을 두고 바트라의 수정 구슬이 흐려졌다고까지 말하며 조소했다.

## 인플레이션율과 상대가격의 30년 주기

그럼에도 베리의 연구 방법에서는 바트라의 영향을 받은 것으로 보이는 부분들이 조금씩 보인다. 베리는 순환을 추출할 때 '변화율의 변화'에 주목했다. 수준이 아니라 변화율에 초점을 맞추는 방법은 그야말로 바트라의 것이다. 실제로《경기의 장파와 정치 행동》에서는 인플레이션율에 화폐 증가율을 더한 장기 순환 그래프를 소개했다. 이것은 기본적으로 바트라가 30년 주기를 증명한 그래프와 같다.

바트라는 10년 주기의 총계의 증가율을 제시하고, 베리는 증가율의 이동평균을 제시했다. 그럼에도 베리는 바트라가 지적한 인플레이션율의 30년 주기의 존재를 인정하지 않았다. 베리의 해석에서 물가의 주기는 인플레이션율로 본 경우나 수준으로 본 경우 모두, 고점과 저점의 판단은 달라지지 않았다. 콘드라티예프 순환과 같은 60년 정도의 주기인 것이다.

다만 베리에 따르면 인플레이션율의 주기는 20년 이상 걸려 상승하며, 고점에 다다른 후 급속히 하락하고 그 후 금방 회복하나, 직전의 고점보다 높아지지는 못하고 최종적으로는 콘드라티예프의 저점을 향해 다시 하락한다. 참으로 기묘한 순환이다. 그렇다면 커다란 인플레이션의 산과 작은 산이 번갈아 나타나는 30년 주기라고 생각하는 것이 자연스러워 보인다.

어쨌든 베리도 하나의 콘드라티예프 순환 속에 두 번의 인플레이션 고점이 있음을 인정한 것이다. 그러므로 두 번의 인플레이션율 순환이 한 번의 콘드라티예프 순환 속에 내포되어 있다고 대담하게 결론 내려도 되지 않을까. 그렇다면 이 인플레이션율의 30년 정도 되는 순환과, 상대가격 또는 교역 조건에서 확인된 30년 정도의 순환, 그리고 이 장의 첫머리에서 소개한 로스토우의 콘드라티예프 순환은 어떤 관계가 있을까?

그림 6-6의 상단에는 미국의 원자재 가격과 공업 제품의 가격 증가율(10년 이동평균)을 나타냈다. 하단에는 공업 제품 가격(수준)을 원자재 가격(수준)으로 나눈 상대가격을 나타냈다.

그림과 같이 인플레이션율을 원자재와 공업 제품으로 나눈 경우에

그림 6-6 **미국의 원자재 가격과 공업 제품 가격의 증가와 상대가격 추이**

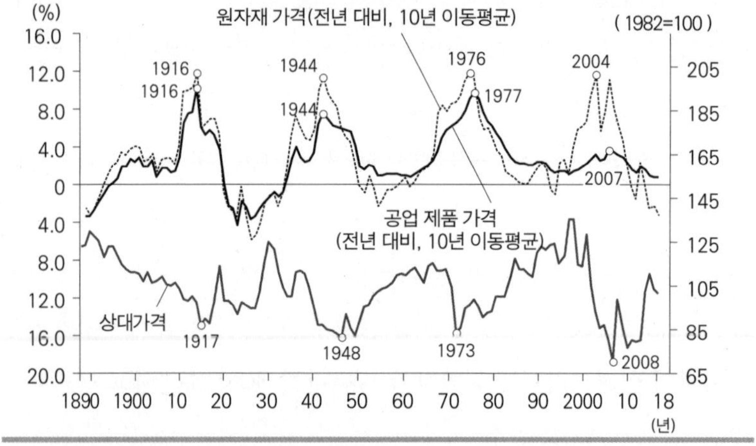

(주) 상대가격은 공업 제품 가격(수준)을 원자재 가격(수준)으로 나누어 산출
(출처) 미국 재무부 편 《미국 역사통계》

도 양쪽에는 30년 정도의 주기가 관찰된다. 또 원자재의 인플레이션율은 공업 제품의 인플레이션율보다 변화폭이 커서 고점과 저점에서 서로 괴리가 커지는 경향이 있다. 이러한 관계로 인해 수준으로 산출하는 상대가격에도 비슷한 30년 주기가 나타난다.

로스토우는 상대가격의 순환 메커니즘이 콘드라티예프 순환을 형성한다고 생각했다. 그러나 상대가격의 주기가 30년 정도임을 감안하면 상대가격을 콘드라티예프 순환 추출에 이용한 것은 실수였다고 결론 내릴 수 있다.

다만, 로스토우가 생각한 상대가격의 순환이 전혀 쓸모없는 것은 아니다. 상대가격의 순환 두 번이 콘드라티예프 순환 한 번에 대응한다고 생각하면 콘드라티예프 순환의 앞날을 점칠 때에도 상대가격은 큰 의미가 있다고 할 수 있다.

## 4
# 상대가격으로 본 주요국의 순환

### 영국은 2041년경까지 상승 국면

이제까지 콘드라티예프 순환과 상대가격 및 교역 조건의 기본적인 관계를 살펴보았다. 이제부터는 개별 국가의 동향을 확인해 보겠다. 우선 몇몇 나라의 상대가격 동향을 확인하고 그 나라가 상대가격 순

## 그림 6-7  영국, 미국, 일본, 인도, 중국의 상대가격 추이

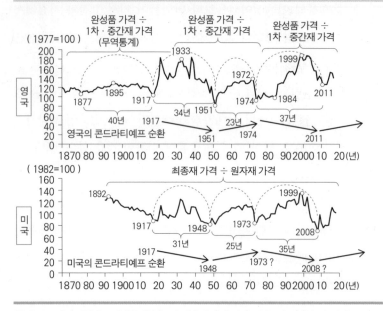

(출처) B.R. 미첼 편 《영국 역사통계》(이누이 다다시 책임 번역, 나카무라 히사오 역, 하라쇼보, 1995 년) 영국국가통계국, 미국 재무부 《미국 역사통계》, 미국 노동부, 오오카와 외 편 《장기경제통계 1》 도 요게이자이신포샤, 1974년, 일본은행, 인도 상공부, 중국 국가통계국

환 중 어떤 국면에 있는지 고찰하고자 한다.

　여러 번 말하지만 상대가격은 공업 제품 가격을 1차 산업 제품 가격으로 나누어 산출한다. 1차 산업 제품 가격의 변화 폭이 크다는 점을 생각하면 상대가격은 1차 산업 제품 가격의 동향에 크게 좌우된다고 봐도 좋을 것이다. 1차 산업 제품의 거래가 충분히 개방적인 시장에서 이루어진다면 시장 간의 조정이 이루어짐으로써 각 나라의 일차 산업 제품은 똑같이 움직일 것으로 예상된다. 그렇다면 상대가격도 나라 간 큰 차이가 없을지 모른다. 이러한 가정을 염두에 두고 각국의

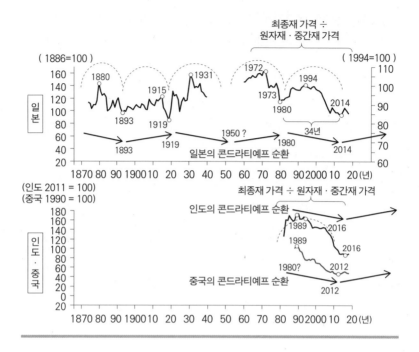

최종재 가격 ÷
원자재 · 중간재 가격

( 1886=100 )                                                ( 1994=100 )

일본의 콘드라티예프 순환

(인도 2011 = 100)
(중국 1990 = 100)                    최종재 가격 ÷ 원자재 · 중간재 가격

인도의 콘드라티예프 순환

중국의 콘드라티예프 순환

상대가격을 살펴보자.

그림 6-7에 영국, 미국, 일본, 인도, 중국의 상대가격을 나타냈다. 영국을 보면 19세기 후반 물가는 기본적으로 원자재 가격과 최종재 가격이 모두 하락 경향을 보였다. 1877년까지 상대가격은 하락했는데, 이기간은 최종재 가격의 하락이 원자재 가격의 하락보다 빨랐던 희귀한 시기다. 1873년부터의 대공황도 작용해 영국의 철도 수출이 급감한 것도 하나의 요인으로 보인다. 1877년 이후는 불황이 계속되는 가운데 원자재 가격의 하락이 더욱 가속되어 상대가격이 상승했다.

1900년대에 들어서부터는 기본적으로 인플레이션율은 플러스로 전환되었다. 제1차 세계대전을 맞이하면서 물자 부족이 심각해지고 인플레이션이 가속되었다. 이 시간 동안 최종적으로 공업 제품 가격이 더 상승했으나, 일관되게 1차 산업 제품 가격이 먼저 상승했다. 그 때문에 상대가격은 하락했다. 1916년부터는 1차 산업 제품 가격의 증가율이 급격히 하락했다.

그러나 제2차 세계대전 후에는 다시 물자 부족으로 1차 산업 제품 가격이 상승하고 상대가격이 하락했다. 마찬가지로 상대가격이 하락한 국면으로는 1970년대부터 1980년대 초반에 걸친 석유파동 등으로 원자재 가격이 상승한 국면, 1999년 이후 자산 버블이 확대되는 가운데 원유 가격이 2008년까지 상승한 국면을 들 수 있다.

이 상대가격 순환을 통해 영국의 콘드라티예프 순환을 어떻게 바라봐야 할까? 앞에서부터 살펴보았듯 상대가격의 순환은 30년 정도로 보이므로 순환 한 번이 콘드라티예프 순환의 상승 국면 또는 하강 국면 한 번에 해당한다고 생각해도 좋을 것이다.

상대가격으로 본 영국의 콘드라티예프 순환은 1917~1951년이 하강 국면, 1951~1974년이 상승 국면, 1974~2011년이 하강 국면으로 보인다. 1970년 이후 상대가격의 저점은 1974년이지만, 그래프의 형태를 보면 1984년을 저점으로 삼는 것이 좋을 수도 있다. 그렇게 하면 더 깔끔한 30년 주기가 된다. 어떤 경우든 2011년에 시작된 상승 국면은 2041년까지 계속된다고 생각해도 좋을 것이다.

## 미국은 2038년까지 상승 국면

다음으로 미국을 살펴보자. 1차 산업 제품의 움직임은 기본적으로 영국과 같다. 굳이 차이점을 찾는다면 제1차 세계대전 중에는 미국이 마지막까지 참전하지 않았기 때문에 1차 산업 제품 등의 가격 상승이 영국만큼 현저하지 않았다. 당연히 그 후의 하락도 영국만큼 심각하지 않았다.

한편 대공황에서는 미국 주식시장의 폭락이 심하기도 했기 때문에 1929~1933년의 물가 하락은 영국보다 컸다. 다만 변동 폭이 달라서 인플레이션율의 전환점에는 거의 차이가 없었다.

영국과 마찬가지로 미국의 상대가격 움직임에서 콘드라티예프 순환을 찾는다면 1917~1948년이 하강 국면, 1948년에서 1973년경이 상승 국면, 1973년경에서 2008년경이 하강 국면이 된다. 그리고 2008년경부터 시작된 상승 국면은 2038년까지 상승할 가능성이 있다.

일본은 어떨까? 일본의 도매물가지수에 관한 수요 단계별 자료 분류가 시작된 것은 1960년 이후다. 다만 제2차 세계대전 전의 자료는 《장기경제통계 1》(오카와 외, 1974)에서 공업 제품의 수요 단계별 물가지수를 찾을 수 있다. 영국이나 미국과 같이 연속된 주기를 찾는 일은 다소 어려우나, 그래도 대략적인 움직임은 충분히 파악할 수 있다.

다소 억지가 있더라도 일본의 상대가격 움직임에서 콘드라티예프 순환을 찾아낸다면 1893~1919년이 상승 국면, 1919년부터 1950년경이 하강 국면, 1950년경부터 1980년이 상승 국면, 1980~2014년이 하강 국면이 된다. 그리고 2014년에 시작된 상승 국면은 2044년

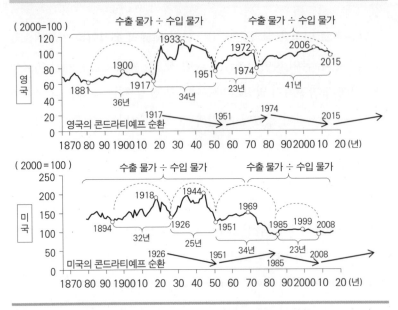

그림 6-8 **영국, 미국, 일본, 인도, 중국의 교역 조건 추이**

(자료) 세계은행, B.R. 미첼 편《영국 역사통계》(이누이 다다시 책임 번역, 나카무라 히사오 역, 하라쇼보, 1995년) 영국국가통계국, 미국 재무부《미국 역사통계》, 오카와 외 편《장기경제통계 1》도요게이자이신포샤, 1974년, 일본은행

까지 계속될 가능성이 있다.

마지막으로 중국과 인도를 살펴보자. 이용 가능한 자료의 기간이 상당히 한정되어 있으나, 상대가격은 중국과 인도 모두 1989년을 저점으로 하강 국면으로 접어든 듯하다. 중국은 2012년, 인도는 2016년 바닥을 친 것으로 보인다. 이 점을 보면 중국의 콘드라티예프 순환은 2042년까지, 인도는 2046년경까지 상승 국면일 가능성이 있다.

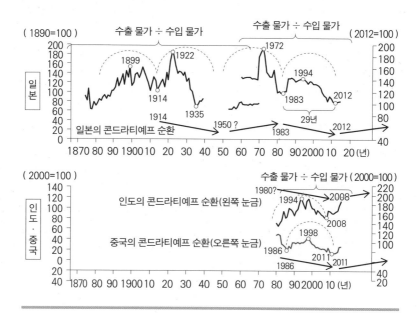

# 5
## 교역 조건으로 본 주요국의 순환

마지막으로 각국의 교역 조건 동향을 확인하고 각국이 교역 조건 순환에서 어떤 국면에 있는지 관찰하겠다(그림 6-8).

2절에서 지적한 바와 같이 공업국가라면 원자재를 수입하고 공업 제품을 수출하므로 상대가격과 교역 조건의 순환은 비슷해질 것이다.

영국은 1970년대 후반 이후 아마도 북해유전 개발의 영향으로 상대가격과 교역 조건이 상당히 다른 움직임을 보인다. 상대가격이 1999년 고점을 기록한 한편 교역 조건은 2006년까지 상승했다. 상대가격과 교역 조건의 구성 항목 동향을 확인하면 산출 가격과 수출 가격에 큰 차이가 있다. 2000년 이후 원유 가격의 상승으로 원유를 수출하는 영국의 수출 가격은 크게 상승한 반면, 산출 가격은 완만히 상승하는 데에 그쳤다. 이 차이가 상대가격과 교역 조건 순환의 차이로 나타난 것으로 보인다.

영국의 교역 조건 움직임에서 콘드라티예프 순환을 찾는다면 1917~1951년이 하강 국면, 1951~1974년이 상승 국면, 1974~2015년이 하강 국면이 된다. 그리고 2015년 시작된 상승 국면은 2045년까지 상승할 가능성이 있다.

미국은 셰일 혁명으로 세계적인 산유국이 되었으나, 수출 해금이 2016년이었기 때문에 영국과 같은 상대가격과 교역 조건의 순환 차이가 생기는 일은 그보다 나중일 것이다. 미국의 교역 조건 동향에서 콘드라티예프 순환을 찾는다면 1926년부터 1951~1985년이 상승 국면, 1985년에서 2008년이 하강 국면이 된다. 그리고 2008년 시작된 상승 국면은 2038년까지 상승할 가능성이 있다.

일본의 교역 조건 동향에서 콘드라티예프 순환을 찾는다면 1914년부터 1950년경까지가 하강 국면, 1950년부터 1983년이 상승 국면, 1983년부터 2012년까지가 하강 국면이다. 그리고 2012년에 시작된 상승 국면은 2042년까지 상승할 가능성이 있다.

중국의 콘드라티예프 순환은 2011년부터 2041년까지 상승 국면일 가능성이 있다. 인도의 콘드라티예프 순환은 2008년부터 2038년까지 상승 국면일 가능성이 있다.

　콘드라티예프 순환의 앞날은 상대가격으로 보나 교역 조건으로 보나 영국과 같은 특수한 경우를 제외하면 큰 차이가 없다. 원자재와 공업 제품의 성질 차이에 주목한 로스토우의 이론을 따르면 상대가격의 순환에 주목해야 할 것이나, 애초에 로스토우의 이론대로 상대가격과 콘드라티예프 순환이 일대일의 관계에 있지는 않다.

　교역 조건의 순환을 주목하면 영국과 같이 원유 생산으로 인해 순환이 늘어난다는 사실은, 미국이 앞으로 산유국으로서의 지위를 유지하면 교역 조건으로 인한 콘드라티예프 순환의 상승 국면이 일반적으로 상정되는 30년보다도 긴 기간이 될 가능성을 암시하는지 모른다.

**1** 로스토우가 고안한 상대가격(공업 제품 가격/원자재 가격)으로 본 콘드라티예프 순환은 제5파가 20세기 말까지 상승할 것으로 예상되었다. 그러나 논문 발표 후 40년이 지나 검증한 결과, 로스토우의 예상은 틀린 것으로 보인다.

**2** 교역 조건(수출 가격/수입 가격)은 상대가격의 대리변수가 될 수 있다. 다만 교역 조건은 그 나라의 구조 변화에 영향을 받으므로 주의가 필요하다.

**3** 라비 바트라는 인플레이션율의 30년 주기설을 제시했다. 바트라를 거세게 비난한 베리도 콘드라티예프 순환 한 번에 인플레이션율의 고점이 두 번 존재함을 인정했다. 가격지수를 가공해 작성하는 상대가격에도 30년 정도의 주기가 보인다.

**4** 상대가격으로 본 순환을 바탕으로 콘드라티예프 순환의 앞날을 예상하면 영국은 2041년까지 상승 국면일 것으로 보인다. 마찬가지로 미국은 2038년, 일본은 2044년, 중국은 2042년, 인도는 2046년까지 상승 국면일 것으로 예상된다.

**5** 교역 조건으로 본 순환을 바탕으로 콘드라티예프 순환의 앞날

을 예상하면 상대가격과 거의 차이가 없다. 다만, 영국이나 미국과 같이 원유 개발로 자원 국가가 된 경우는 콘드라티예프 순환의 상승 국면 기간이 길어질 가능성이 있다.

제 7 장

# 패권을 향한
# 경제 전쟁

이번 장 '패권을 향한 경제 전쟁'에서는 우선 GDP 점유율의 변천을 돌아볼 것이다. 매디슨(2003)의 역사 통계를 바탕으로 보면 서기 1년 이래로 인도, 중국, 서구·미국 사이에서 패권이 교체됐음이 드러난다.

영국에서 미국으로 패권이 옮겨갈 때는 GDP와 1인당 GDP에서 영국의 경제력이 역전되었다. 제2차 세계대전 후에는 미국의 GDP가 세계 최고의 상태를 유지했으나 점유율은 서서히 낮아졌다. 고도성장기 이후 버블 경제까지 일본의 GDP는 미국에 근접했으나 따라잡지 못하고 뒤처지고 말았으며, 현재의 도전국은 중국이다.

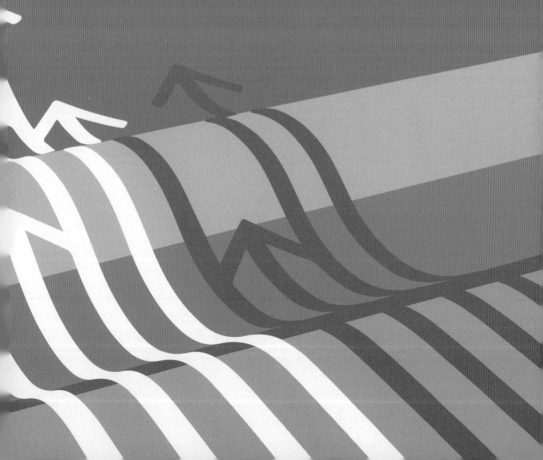

# 1

# 세계 GDP 변천사

## 경제력의 상대적 변동이 국제 질서를 바꾼다

미국과 중국의 무역 마찰이 격화하면서, 이제 무역의 영역에 그치지 않고 세계 패권을 둘러싼 새로운 냉전으로 바라보는 시각이 퍼져 나가고 있다. 미소 냉전 종결 후 미국의 독주라는 시각이 많았으나, 21세기 들어 경제 측면에서 눈에 띄게 발전한 중국이 미국에 도전하는 구도다.

패권의 파동은 제1장 3절('패권 파동으로서의 모델스키 순환')에서 설명한 바와 같이 미국 워싱턴대학교의 G. 모델스키가 《세계 시스템의 동태》(1991)에서 제시했다. 여기서는 세계 대국의 중요한 요소로 섬나라의 성격과 해상 권력을 들었는데, 그 외의 특징으로 최고 전성기에 안정성과 개방성을 겸비한 사회일 것, 나아가 주도적 경제를 보유하고 있을 것을 들고 있다.

이 주도적 경제는 세계 경제 성장의 중심이 될 힘을 갖추는 것이며, 최첨단 기술을 보유하고 세계 경제를 견인하는 산업이 창출하는 거액의 이윤을 통해 '세계를 무대로 한 사업에 나서서 세계적인 문제에 책임을 지는' 것이다.

또 미국의 국제정치학자 A. F. K. 오건스키는 산업혁명 이래 국제 질서의 변화를 가져온 것은 공업화의 단계 차이에 따른 국가 간의 상대적인 경제력 변동이라고 주장했다. 공업화 초기 단계에는 경제가 급성장하지만 성숙기에 들어서면 성장 속도가 완만해지는, 발전 단계에 따른 성장 속도의 차이가 그 열쇠라는 것이다.

먼저 공업화한 나라는 다른 나라를 압도하는 경제력을 보유하게 되어 국제 질서를 주도적으로 형성하게 된다. 그다음으로 늦게 공업화한 나라가 등장해 계속해서 급성장하는 가운데, 선진국이 성숙기에 들어서서 성장 속도가 둔화하면 나중에 공업화한 나라와 차이가 좁아지게 된다. 그리고 이러한 상황이 계속되면 선진국의 경제력은 나중에 공업화한 나라(후발국)에 따라잡혀, 추월당할 가능성이 생기게 된다. 이 경제력의 역전이 국제 질서의 변화를 가져온다는 이론이다.

## 기원후 1년부터 1950년까지의 GDP 변천사

경제력에 관해서는 GDP로 측정하는 경제 규모와 1인당 GDP 등이 예전부터 지표로 활용되었다. 물론 과학기술과 국제적 공공재의 공급 등 질적인 면도 함께 생각할 필요가 있으나, GDP와 1인당 GDP도 중요한 요소라고 할 수 있다.

우선 GDP로 본 경제 규모 중 Maddison(2003)을 바탕으로 기원후 1년에서 제2차 세계대전 종전 직후인 1950년까지 각 지역의 점유율을 그림 7-1에 나타냈다.

기원후 1년에는 인도가 32.9%, 중국이 26.2%로 이 두 나라가 과반을 차지했고 서구·미국은 10.8%에 머물렀다. 1000년 시점까지는 인도와 중국의 비율이 모두 낮아졌으나, 각 28.9%와 22.7%로 여전히

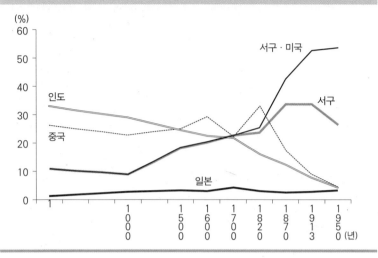

그림 7-1 **세계 GDP에서 각 국가 및 지역이 차지하는 비율**

(주) 1990년 국제 달러 기준
(출처) Maddison, A., The World Economy - Historical Statistics, OECD, 2003 등을 바탕으로 미쓰비시UFJ 모건 스탠리 증권 경기순환연구소 작성

합계가 50%를 넘는다. 그 후는 인도의 비율 하락이 계속되는 한편 중국은 조금 회복하고 서구·미국의 비율이 크게 상승해, 1700년 시점에서 인도, 중국, 서구·미국이 거의 같은 수준이 된다.

1820년까지 중국의 점유율이 상승해서 인도와 서구·미국을 웃돌고 비율은 32.9%로 최전성기를 맞이한다. 그러나 아편전쟁 등을 거쳐 중국의 비율은 하락하는 한편, 서구·미국은 산업혁명의 성과가 나타나 1870년까지 급상승함으로써 중국을 역전한다. 19세기 말부터 20세기에 걸쳐서는 미국을 중심으로 서구·미국의 점유율이 더욱 높아진다.

참고로 일본의 비율은 기원후 1년부터 1500년까지 평탄하면서도

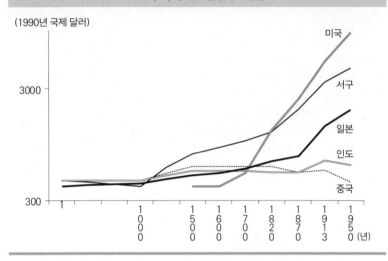

(출처) Maddison, A., The World Economy - Historical Statistics, OECD, 2003 등을 바탕으로 미쓰비시UFJ 모건 스탠리 증권 경기순환연구소 작성

조금씩 상승한 후, 1600년에 낮아졌다가 에도 시대 전기에 급상승해서 1700년에는 4.1%까지 높아졌다. 그 후에도 시대 후기에 비율이 낮아졌으나 메이지 유신 후 근대화 속에서 다시 상승했다.

한편 마찬가지로 Maddison(2003)을 바탕으로 1인당 GDP의 움직임을 기원후 1년에서 제2차 세계대전 종전 직후인 1950년까지 나타낸 것이 그림 7-2이다. 기원후 1년에는 인도, 중국, 서구의 수준에 거의 차이가 없었지만 1000년 시점에서는 중국과 인도가 서구를 능가한다. 그러나 1500년이 되기 전 서구의 수준이 상승해서 중국과 인도를 역전했다. 그 후 서구는 산업혁명을 거쳐 급상승해 중국 및 인도와의 차이를 벌린다.

272

한편 후발국인 미국은 1700년 시점에서는 중국과 인도보다 뒤처져 있었다. 그러나 1820년이 되기 전 두 나라를 역전하고 1870년에는 계속 상승하면서 그 후로는 서구와의 차이도 벌렸다.

이러한 가운데 일본의 움직임을 보면 1600년까지는 중국과 인도보다 아래였으나, 1700년 인도를 뛰어넘고 1820년이 되기 전 중국을 뛰어넘었다. 그 후로도 계속 상승했으며 특히 메이지 유신 때 급상승했다.


## 2
## 패권 교체 전후의 세계 GDP 변천사


### 영미의 패권 교체 시기

가장 최근의 패권국 교체인 영국에서 미국으로의 교체 시기에 대해서는 다양한 시각이 있으나, 19세기 후반부터 20세기 초에 걸쳐 이루어졌다는 시각이 대세다.

제1장 3절('패권 파동으로서의 모델스키 순환')에서 제시한 모델스키의 《세계 시스템의 동태》(1991)에서는 (제2차) 영국의 시대를 1792~1914년, 미국의 시대를 1914년부터로 본다. 또 제1장 2절('세계 시스템론의 열쇠를 쥔 콘드라티에프 순환')에서 살펴본 바와 같이 I. 월러스틴의 《장기 파동》(1992)에서는 1897년부터 1913~1920년까지가 중심 국가의 패권

교체를 둘러싼 격렬한 대립이 관찰되는 시기인 '패권을 향한 약진' 시기이며, 그 후는 기존 패권국이 쇠퇴하는 가운데 새로운 패권국이 따라잡고 앞지르는 기간인 '패권의 획득' 시기이다.

또 P. 테민, D. 바인즈의 《리더 없는 경제》(2014)에서는 대공황 전의 시기를 기존 패권국인 영국이 잃어버린 주도권을 강대국이 되어가던 미국이 넘겨받는 시기라고 기술했다. 킨들버거도 이러한 상황을 '이제 런던은 아니지만, 그렇다고 해서 아직 뉴욕도 아니다'(2009)라고 기술하고, 이 시기가 패권의 이행기였다는 견해를 보였다.

이러한 패권 교체 전후의 각국 GDP를 나타낸 것이 그림 7-3의 상단이다. 우선 1820년에 패권국이었던 영국의 GDP에 다가가는 움

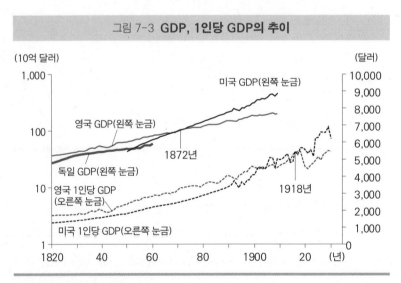

그림 7-3 **GDP, 1인당 GDP의 추이**

(주) 1990년 국제 달러 기준
(출처) Maddison, A., The World Economy - Historical Statistics, OECD, 2003 등을 바탕으로 미쓰비시UFJ 모건 스탠리 증권 경기순환연구소 작성

직임을 보였던 나라가 독일이다. 이 시점에서 독일의 GDP는 영국의 74%였는데, 10년 후인 1830년에는 88%를 조금 넘는 수준까지 높아졌다. 다만 그 후는 GDP의 증가 속도가 영국을 따라잡지 못해 뒤처진다.

한편 미국은 1850년에서 1860년 사이에 독일을 제치고 도전자로 부상한다. 1820년 시점에서 영국의 35% 정도였던 미국의 GDP는 1860년에는 85%까지 증가했다. 그 후 1871년까지는 영국이 미국보다 앞섰으나, 1872년 미국이 영국을 역전하고 그 후로는 영국을 앞서는 상황이 계속되었다.

마찬가지로 영국과 미국의 1인당 GDP 추이를 나타낸 것이 그림 7-3의 하단이다. 1820년 시점에서 영국의 1인당 GDP에 대한 미국의 비율은 74% 정도였다. 그 후 영국의 침체로 영국과 미국의 GDP가 서로 가까워진 시기도 있으나, 영국의 회복으로 차이가 다시 벌어졌다. 다만 1880년대 들어 미국은 서서히 영국에 다가서서, 1901년 처음으로 역전한다. 그 후 다시 역전당한 시기를 거쳐 점차 미국이 영국보다 우세해진다. 그리고 1918년 영국을 앞선 후로는 미국이 우위인 상태가 계속된다.

GDP 수준을 보면 영국은 독일의 도전을 물리쳤으나 미국에는 1872년 역전되었다. 1인당 GDP는 1990년대 들어 미국이 영국을 넘어서기 시작해 1918년 이후는 영국을 웃도는 상태가 정착되었다. 영국에서 미국으로 패권국이 교체될 때 두 나라의 GDP가 역전되고 나아가 1인당 GDP로 보아도 미국이 영국을 능가하는 등 영국과 미국의 경제력 역전이 일어났다고 할 수 있다.

## 제2차 세계대전 후의 경제력 추이

영국에서 미국으로 패권국이 교체된 후 '미국의 시대'가 제2차 세계대전 후에도 계속되었다고 할 수 있다. 1960년대 이후 각 국가 및 지역의 달러 기준 명목 GDP 추이를 그림 7-4에 나타냈다.

미국은 '황금의 60년대'에 순조롭게 성장했으나, 일본, 그리고 독일과 프랑스 등 유럽 대륙 국가들의 성장이 빨라져 세계 전체에 대한 비율이 소폭 하락했다. 1970년대에는 달러 절하와 하락도 작용해 비율이 크게 낮아졌다. 1980년대 전반에는 달러고 등으로 비율을 회복했으나 후반에는 비율이 다시 하락했다. 1990년대 후반에 비율이 상승했으나 2000년대에 들어서면서 하락 기조가 되고, 서브프라임 모기지 사태 후에는 1960년 이후 가장 낮은 수준이었던 1995년보다도 아래로 내려갔다. 다만 2012년 후에는 다시 회복했다.

일본은 1950년대부터 시작된 고도성장이 1960년대에도 계속되었다. 달러 기준 명목 GDP 규모가 1967년 영국과 프랑스를 뛰어넘고, 1968년에는 서독을 앞질러서 미국에 이어 세계 2위가 되었다.

1970년대에는 고도성장에서 안정성장으로 이행해서 성장 속도가 둔화되었으나, 1980년대 후반에는 버블 경기 등으로 성장이 가속되고 1990년대에 들어서도 엔고 등으로 달러 기준 명목 GDP가 계속 증가했다. 그 후 1990년대 후반 이후는 디플레이션 상황 속에서 성장 속도가 완만해졌다.

세계 점유율은 1960년대 이후 1990년대 중반까지 상승 기조였으며 1994년에는 거의 18%까지 상승했다. 그러나 그 후는 하락세가 되

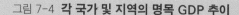

## 그림 7-4 각 국가 및 지역의 명목 GDP 추이

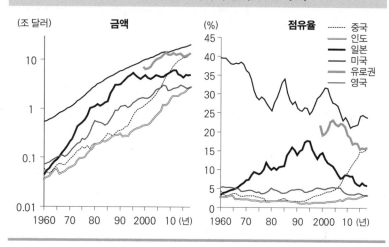

(출처) IMF, 세계은행 자료를 바탕으로 미쓰비시UFJ 모건 스탠리 증권 경기순환연구소 작성

었다. 미국에 대한 비율은 1970년대 후반 40%를 넘고 1980년대 후반에는 거의 60%까지 상승, 1994년에는 70%를 조금 넘는 데에 이르렀으며 그 후에는 하락했다.

중국의 경우 대약진 정책의 실패와 문화대혁명으로 인한 혼란 등으로 1970년대 후반에 걸쳐 성장 속도는 완만했으며 세계 전체에 대한 점유율도 하락 기조였다. 그러나 1978년 개혁개방 정책을 도입한 이후 하락에 제동이 걸렸다.

1990년대 중반 이후는 성장이 가속되고 비율도 계속 상승해, 달러 기준 명목 GDP는 2006년에 영국을 앞서고 2010년에는 일본을 뛰어넘어 세계 2위가 되었다. 세계에 대한 비율은 2018년 16%에 조금 못 미치고 미국에 대한 비율은 66% 이상으로 상승했다. 다만 현재는 성장 속도가 둔화하고 비율의 상승 속도도 느려졌다.

유로권은 1999년 탄생한 후 2008년까지 달러 기준 명목 GDP가 대체로 상승해서 미국의 수준에 근접했다. 그러나 서브프라임 모기지 사태와 유럽 채무 위기의 영향 등으로 그 후에는 명목 GDP가 하락하고 비율도 대폭 감소했다. 인도는 전면적인 개방 정책을 단행한 1990년대 전반까지는 점유율이 계속 하락했으나, 1990년대 후반 이후는 성장이 가속되어 점유율이 상승, 1960년대 이후 가장 높아졌다.

미국은 GDP 규모로 보면 세계 최대의 상태를 유지해 왔으나 점유율이 서서히 낮아지고 있다. 고도성장기 이후 일본이 미국에 근접했으나 뒤처졌으며, 그 후 대신 근접한 나라가 중국이다. 일본이 접근하던 시기에는 미일 무역 마찰이 격화되었다. 현재 미국에 대한 중국의 비율은 1970년대와 1980년대 일본의 미국 대비 비율을 넘었으며, 이러한 상황에서 미중 마찰이 격화되고 있다고 할 수 있다.

# 3
# 고정자본 형성률을 이용한 장기 예측

## 중국의 GDP, 미국 뛰어넘을 것으로 예측

21세기 들어 주목받은 것이 2003년 미국의 대규모 증권사 골드만삭스가 발표한 세계 경제 장기 전망이라고 할 수 있다(The Goldman

Sachs Group, Inc., 2003). 골드만 삭스는 2001년에 놀라운 경제 발전을 이룬 브라질, 러시아, 인도, 중국의 이니셜을 따서 BRICs라고 부르고 BRICs 국가들의 약진, 특히 중국의 눈부신 성장 가능성을 주목했다. 장기 전망에서는 2039년 BRICs 국가들의 경제 규모가 G6(미국, 일본, 독일, 프랑스, 이탈리아, 영국)의 합계를 뛰어넘을 것이며, 나라별로는 2041년에 중국의 경제 규모가 미국을 능가하고 2050년을 향해 가면서 그 차이가 벌어질 것으로 예측했다.

그 후 골드만삭스가 2007년 개정 전망을 발표하고, 세계적인 회계 컨설팅 회사인 프라이스 워터하우스 쿠퍼스도 2008년《2050년의 세계》를 발표했으며, 야마자와(2012)도 마찬가지로 2050년 경제 예측을 발표했다.

국제기구 중에서는 경제협력개발기구(OECD)가 2012년에 2060년까지의 '장기 전망'을 발표하고 2018년 그 추계를 제시했다. 여기서도 중국의 GDP가 미국을 능가할 것으로 예상했다(OECD, 2012).

미소 냉전 종결 후 미국의 일강 체제가 계속된다는 시각도 널리 퍼졌다. 그러나 신흥국의 존재감이 커지고 특히 중국 한 나라만 해도 경제 규모가 미국을 웃돌 가능성이 대두되면서, 미국의 패권이 흔들리고 중국이 그 자리를 대신한다는 시나리오가 현실성을 띤다는 논의가 등장했다.

## 노동, 자본, 생산성 변동으로 GDP 예측

이러한 장기 예측 중 다수는 GDP에 대해 생산함수를 가정하고 추계해서 이것을 이용해 예측한다. 성장을 창출하는 생산요소를 생각하고 거기에 생산성 변동을 더한다. 그리고 생산요소와 생산성 각각에 예측치를 두고 GDP와 성장률을 예측하는 형태다. 인구를 생산요소로 생각하고 인구 변동에 중점을 둔 것이 2015년 발표한 하야시(2015)와 나가하마·호시노(2015)의 장기 예측이다.

하야시(2015)의 예측에서는 GDP에 대해서 인구와 그 외의 요인이라는 두 가지만을 생각한 생산함수를 설정했다. 그 외 요인은 자본 보유량뿐만이 아니라 국토 면적, 기술 진보, 정치적 효율성 등을 포함하며, 여기서는 각국 특유의 'X 효율성'이라고 이름 붙였다. 인구는 UN의 장래 추계를 이용하고 X 효율성의 변동은 장기에 걸친 과거 평균을 바탕으로 예측했다.

한편 나가하마·호시노(2015)의 예측에서는 명시적인 생산함수를 설정하지는 않았으나 성장률을 생산연령인구(15~64세 인구)의 증가와, 생산연령인구를 종속연령인구로 나눈 '인구 보너스 지수'를 바탕으로 추계하고 이것을 이용해서 마찬가지로 UN의 장래 인구 추계 등을 바탕으로 예측했다. 다만, 생산요소로는 노동력과 자본 보유량이라는 두 가지를 생각하는 것이 일반적이라고 할 수 있다. 앞에서 언급한 골드만삭스, OECD 등의 장기 예측은 모두 두 가지 생산요소와 총요소생산성의 변동에서 성장률을 예측했다.

우선 노동력 투입량은 취업자 수와 취업 시간을 곱한 것이다. 전망은 생산연령인구와 15세 이상 인구, 인구 장래 추계를 이용한 것이 많다. 자본 투입량에 대해서는 가동 자본을 이용한다. 전망의 추정치로서는 기업의 설비투자를 예측하고 이것을 바탕으로 자본의 움직임을 추계할 수도 있고, 과거의 노동 투입과 자본 투입의 관계를 바탕으로 노동 투입 추정치를 통해 자본 투입의 변동을 추정하는 방법도 있다.

한편 생산성 변동의 경우는 추계한 생산함수를 바탕으로 노동 투입과 자본 투입의 실적을 이용해 총요소생산성 실적을 산출할 수 있다. 전망에서는 과거의 평균적인 변동을 추정치로 삼은 예가 많다.

## 고정자본 형성률을 이용한 GDP 예측

여기서는 2050년까지 미국, 영국, 유로권, 중국, 인도, 일본의 GDP를 예측할 것이다. 성장을 낳는 요인은 다른 많은 예측과 마찬가지로 노동, 자본, 총요소생산성의 변동이다. 우선 노동 투입의 추정치는 UN 장래 인구 추계의 생산연령인구 등을 바탕으로 설정할 것이다. 또 자본, 총요소생산성의 전망은 고정자본 형성률의 GDP 비율(고정자본 형성률)을 바탕으로 추계할 것이다. 고정자본 형성은 자본의 마모량을 제외하면 자본의 증가와 일치하므로, 지금까지의 고정자본 형성 움직임을 보면 자본의 증가와 고정자본 형성률은 거의 연동된다(그림 7-5). 또 고정자본 형성의 확대로 인한 자본 축적은 총요소생산성의 향상으로 이어질 가능성이 크므로, 고정자본 형성률은 총요소생산성의 증가와 큰 관련이 있음을 알 수 있다(그림 7-6).

고정자본 형성률은 제2장에서 설명한 밴드 패스 필터를 이용해 장기 파동 외에 20~30년 정도 주기의 장기 순환, 10년 전후 주기의 중기 순환, 그리고 장기 파동보다 더 장기이며 예측 기간 중에는 경향으로도 해석되는 초장기 파동을 추출한 후, 각 순환과 파동을 과거의 평

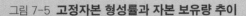

## 그림 7-5 고정자본 형성률과 자본 보유량 추이

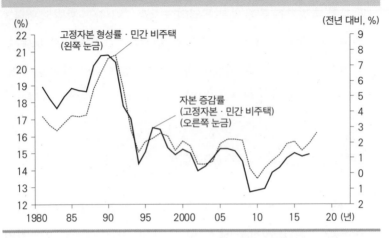

(출처) 일본 내각부 자료를 바탕으로 미쓰비시UFJ 모건 스탠리 증권 경기순환연구소 작성

## 그림 7-6 고정자본 형성률과 총요소생산성 추이

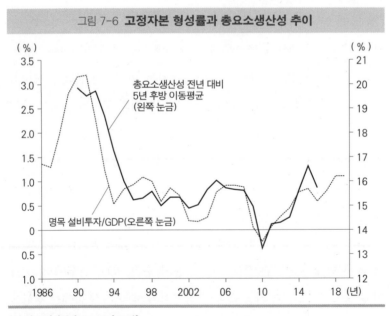

(주) 최근 설비투자는 2019년 1~3월
(출처) 일본 내각부, OECD 자료를 바탕으로 미쓰비시UFJ 모건 스탠리 증권 경기순환연구소 작성

균적인 움직임을 따라 연장하고 합성해 예측치로 삼았다.

그리고 장기 파동 상승 국면에서는 하강 국면과 비교해서 상대적으로 노동과 자본 증가의 GDP 상승 효과가 높아지고, 총요소생산성의 상승 속도도 상대적으로 높아진다고 가정했다. 여기서는 우선 각 국가 및 지역과 세계의 실질 GDP 성장률을 생산연령인구의 증가, 고정자본 형성률, 고정자본 형성률에서 추출한 장기 파동으로 추계하고 이것을 이용해 예측치를 산출했다.

이어서 각국 통화 기반의 명목 성장률도 마찬가지로 추계하고 이것을 바탕으로 예측해, 실질치와 명목치에서 각 국가 및 지역과 세계의 GDP 디플레이터 예측치를 산출했다. 그리고 각 국가 및 지역의 디플레이터 등을 이용해 각 국가 및 지역의 환율을 예측하고, 여기서 각각의 달러 기준 명목 GDP 예측치를 산출했다.

# 4
# 2030년 명목 GDP 점유율 순위

## 중국에 대한 흔들리는 기대감과 경계감

2000년대 들어 중국 경제의 성장 속도가 가속되는 가운데, 3절에서 언급한 바와 같이 2003년 골드만삭스는 2041년 중국의 경제 규모가 미국을 뛰어넘을 것으로 예측했다. 그 후 중국의 성장률이 예상보다 높아진 점 등으로 인해 각종 예측에서는 미국과 중국이 역전되는 시기의 예측이 앞당겨져 왔다.

골드만삭스의 2007년 개정에서는 2003년 중국의 예측치가 실제보다 작았으며 미국과 중국의 경제 규모가 역전되는 시기가 2027년이라고 한다. 또 서브프라임 모기지 사태 후 중국 경제의 침체도 그 후 급속히 회복되었기 때문에 중국 경제에 대한 낙관적인 전망은 달라지지 않았다. 2010년 스탠다드차타드의 전망에 따르면 중국 경제가 2020년이 되기 전 미국의 경제 규모를 앞지를 것으로 예측되었다.

그러나 그 후 중국 경제가 계속해서 감속하고, 앞으로도 성장 속도가 계속 둔화할 것이라는 비관적인 예측도 나타나면서 중국 경제에 대한 기대와 경계감은 흔들리고 있다. 제1장 2절('세계 시스템론의 열쇠를 쥔 콘드라티예프 순환')에서 살펴본 바와 같이, 미국 블룸버그 통신의 D. 픽클링은 중국 정부가 발표한 명목 GDP는 과장되었다는 미국 브루킹스 연구소의 연구논문에 의거해 중국의 경제 규모는 2050년까지 미국보다 작을 것으로 추정했다. 이처럼 중국이 미국을 역전하지 못할 것이라는 시각도 있다.


## 2030년 미중 경제 규모 역전 가능

여기서는 앞에서 설명한 바와 같이 생산연령인구, 고정자본 형성률, 고정자본 형성률에서 추출한 장기 파동 등으로 각 국가 및 지역과 세계의 명목 GDP를 예측할 것이다. 2030년 중국이 미국을 앞설 것으로 예상된다(그림 7-7).

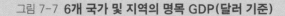

그림 7-7 **6개 국가 및 지역의 명목 GDP(달러 기준)**

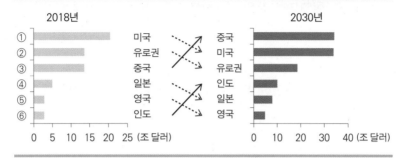

(출처) IMF, 세계은행 자료 등을 바탕으로 미쓰비시UFJ 모건 스탠리 증권 경기순환연구소 작성

중국 경제는 성숙화 과정에 있으며, 성장 속도는 줄어들 것이나 여전히 미국의 명목 성장률보다 높을 것이다. 2019~2030년의 성장률은 중국이 연 7.6%인 반면, 미국은 4.3%에 그친다. 또 중국의 성장률은 세계의 성장률보다 높아, 2030년까지 점유율이 확대될 전망이다.

중국 경제는 이미 감속 경향을 보이는데 이 움직임에 변화는 없을 것으로 예상된다. 생산연령인구(15~64세 인구)는 이미 감소하기 시작했으며, UN 장래 인구 추계에 따르면 2030년까지 감소 폭의 확대가 예상된다. 또 농촌에서 도시로 인구가 계속 유입된 결과 농촌의 잉여 노동력이 해소되기 시작한 것으로 생각된다.

노동 투입의 증가세가 둔화하거나 감소해도 농업 등 상대적으로 생산성이 낮은 부문에서 높은 부문으로의 이행이 있으면 성장률을 유지할 수 있다. 그러나 중국은 이러한 흐름이 멈추는 '루이스 전환점'(개발 도상국에서 농촌의 잉여 노동력이 고갈되면 노동자의 임금이 급등하고 경제 성장세가 꺾이는 현상)을 2010년 전후로 맞이했을 가능성이 있다.

일본에서는 1950년대부터 1960년대에 걸쳐 농촌에서 도시로 인구가 유입되어 고도성장을 뒷받침했다. 그러나 1960년대에서 1970년대에 걸쳐 이 '루이스 전환점'을 맞이한 것으로 보이며, 1970년대에는 성장 속도가 둔화하고 안정성장기로 이행했다.

또 제2장에서 설명한 바와 같이 중국의 장기 파동은 2011년 고점을 기록한 후 하강 국면으로 전환한다. 인프라 투자를 중심으로 고정자본 형성이 약화하고 자본 투입으로 인한 성장률 증가가 축소된다. 또 자본 축적이 약해져 생산성의 증가도 둔화한다. 명목 성장률(자국 통화 기준)은 2010~2020년의 연간 10.2%에서 2020~2030년에는 7.2%로 하락할 것으로 보인다.

한편 미국은 생산연령인구의 증가세가 둔화하면서도 증가 자체는 계속되는 등, 고정자본 형성률에서 추출한 장기 파동은 제2장에서 설명한 바와 같이 2008년 저점을 기록한 후 상승 국면으로 전환되었다. 2030년까지 장기 파동의 상승에는 변함이 없고 고정자본 형성은 계속 강한 편이다. 생산성도 내려갈 듯 내려가지 않아, 명목 성장률은 2010~2020년의 4.0%에서 2020~2030년에는 4.3%가 될 전망이다.

다만, 상대적으로는 중국의 성장률이 미국을 웃도는 상태가 계속될 것이다. 일본도 고도성장기에서 안정성장기로 이행한 후 1970년대에서 1980년대에 걸쳐 성장률이 둔화했지만, 미국보다는 높은 상태가 계속되었다. 달러 기준 명목 GDP는 2018년(전망)에서는 미국 20조 5천억 달러, 중국 13조 6천억 달러, 2020년에는 마찬가지로 22조 3천억 달러와 16조 5천억 달러, 2030년에는 미국 33조 9천억 달러에 중국이 34조 2천억 달러로 역전할 것이다.

또 세계 전체의 명목 성장률(달러 기준)은 2010~2020년의 연 3.8%에서 2020~2030년에는 5.7%가 될 것이다. 명목 GDP(달러 기준)는 2018년(전망) 85조 8천억 달러에서 2020년에는 96조 1천억 달러, 2030년에는 165조 3천억 달러가 될 것이다. 세계 GDP에 대한 점유율은 미국이 2030년에 20.5%까지 하락하고, 중국의 점유율은 계속 상승해 같은 해 20.7%까지 높아지면서 미국을 역전할 것이다.

# 5
# 2050년은 인도, 중국, 미국 순

## 중국의 명목 GDP 점유율 하락과 미국의 재역전

2030년까지는 중국 경제가 계속 감속하면서도 미국과 세계 전체의 성장 속도를 웃돌아, 명목 GDP(달러 기준)에서 미국을 역전하고 세계에 대한 점유율을 높일 것이다. 그러나 2030년 이후에는 중국 경제가 더욱 감속해 이러한 움직임에 변화가 나타날 것이다.

중국에서는 생산연령인구의 감소가 2030년대에 본격화해서 2030~2040년에는 연간 1.0%씩 감소할 것이다. 2040~2050년에는 감소 폭이 줄어드나, 여전히 연 0.8%씩 계속 감소하게 될 것이다. 총인구도 2029년 이후 감소하며 감소 폭이 2050년까지 확대될 것이다.

또 중국의 장기 파동은 2047년까지 하락할 전망이다. 고정자본 형성의 약화 움직임에는 변함이 없고, 생산성도 눈에 띄게 회복할 것이라고 기대할 수 없다. 명목 성장률(자국 통화 기준)은 2020~2030년 동안의 연 7.2%와 달리 2030~2040년에는 연 3.6%, 2040~2050년에는 연 3.3%로 하락할 것으로 예상된다.

한편 미국은 생산연령인구의 증가가 2030~2040년에 가속되고 장기 파동의 상승도 2034년까지 계속되며, 2030년대 상반기는 고정자본 형성도 강세가 계속된다. 2030~2040년의 명목 성장률은 4.7%로 2020~2030년의 4.3%보다 높을 것으로 보인다. 2030년대에는 중국의 성장 속도를 뛰어넘어 명목 GDP가 2040년 시점에서 재역전한다. 2040년대에 고정자본 형성률은 내림세이며 생산성도 낮은 추이를 보인다. 명목 성장률은 2040~2050년에 연 3.0%로 둔화할 것으로 예상되며, 명목 GDP는 2050년 다시 중국에 역전당할 것이다.

세계 전체의 명목 성장률(달러 기준)은 2030~2040년에는 연 5.4%, 2040~2050년에는 연 4.6%다. 명목 GDP(달러 기준)는 2030년 165조 3천억 달러, 2040년 286조 3천억 달러, 2050년이 475조 8천억 달러일 전망이다. 중국의 점유율은 2030년 20.7%를 고점으로 하락세로 전환해 2040년 18.5%, 2050년 15.8%가 될 것으로 예상된다. 중국은 1990년대 이후 2030년까지 점유율이 계속 상승세이나, 2030년을 고점으로 하락하게 된다. 한편 미국의 점유율도 2030년 20.5%였던 반면 2040년에는 18.7%, 2050년에는 15.1%까지 하락할 것으로 보인다.

## 표 7-1  6개 국가 및 지역의 명목 GDP(달러 기준)

(조 달러)

| 년 | 2010 | 2018 | 2020 | 2030 | 2040 | 2050 |
|---|---|---|---|---|---|---|
| 세계 | 66.0 | 85.8 | 96.1 | 165.3 | 286.3 | 475.8 |
| 일본 | 5.7 | 5.0 | 5.2 | 8.0 | 11.2 | 15.6 |
| 미국 | 15.0 | 20.5 | 22.3 | **33.9** | **53.4** | **71.7** |
| 유로권 | 12.7 | 13.7 | 13.7 | 18.6 | 25.0 | 37.5 |
| 영국 | 2.4 | 2.8 | 3.0 | 4.8 | 7.2 | 9.9 |
| 중국 | 6.1 | 13.6 | 16.5 | **34.2** | **53.1** | **75.1** |
| 인도 | 1.7 | 2.7 | 3.5 | 10.1 | 30.7 | **79.2** |

(출처) IMF, 세계은행 자료 등을 바탕으로 미쓰비시UFJ 모건 스탠리 증권 경기순환연구소 작성

## 그림 7-8  6개 국가 및 지역의 명목 GDP(달러 기준) 순위 변천

| 2018년 | 2030년 | 2040년 | 2050년 |
|---|---|---|---|
| ① 미국 | 중국 | 미국 | 인도 |
| ② 유로권 | 미국 | 중국 | 중국 |
| ③ 중국 | 유로권 | 인도 | 미국 |
| ④ 일본 | 인도 | 유로권 | 유로권 |
| ⑤ 영국 | 일본 | 일본 | 일본 |
| ⑥ 인도 | 영국 | 영국 | 영국 |

(출처) IMF, 세계은행 자료 등을 바탕으로 미쓰비시UFJ 모건 스탠리 증권 경기순환연구소 작성

## 2050년 인도가 중국과 미국을 능가

세계의 명목 GDP에 대한 중국의 점유율이 하락세로 전환되는 가운데, 반대로 점유율의 증가가 예상되는 나라가 인도다. 인도는 2050년까지 증가율은 둔화하나 생산연령인구의 증가가 계속된다. 총인구도 2024년에는 중국을 뛰어넘고 2050년까지 증가 기조에 변함이 없다.

또 중국과 인도의 경제 발전 단계에는 차이가 있다. 중국은 1978 년 개혁개방 정책을 도입해 그 후 고성장으로 이어졌다고 할 수 있는데, 인도가 전면적인 개방 정책으로 선회한 것은 1991년으로 늦다. 또 단계적인 개방이었기 때문에 경제 규모의 확대가 중국보다 소폭에 그치고, 1980년대 중국과 거의 같은 수준이었던 경제 규모는 크게 뒤처지게 되었다.

다만 이처럼 늦은 경제 발전은 앞으로 성장의 여지가 남아 있다고도 할 수 있다. 중국 경제는 이미 성숙화 과정에 있어서 노동 투입과 자본 투입에서 창출되는 한계적 GDP가 서서히 작아지고 있는 반면, 인도 경제는 계속해서 미성숙한 단계에 있기 때문에 노동 투입과 자본 투입에서 창출되는 GDP가 계속해서 큰 상태라고 볼 수 있다. 그리고 중국의 장기 파동이 2047년까지 계속 하강하는 반면, 인도는 2005년을 고점으로 한 하강 국면이 2032년에 끝나, 중국보다 먼저 상승 전환될 것이다.

인도의 명목 성장률(자국 통화 기준)은 2010~2018년 이미 중국을 앞질렀으며, 2030년까지도 마찬가지의 움직임이 예상된다. 2030년 이후는 중국의 감속이 더욱 진행되는 가운데 중국과 인도의 성장률 차이가 더욱 벌어질 것으로 보인다. 성장률은 2020~2030년에 연 8.8%, 2030~2040년에도 연 8.8%, 2040~2050년에는 연 9.3%일 것으로 예상된다.

명목 GDP(달러 기준)는 2018년(전망)에 2조 7천억 달러인 데에 비해 2020년에는 3조 5천억 달러, 2030년에는 10조 1천억 달러, 2040년에는 30조 8천억 달러, 2050년에는 79조 2천억 달러로 증가할 전망이다. 경제 규모는 2019년 영국, 2026년 일본, 2037년 유로권을 능가하고 2049년에는 미국, 2050년에는 중국을 앞지를 것이다.

세계 전체에 대한 점유율은 2018년의 3.3%에서 2020년에는 3.6%, 2030년에는 6.1%, 2040년에는 10.7%, 2050년에는 16.6%까지 상승할 것으로 보인다. 세계에 대한 점유율의 순위를 보면 2030년에는 중국, 미국, 유로권의 순서, 2040년에는 미국, 중국, 인도의 순서, 2050년에는 인도, 중국, 미국의 순서가 될 것이다.

## 6
# 실질 성장률도 인도가 중국 앞서

### 선진국 중 미국은 오름세, 2040년까지 성장 가속

서브프라임 모기지 사태의 영향으로 세계 경제는 크게 침체되었다. 그 후 각 국가 및 지역의 위기 대책 등을 통해 세계 경제는 급속히 회복되었으며 지금도 계속 완만히 회복하고 있다. 세계 전체의 실질 성장률은 2000~2010년이 연 2.8%였으며 2010~2018년은 2.9%였다. 이후에 대해서는 3절에서 설명한 바와 같이 생산연령인구, 고정자본 형성률, 고정자본 형성률에서 추출한 장기 파동 등으로 각 국가 및 지역과 세계의 실질 성장률을 예측할 것이다. 실질 기반으로 보아도 국가와 지역별로 이분화될 것으로 예상된다.

## 표 7-2 **6개 국가 및 지역의 실질성장률**

(조 달러)

| 년 | 2000~10 | 2010~20 | 2020~30 | 2030~40 | 2040~50 | 2000~20 | 2020~50 |
|---|---|---|---|---|---|---|---|
| 세계 | 2.8 | 2.8 | 3.2 | 3.2 | 2.6 | 2.8 | 3.0 |
| 일본 | 0.6 | 0.9 | 2.3 | 1.5 | 1.7 | 0.8 | 1.8 |
| 미국 | 1.6 | 2.2 | 2.3 | 2.7 | 1.5 | 1.9 | 2.1 |
| 유로권 | 1.2 | 1.1 | 1.4 | 1.0 | 1.9 | 1.1 | 1.4 |
| 영국 | 1.5 | 1.9 | 2.2 | 1.5 | 1.2 | 1.7 | 1.7 |
| 중국 | 10.6 | 7.2 | 4.3 | 1.7 | 1.7 | 8.9 | 2.6 |
| 인도 | 7.5 | 6.9 | 6.0 | 6.0 | 6.1 | 7.2 | 6.0 |

(출처) IMF, 세계은행 자료 등을 바탕으로 미쓰비시UFJ 모건 스탠리 증권 경기순환연구소 작성

장기 파동이 상승 국면에 있는 미국, 일본, 영국은 인프라 투자를 중심으로 투자가 계속 확대될 전망이다. 자본 투입 증가세와 생산성의 상승 가속을 통해 성장률이 뒷받침될 것이다. 일본과 영국은 2028년까지 장기 파동이 상승할 것으로 보이며, 2020~2030년의 성장 속도는 2010~2020년보다 높을 가능성이 크다.

표 7-2와 같이 일본의 실질 성장률은 2010~2020년의 연 0.9%에서 2020~2030년에는 연 2.3%로, 영국은 2010~2020년의 연 1.9%에서 2020~2030년에는 연 2.2%로 상승할 것이다. 다만 그 후에는 성장 속도의 둔화가 예상된다.

미국의 경우는 장기 파동의 상승이 2034년으로, 일본이나 영국과 비교할 때 지금부터 장기간에 걸친다. 인프라 투자를 중심으로 투자 확대가 2030년대에 들어서도 계속될 것이므로 2020~2030년, 2030~2040년에 성장률이 가속될 것이다. 실질 성장률

은 2010~2020년의 연 2.2%에서 2020~2030년에는 연 2.3%, 2030~2040년에는 연 2.7%가 될 것이다. 다만 그 후 2040~2050년에는 연 1.5%로 하락할 것이다.

한편 장기 파동이 하강 국면인 곳은 중국, 유로권, 인도다. 인프라 투자를 중심으로 투자 약세가 계속되어, 성장 속도를 억제하는 방향으로 작용하게 된다.

유로권의 장기 파동은 2037년까지 계속 하강할 것으로 보인다. 실질 성장률은 2020~2030년에는 유럽 채무 위기의 영향이 지나간 등의 이유로 2010~2020년보다 약간 높아지나 연 1.4%의 낮은 수준에 그치며, 2030~2040년에는 다시 하락할 것이다(연 1.0% 예상). 2040~2050년은 장기 파동의 상승 속에서 성장 속도의 회복이 예상되며, 연 1.9%로 상승할 것이다.

중국의 장기 파동은 2047년까지 하강할 것으로 보인다. 실질 성장률은 2010~2020년에 연 7.2%였으나 2020~2030년에는 연 4.3%, 2030~2040년, 2040~2050년에는 연 1.7%로 하락할 것이다.

인도는 장기 파동의 하강이 2032년까지로 중국이나 유로권보다 짧아, 상승 국면으로 일찍 전환할 것이다. 실질 성장률도 2020~2030년에 하락한 후(연 6.0% 예상) 2030~2040년 같은 수준을 유지하다가(연 6.0% 예상) 2040~2050년 소폭이지만 상승한다(연 6.1% 예상).

이러한 가운데 세계 경제는 실질 성장률이 2010~2020년에 연 2.8%일 것으로 예상되는데, 2020~2030년은 미국, 일본, 영국의 성장이 가속되어 연 3.2%의 수준을 달성할 것이다. 2030~2040년은 일본과 영국의 성장률이 하락하나, 미국의 성장률 상승이 계속되고 인도의 성장률 하락이 멈추는 등의 요인이 작용해 연 3.2%로 2020~2030년과 같은 수준을 유지할 것이다. 2040~2050년은 인도의 상승이 전망되나 미국이 크게 하락해 세계 전체는 연 2.6%가 될 것으로 예상된다.

2020년 이후를 보면(2020~2050년) 세계 경제의 실질 성장률은 연 3.0%이며, 이 시기에 성장률이 가장 높은 나라는 인도(연 6.0%)이고 그 뒤를 이어 중국(연 2.6%), 미국(연 2.1%)이다. 인도와 미국은 생산연령인구의 증가가 계속되어 노동 투입의 증대가 성장률을 뒷받침하는 면이 있다. 1인당 실질 성장률을 봐도 인도의 2020~2050년이 연 5.4%로 가장 높다(표 7-3). 이어 중국이 연 2.7%, 그리고 일본이 연 2.5%로 중국에 이어 크게 성장할 것으로 예상된다.

### 표 7-3  6개 국가 및 지역의 1인당 실질 GDP 성장률

(연 비율, %)

| 년 | 2000~10 | 2010~20 | 2020~30 | 2030~40 | 2040~50 | 2000~20 | 2020~50 |
|---|---|---|---|---|---|---|---|
| 세계 | 1.5 | 1.7 | 2.2 | 2.5 | 2.0 | 1.6 | 2.2 |
| 일본 | 0.6 | 1.1 | 2.8 | 2.2 | 2.6 | 0.9 | 2.5 |
| 미국 | 0.8 | 1.4 | 1.6 | 2.2 | 1.0 | 1.1 | 1.6 |
| 유로권 | 0.7 | 0.9 | 1.3 | 1.1 | 2.0 | 0.8 | 1.5 |
| 영국 | 1.0 | 1.2 | 1.8 | 1.2 | 0.9 | 1.1 | 1.3 |
| 중국 | 9.9 | 6.7 | 4.2 | 1.8 | 2.0 | 8.8 | 2.7 |
| 인도 | 5.8 | 5.8 | 5.1 | 5.3 | 5.7 | 5.8 | 5.4 |

(출처) IMF, 세계은행 자료 등을 바탕으로 미쓰비시UFJ 모건 스탠리 증권 경기순환연구소 작성

# 인도와 중국의 1인당 명목 GDP 예측

## 경제 규모 1위인 인도도 1인당 수치는 중국에 미치지 못해

고성장을 계속해 온 중국과 인도의 1인당 명목 GDP(달러 기준)를 보면 2018년(예상)에 중국이 9,800달러가량, 인도가 2,100달러가량이다. 미국, 일본, 영국, 유로권과 비교하면 여전히 낮은 수준에 머물러 있다(표 7-4).

중국과 인도의 총인구는 14억 명 전후로 추정되어 미국(3억 3천만 명)의 4배를 조금 넘는다. 경제 규모보다 1인당 GDP를 보면 선진국과의 차이가 크다. 참고로 세계은행은 1인당 국민 총소득을 기준으로 저소득 국가, 하위 중소득 국가, 상위 중소득 국가, 고소득 국가로 분류하는데, 중국은 상위 중소득 국가, 인도는 하위 중소득 국가로 분류할 수 있으며 미국, 일본, 영국 등은 고소득 국가다.

경제 규모는 4절과 5절에서 설명한 바와 같이 중국의 명목 GDP(달러 기준)가 미국을 앞설 것이며, 그 후에는 인도가 미국과 중국을 앞지를 것이다. 2050년에는 인도와 중국이 세계 1, 2위를 점할 것이다. UN의 장래 추계 인구를 이용해 향후 1인당 GDP(달러 기준)를 구한 것이 표 7-4의 2020년 이후 수치다.

인도는 앞에서 언급한 바와 같이 2020년 2,500달러, 2030년에 6,700달러, 2040년에 1만 9천 달러, 그리고 2050년에는 4만 8천 달

(천 달러)

| 년 | | 2010 | 2018 | 2020 | 2030 | 2040 | 2050 |
|---|---|---|---|---|---|---|---|
| 세계 | | 9.5 | 11.3 | 12.4 | 19.4 | 31.2 | 48.9 |
| | 일본 | 45.1 | 40.0 | 42.4 | 67.7 | 102.0 | 154.6 |
| | 미국 | 48.5 | 62.5 | 66.9 | 95.2 | 143.1 | -84.6 |
| | 유로권 | 37.7 | 42.6 | 40.0 | 54.3 | 73.5 | -12.2 |
| | 영국 | 39.1 | 40.0 | 45.3 | 68.9 | 99.0 | -32.6 |
| | 중국 | 4.6 | 9.8 | 11.8 | 24.4 | 38.2 | 58.0 |
| | 인도 | 1.3 | 2.1 | 2.5 | 6.7 | 19.2 | 48.0 |

(출처) IMF, 세계은행 자료 등을 바탕으로 미쓰비시UFJ 모건 스탠리 증권 경기순환연구소 작성

러 정도까지 증가한다. 2018년 이후 연 10%가 조금 넘는 비율로 증가해 2050년에는 2018년의 무려 23배가 될 전망이다.

또 중국은 2020년에는 1만 2천 달러, 2030년에는 2만 4천 달러, 2040년에는 3만 8천 달러이며 2050년에는 5만 6천 달러 정도까지 증가할 것이다. 2018년 이후 연 5.6% 증가해 2018년과 비교할 때 5.7배가 되는 것이다. 2050년 시점에서 인도의 1인당 명목 GDP(달러 기준)는 중국에 미치지 못한다.

## 미국은 연 3% 씩 증가

선진국의 경우 2010년 시점에서 미국, 일본, 영국, 유로권을 보면 미국이 4만 9천 달러 정도, 일본이 4만 5천 달러 정도, 영국이 3만 9천 달러 정도, 유로권이 3만 8천 달러 정도였다. 2018년까지 미국은

순조롭게 증가한 반면, 일본은 감소하고 영국과 유로권은 모두 상대적으로 소폭 증가하는 데에 그쳐, 미국이 눈에 띄게 앞서는 형태가 되었다.

이후를 살펴봐도 미국은 2020년대와 2030년대에 증가세가 가속된다. 2040년대에는 속도가 둔화할 것이나 2050년에는 18만 5천 달러까지 증가할 것이다. 2018년 이후의 증가율은 연 3.4%이며 2018년과 비교할 때 3배 증가한 것이다.

한편 일본은 2020년대에 증가세가 대폭 가속되고, 2030년대 이후는 증가율이 감소하나 2040년에는 10만 2천 달러, 2050년에는 15만 5천 달러까지 증가할 것이다. 2018년 이후를 보면 증가율은 연 4.3%이며 2018년과 비교하면 3.9배로, 미국보다 빠른 속도로 증가해 2010~2018년에 벌어졌던 미국과의 차이를 좁히게 된다. 미국에 대한 비율은 2018년의 60%를 조금 넘는 정도에서 2050년에는 80%를 조금 넘는 비율까지 상승한다.

또 인도 및 중국과 선진국을 비교하면 2050년에 인도와 중국의 수준은 미국의 3분의 1에서 4분의 1이며, 그 외 선진국과 비교해도 2분의 1 이하다.

이 장의 2절에서는 영국에서 미국으로 패권국이 교체되던 전후, 1872년에 미국의 GDP 규모가 영국을 뛰어넘고 나아가 1918년 이후 미국의 1인당 GDP가 영국을 웃도는 상황이 정착한 경위를 살펴보았다. 경제 규모로 미국을 능가하는 인도와 중국을 2050년까지 살펴보면 1인당 GDP는 미국에 미치지 못한다. 또 다른 선진국들과의 차이도 커서 도전자로서의 위치도 확보하지 못한 상황이라고 할 수 있다.

# 8

## 영국은 현상 유지, 유로권은 존재감 저하

### 영국은 명목 GDP의 점유율 하락에도 현상 유지

영국 경제는 6절에서도 살펴본 바와 같이 2028년까지 장기 파동이 상승 국면에 있다. 2020~2030년의 실질 성장률은 연 2.2%로 2010~2020년(연 1.9%)보다 높아질 것으로 예상된다(표 7-5). 그 이후에는 장기 파동이 하강 국면에 접어들어 성장 속도가 둔화할 것으로 보

표 7-5 **영국의 GDP 등 추이**

| 년 | 2000~10 | 2010~20 | 2020~30 | 2030~40 | 2040~50 | 2000~20 | 2020~50 |
|---|---|---|---|---|---|---|---|
| 실질성장률(%) | 1.5 | 1.9 | 2.2 | 1.5 | 1.2 | 1.7 | 1.7 |
| 1인당 실질성장률(%) | 1.0 | 1.2 | 1.8 | 1.2 | 0.9 | 1.1 | 1.3 |
| 명목성장률(%) | 3.8 | 3.6 | 4.4 | 4.2 | 3.3 | 3.7 | 4.0 |
| 명목 GDP, 달러 기준(조 달러) | 2.4 | 3.0 | 4.8 | 7.2 | 9.9 | – | – |
| 대 세계 비율(%) | 3.7 | 3.2 | 2.9 | 2.5 | 2.2 | – | – |
| 1인당 명목 GDP (천 달러) | 39.1 | 45.3 | 68.9 | 99.0 | 132.6 | – | – |
| GDP 디플레이터(%) | 2.2 | 1.8 | 2.1 | 2.6 | 2.1 | 2.0 | 2.3 |
| 인구 증감률(%) | 0.6 | 0.7 | 0.4 | 0.3 | 0.3 | 0.7 | 0.4 |
| 15~64세(%) | 0.8 | 0.2 | 0.1 | 0.1 | 0.1 | 0.5 | 0.1 |

(출처) IMF, 세계은행, 영국 정부 통계국 자료 등을 바탕으로 미쓰비시UFJ 모건 스탠리 증권 경기순환연구소 작성

이나(2030~2040년이 연 1.5%, 2040~2050년이 연 1.2%) 2020년 이후 실질 성장률은 연 1.7%가 되어 유로권(연 1.4%)을 웃돌고 일본(연 1.8%)과 거의 같은 수준이 될 것이다.

또 명목 GDP 점유율은 하락하나 2018년 비율(3.3%)의 60%를 조금 넘는 수준을 유지해, 다른 선진국과 비교하면 하락 폭이 작다. 또 1인당 GDP(달러 기준)는 계속 증가해, 2050년에는 13만 3천 달러가 되고 2018년 이후 증가율은 연 3.6%로 2018년의 3.1배가 된다. 2050년 수준은 일본(15만 5천 달러)보다 낮으나 유로권(11만 2천 달러)보다는 높을 것으로 보인다. 영국 경제는 전체적으로 침체할 듯 침체하지 않는 추이가 될 것으로 보인다.

## 유로권의 명목 GDP 점유율은 반감

유로권의 경제는 장기 파동이 하강 국면이며 인프라 투자를 중심으로 투자가 약화하는 움직임이 계속되어, 2030년까지는 실질 성장률이 낮은 수준에 머무를 것이다. 2040년대의 회복도 연 1.4%의 소폭에 그쳐(표 7-6) 미국, 일본, 영국 등 다른 선진국을 밑돌 것이다.

명목 GDP의 점유율은 유로권이 탄생한 1999년에는 21.9%였으며, 2008년에는 22.2%가 되어 미국과 1%포인트 차이로 좁혀졌으나 그 후는 하락세였다. 서브프라임 모기지 사태 후의 명목 GDP 하락이 컸으며, 유럽 채무 위기로 인한 하락에 더해 위기 후의 회복도 완만한 수준에 그치면서 2018년(예측)에는 점유율이 15.9%까지 하락했다.

이후에도 상대적으로 성장 속도가 완만한 수준에 그치면서 점유율

## 표 7-6 유로권의 GDP 등 추이

| 년 | 2000 ~10 | 2010 ~20 | 2020 ~30 | 2030 ~40 | 2040 ~50 | 2000 ~20 | 2020 ~50 |
|---|---|---|---|---|---|---|---|
| 실질성장률(%) | 1.2 | 1.1 | 1.4 | 1.0 | 1.9 | 1.1 | 1.4 |
| 1인당 실질성장률 (%) | 0.7 | 0.9 | 1.3 | 1.1 | 2.0 | 0.8 | 1.5 |
| 명목성장률(%) | 3.1 | 2.3 | 3.1 | 2.6 | 3.9 | 2.7 | 3.2 |
| 명목 GDP, 달러 기준(조 달러) | 12.7 | 13.7 | 18.6 | 25.0 | 37.5 | - | - |
| 대 세계 비율(%) | 19.2 | 14.2 | 11.2 | 8.8 | 8.4 | - | - |
| 1인당 명목 GDP (천 달러) | 37.7 | 40.0 | 54.3 | 73.5 | 112.2 | - | - |
| GDP 디플레이터(%) | 1.9 | 1.2 | 1.1 | 1.8 | 1.9 | 1.5 | 1.6 |
| 인구 증감률(%) | 0.5 | 0.2 | 0.0 | −0.1 | −0.2 | 0.3 | −0.1 |
| 15~64세(%) | 0.3 | −0.2 | −0.6 | −0.7 | −0.5 | 0.0 | −0.6 |

(출처) IMF, 세계은행 자료 등을 바탕으로 미쓰비시UFJ 모건 스탠리 증권 경기순환연구소 작성

이 계속 하락할 것이다. 세계 전체의 명목 GDP에 대한 비율은 2020년에는 14.2%, 2030년에는 11.3%, 2040년에는 8.7%, 2050년에는 7.9%까지 하락할 것이다. 2018년과 비교하면 2050년의 점유율이 거의 반감하는 것이다. 미국, 일본, 영국 등 다른 선진국과 비교할 때 가장 큰 하락이다. 1인당 GDP(달러 기준)는 계속 증가하나, 7절에서 설명한 바와 같이 다른 선진국보다 완만하게 증가하는 데에 그칠 것이다. 2050년까지 유로권은 전반적으로 경제적인 존재감이 약해질 것으로 예상된다.

# 9

# 일본은 명목 GDP 점유율은 하락, 1인당 GDP는 상승

## 2050년 명목 GDP 점유율 하락

일본 경제의 경우는 2028년까지 장기 파동의 상승이 전망되며, 자본 투입의 증가세와 생산성 상승의 가속을 통해 성장률이 뒷받침되어 실질 성장률이 2010~2020년의 연 0.9%에서 2020~2030년에는 연 2.3%로 상승할 것으로 보인다(표 7-7). 그동안 GDP 디플레이터

표 7-7 **일본의 GDP 등 추이**

| 년 | 2000~10 | 2010~20 | 2020~30 | 2030~40 | 2040~50 | 2000~20 | 2020~50 |
|---|---|---|---|---|---|---|---|
| 실질성장률(%) | 0.6 | 0.9 | 2.3 | 1.5 | 1.7 | 0.8 | 1.8 |
| 1인당 실질성장률(%) | 0.6 | 1.1 | 2.8 | 2.2 | 2.6 | 0.9 | 2.5 |
| 명목성장률(%) | −0.5 | 1.1 | 4.3 | 2.8 | 3.4 | 0.3 | 3.5 |
| 명목 GDP, 달러 기준(조 달러) | 5.7 | 5.2 | 8.0 | 11.2 | 15.6 | − | − |
| 대 세계 비율(%) | 8.6 | 5.5 | 4.8 | 3.9 | 3.5 | − | − |
| 1인당 명목 GDP (천 달러) | 45.1 | 42.4 | 67.7 | 102.0 | 154.6 | − | − |
| GDP 디플레이터(%) | −1.1 | 0.1 | 2.0 | 1.3 | 1.6 | −0.5 | 1.6 |
| 인구 증감률(%) | 0.1 | −0.2 | −0.5 | −0.7 | −0.8 | −0.1 | −0.7 |
| 15~64세(%) | −0.7 | −0.9 | −0.7 | −1.4 | −1.2 | −0.8 | −1.1 |

(출처) IMF, 세계은행, 일본 내각부 자료 등을 바탕으로 미쓰비시UFJ 모건 스탠리 증권 경기순환연구소 작성

의 상승도 계속되어 명목 성장률(자국 통화 기준)은 연 4.3%가 될 것으로 예상된다. 일본 정부는 아직 '디플레이션 탈피'를 선언하지 않았으나, 2020년대에는 디플레이션 탈피가 확인될 것이다.

그 후 2028년을 고점으로 장기 파동이 계속 하강하는 등의 요인으로 성장 속도는 느려진다. 그러나 실질 성장률은 2030~2040년이 연 1.5%, 2040~2050년이 연 1.7%로 일정 수준을 유지한다. 2020년 이후 실질 성장률은 연 1.8%다. 또 1인당 실질 성장률은 2020~2050년에 연 2.5%로 미국, 영국, 유로권보다 높을 것이다. 그리고 명목 성장률도 2030년대 이후 낮아지기는 하나 2030~2040년이 연 2.8%, 2040~2050년이 연 3.4%이며, 2020년 이후 성장률은 연 3.5%로 2000년에서 2020년까지(명목 성장률 연 0.3%)와 비교해 대폭 상승할 것이다.

다만 인도와 중국 등의 성장 속도가 상대적으로 높아서, 세계 전체의 명목 GDP(달러 기준)에서 일본이 차지하는 비율은 계속 하락할 것이다. 명목 GDP의 점유율은 2018년(예측)에 5.8%이었으나 2020년에는 5.5%, 2030년에는 4.8%, 2040년에는 3.9%, 2050년에는 3.3%까지 하락할 것이다. 한편 1인당 명목 GDP(달러 기준)의 증가세는 미국보다 커서 2050년 15만 6천 달러에 달하며 미국과의 차이를 좁힐 것이므로, 이 측면에서는 건투할 것으로 보인다.

일본 경제는 지난 20년과 비교할 때 2050년까지의 30년 동안 경제 규모와 소득 수준의 확대가 가속될 것이므로 전반적으로 호전이 예상된다. 하지만 2050년 세계 명목 GDP(달러 기준)에서 일본의 점유율은 3.3%로 예상돼 세계에 대한 경제 규모의 비율은 상당 부분 축소될 것으로 보인다.

**1**　패권국의 중요한 요소로 경제력을 들 수 있다. GDP 점유율의 변천을 보면 기원후 1년과 1000년 시점에서는 인도가 1위였으며 1700년에는 인도, 중국, 서구·미국의 점유율이 거의 같은 수준이었다. 그 후 중국의 점유율이 상승해 1820년 1위가 되나 그 후에는 하락한다. 한편 서구와 미국은 산업혁명의 성과가 나타나 1870년까지 급상승함으로써 중국을 역전한다.

**2**　영국에서 미국으로 패권국이 교체된 시기를 보면 미국의 GDP와 1인당 GDP가 영국을 능가하는 등 영미의 경제력 역전이 일어났다. 제2차 세계대전 후에는 미국의 GDP 규모가 세계 최대인 상태가 계속되었으나 점유율은 서서히 하락했다. 고도성장기 이후 일본이 미국에 근접했으나 뒤처졌으며, 그 후 대신 근접한 나라는 중국이다.

**3**　2030년까지 미국의 장기 파동 상승에는 변함이 없으며 명목 성장률이 가속될 것이다. 한편으로 중국은 장기 파동의 하강 등으로 성장률의 하락이 전망된다. 다만 상대적으로는 중국의 성장률이 미국을 웃도는 상태가 계속되어, 2030년 중국의 명목 GDP가 미국을 뛰어넘을 것이다. 미국의 성장 속도 가속과 중국의 감속은 2040년까지 계속되어, 미국의 명목 GDP는 40년 시점에서 다시 중국을 앞설 것이다. 다만 미국의 장기 파동은 2035년 이후로는 하강하기 시작해, 명목 성장률이

2040~2050년 둔화하고 2040년대에는 중국의 명목 GDP가 미국을 재역전한다. 한편 인도는 고성장을 지속한다. 장기 파동의 하강이 2032년에는 끝나고 상승으로 전환되기 때문에 2040~2050년에는 성장 속도가 가속되어, 명목 GDP가 미국과 중국을 넘어 세계 1위가 될 것이다.

**4**　　2020년 이후를 전체적으로 보면(2020~2050년) 세계 경제는 연 3.0% 성장할 것이다. 가장 성장률이 높은 곳은 인도이며 그다음이 중국과 미국의 순서다. 1인당 실질 성장률을 봐도 인도가 가장 높고 그다음이 중국인데, 일본은 인도와 중국에 이어 높은 성장률을 기록할 것이다. 1인당 명목 GDP도 인도와 중국이 모두 큰 폭으로 증가하나, 2050년 시점에서도 미국의 3분의 1에서 4분의 1, 그 외 선진국 및 지역과 비교해도 절반 이하에 머물러 선진국과의 차이가 크다. 선진국 중에서는 미국이 훨씬 앞서서 영국 및 유로권과의 차이를 벌리는데, 일본은 미국의 증가세를 뛰어넘어 미국과의 차이를 좁힌다.

**5**　　영국과 유로권의 명목 GDP 점유율은 모두 하락하나, 영국은 하락 폭이 작고 1인당 명목 GDP는 유로권을 역전하는 등의 성과를 보일 것이다. 한편 유로권은 명목 GDP의 점유율이 반감하고 1인당 GDP가 다른 선진국보다 완만하게 증가하는 데에 그치는 등 경제적인 존재감이 약화할 것으로 예상된다.

# 마치며

"각 나라의 콘드라티예프 순환을 추계할 수 있고, 게다가 각각의 움직임이 다르다면, 다음 책에서는 그것을 이용해 경제 패권을 이야 기해 보자"라며 이 책이 탄생한 첫 계기를 만들어 주신 분이 《앞을 내 다본다! 경기순환 입문》, 《제3의 초경기》의 편집을 맡았던 니혼게이 자이신문출판사 편집부의 시니어 에디터 호리구치 유스케 씨다.

31년 전 일본경제연구센터 연구원이었던 시마나카 씨의 편저 《89 년 세계동시불황》(1988년 간행)을 담당한 일이 호리구치 씨의 편집자로 서의 출발점이었다는 인연도 있어 오랫동안 교류해 왔다. 그렇다고는 하나 이번과 같이 편집상의 조언에 그치지 않고 처음부터 책 전체의 기본적인 방향성에 대한 지도를 받은 것은 처음이다. 이 자리를 빌려 막대한 공헌에 감사를 표한다.

이 책에서 분석의 토대로 삼은 콘드라티예프 순환 또는 장기 파동 론에 대해서는 말할 것도 없이 일본 경기순환론의 아버지인 고(故) 시 노하라 미요헤이 히토쓰바시대학 명예교수(경기순환학회 명예회장)의 업 적에 많은 부분 기대고 있다. 또 책을 쓸 때마다 시마나카 씨에게 보내주신, 콘드라티예프 장기 파동론 연구의 일인자인 오카다 미쓰마사 아시야대학 강사의 정확하고 상세한 연구가 없었다면, 우리는 이 책을 출판하는 데에 필요한 지식수준에 도저히 다다를 수 없었을 것이다. 여기서 다시 두 분께 감사드린다.

이 책은 미쓰비시UFJ 모건 스탠리 증권 경기순환연구소에 소속된 네 명의 공동 작품이다. 거시경제 전반에 대한 풍부한 지식을 갖추고 있고 계량 분석에 뛰어난 부소장 시카노 다쓰부미 씨는, 제2장과 제7장에서 순환론을 바탕으로 한 자료 해석과 이 책의 결론 부분에 해당하는 수치 예측의 알기 쉬운 해설을 담당했다. 평소에는 일본 경제의 단기 전망을 담당 분야로 삼아 활약하는 시니어 이코노미스트 미야자키 히로시 씨는 제4장과 제5장에서 장기 파동론보다 정통적인 인구 동태와 국제수지를 담당했다. 미국을 중심으로 해외 경제의 단기 전망을 담당하는 시니어 이코노미스트 후쿠다 게이스케 씨는 제3장과 제6장에서 군사 및 과학기술, 상대가격 및 교역 조건이라는, 자료 면에서나 이론 면에서나 쉽지 않은 분야에 도전해 줬다. 그러나 이 책의 시도가 성공했는지 여부는 전체의 총괄과 서장, 제1장에서 장기 파동론과 패권 순환을 역사적 및 학술적으로 파악한 편저자 시마나카 씨가 책임진다.

마지막으로 경기순환연구소의 원고 및 도표와 서무 면에서 이 책의 제작을 위해 노력해 주신, 모두 리서치부 과장 대리인 가즈오 유키코 씨(어시스턴트), 사카모토 에미 씨(어시스턴트), 하세가와 히로코 씨(비서)의 헌신적인 도움이 없었다면 이 책은 완성되지 못했을 것이다. 감사드린다.

306

[집필진 소개]

### 시카노 다쓰시 (제2장, 제7장)

1964년 가나가와 현 출생. 1987년 게이오기주쿠대학 경제학부 졸업, 야마이치증권 경제연구소 입사, 미쓰비시UFJ 리서치 & 컨설팅 주임연구원, 미쓰비시UFJ 모건 스탠리 증권 경기순환연구소 시니어 이코노미스트, 일본 내각부 대신 관방심의관(경제재정 분석 담당) 등을 거쳐 2015년 4월부터 미쓰비시UFJ 모건 스탠리 증권 경기순환연구소 부소장. 경기순환학회 이사·사무국장. 공저로 하라타 유카타, 마스지마 미노루 편저《아베노믹스의 진가》(주오케이자이샤, 2018년), 이치무라 신이치 & 로렌스 R. 클라인 편저《일본 경제의 거시계량 분석》(니혼게이자이신문출판사, 2011년), 시마나카 유지/미쓰비시UFJ증권 경기순환연구소 편저《앞을 내다본다! 경기순환 입문》(니혼게이자이신문출판사, 2009년), 시마나카 유지 + UFJ 종합연구소 투자조사부《실천 경기예측 입문》(도요게이자이신포샤, 2003년) 등이 있다.

### 미야자키 히로시 (제4장, 제5장)

1971년 오사카 부 출생. 1990년 게이오기주쿠대학 법학부 졸업, 2001년 주오대학대학원 경제학연구과 박사전기과정 수료. 1994년 야마이치증권 경제연구소 입사. 1997년 니혼게이자이연구센터로 이동. 후지쓰종합연구소 컨설턴트, 산와종합연구소(현 미쓰비시UFJ 리서치 & 컨설팅) 연구원, 신킨에셋매니지먼트투자신탁 치프 이코노미스트를 거쳐 2013년 4월부터 미쓰비시UFJ 모건 스탠리 증권 경기순환연구소 시니어 이코노미스트. 경기순환학회 간사. 공저로 하라타 유카타, 마스지마 미노루 편저《아베노믹스의 진가》(주오케이자이샤, 2018년), 하라타 유카타, 가타오카 쓰요시, 요시마쓰 다카시 편저《아베노믹스는 진화한다》(주오케이자이샤, 2016년), 시마나카 유지 + UFJ 종합연구소 투자조사부《실천 경기예측 입문》(도요게이자이신포샤, 2003년) 등이 있다.

### 후쿠다 게이스케 (제3장, 제6장)

1971년 오사카 부 출생. 1995년 고베대학 경제학부 졸업, 니혼생명보험 입사. 2000년 일본경제연구센터로 이동. 2001년 고쿠사이증권(주)(현 미쓰비시UFJ 모건 스탠리 증권) 입사, 경제조사부 배치. 2008년 11월부터 경기순환연구소 시니어 이코노미스트. 공저로 후카오 미쓰히로/일본경제연구센터 편《검증 생명보험 위기》(니혼게이자이신문출판사, 2000년), 시마나카 유지/미쓰비시UFJ증권 경기순환연구소 편저《앞을 내다본다! 경기순환 입문》(니혼게이자이신문출판사, 2009년)이 있다.

# 패권의 법칙

통계로 보는 초강대국의 조건

초판 1쇄 인쇄 | 2020년 10월 12일
초판 1쇄 발행 | 2020년 10월 21일

편저자 | 시마나카 유우지, 미쓰비시UFJ모건스탠리증권 경기순환연구소
옮긴이 | 이정미
발행인 | 노승권
발행처 | (사)한국물가정보

주소 | (10881)경기도 파주시 회동길 354
전화 | 031-870-1062(편집), 031-870-1060(마케팅)
팩스 | 031-870-1097

등록 | 1980년 3월 29일
이메일 | editor@kpi.or.kr
홈페이지 | www.kpi.or.kr

값은 뒤표지에 있습니다.